本研究受国家哲学社会科学基金支持

|光明社科文库|

学前流动儿童的语言发展

尹 静◎著

光明日报出版社

图书在版编目（CIP）数据

学前流动儿童的语言发展 / 尹静著. -- 北京：光明日报出版社，2023.12
ISBN 978-7-5194-7691-5

Ⅰ.①学… Ⅱ.①尹… Ⅲ.①流动人口—学前儿童—儿童语言—研究 Ⅳ.①H003

中国国家版本馆 CIP 数据核字（2023）第 250250 号

学前流动儿童的语言发展
XUEQIAN LIUDONG ERTONG DE YUYAN FAZHAN

著　　者：尹　静	
责任编辑：许　怡	责任校对：王　娟　李海慧
封面设计：中联华文	责任印制：曹　净

出版发行：光明日报出版社
地　　址：北京市西城区永安路 106 号，100050
电　　话：010-63169890（咨询），010-63131930（邮购）
传　　真：010-63131930
网　　址：http://book.gmw.cn
E - mail：gmrbcbs@gmw.cn
法律顾问：北京市兰台律师事务所龚柳方律师

印　　刷：三河市华东印刷有限公司
装　　订：三河市华东印刷有限公司

本书如有破损、缺页、装订错误，请与本社联系调换，电话：010-63131930

开　　本：170mm×240mm			
字　　数：269 千字		印　张：17	
版　　次：2024 年 7 月第 1 版		印　次：2024 年 7 月第 1 次印刷	
书　　号：ISBN 978-7-5194-7691-5			
定　　价：95.00 元			

版权所有　　翻印必究

序

关注流动儿童的语言问题

城市化是近几十年来发生在中国大地上最为瞩目的事件。1996年，中国城市化率为30.48%，到2022年，就快速发展到65.22%，农村常住人口已经不到5亿，城市常住人口已经超过9亿。这一趋势还在发展中，到2050年，中国城市化率估计达到71.2%，接近世界发达国家水平。

与城市化进程的快速发展相呼应的是人口的大流动。数亿人从农村移动到城市，从西部移动到东部。人口大流动带来了三个大问题：第一，流动人口的城市适应性和乡愁依恋问题。第二，留守乡村的儿童和老人问题，留守儿童谁来养育，留守老人谁来赡养。第三，与流动青壮年一起流动的儿童和老人问题，流动儿童受到什么样的教育，流动老人过着什么样的生活。这些问题牵动着社会的敏感神经，也常是社会的痛点所在。

流动儿童是中国近4亿流动劳动力的派生人群，是人口大流动带来的重大问题之一，也是需要重点关注的民生问题、教育问题乃至国家未来问题。根据《中国流动人口子女发展报告（2022）》的数据，2020年中国流动人口的子女规模约为1.3亿，约占中国儿童总数的40%多。其中随父母流动的儿童有7109万，约占中国儿童总数的23.86%，将近四分之一。他们的经历和见识决定了他们的思维方式和对社会的认知，他们所受的教育会直接影响他们对社会的态度；他们中的多数将会留在城市，成为城市未来的人力资源，一定程度上将影响中国城市的未来。

有报告显示，70%的流动学前儿童就读于民办幼儿园，另外30%的去向不明，或处于"散养"状态。"流动性"身份决定了他们可能成为政策以外的第三者，即他们虽然流动到了城市，但因不是城市户口，较难享有城市儿童的教育资源；他们户口虽在农村，但又不在农村"留守"，也难以得到"留守"农村的教育优惠。学前教育是终身教育的起点，学前的语言教育关乎语言能力和心智发育，关乎社会认同，关系儿童一生。在倡导教育起点公平的今天，流动学前儿童的教育、待遇、权力等问题，应引发关注，应有解决良策。

尹静长期从事儿童语言发展研究，她的《家庭社会经济地位对儿童语言发展的影响》（《学前教育研究》2019年第4期）于2023年入选中国科学文献计量评价研究中心发布的高被引、高下载论文。这篇论文的高引用率、高下载率，不仅说明论文质量高，更说明儿童语言教育的重要，受到普遍关注。

尹静这部著作，讨论学前流动儿童的语言问题，是其长期研究的一个总结。她从宏观、中观、微观三个层次展开研究。宏观主要是政策层面。她认真研究了国家和北京、上海、广州三大城市的情况。发现在国家和省市层面，都明确了学前教育是国民终身学习的开始，要求扩大学前教育资源，增加民办幼儿园和惠普性幼儿园的规模与数量，也要求城镇幼儿园关注随迁儿童的学前教育问题。但总体来看，对语言教育缺乏明确的要求，对学前流动儿童在流入地入园等问题，还缺乏具体的政策举措。政策是行动的指引，在政策层面还要重视学前的语言教育问题，保障流动学前儿童享有同等的教育机会，享有在流入地接受良好语言教育的权利。

中观层面包括幼儿园和社区两方面。尹静的研究指出，学前流动儿童多数都是在民办幼儿园学习，而民办幼儿园的管理、设施、师资水平等与公办幼儿园都存在很大差距。近些年来，社区开始关注文化建设，这为学前教育提供了社区补充。但是流动人口一般居住于"城中村"或城乡接合部，社区内的文化设施较差，有些文化活动也多流于形式。在中观层面上，学前流动儿童的语言教育处于弱势地位。

微观层面是家庭，父母在家庭教育中起着十分重要的作用。尹静比较了城市儿童家长与流动儿童家长的教育观、语言观、语言教育措施等，结果表明流动儿童家长在多数指标上都不及城市儿童的家长，如亲子阅读、亲子沟通、家庭游戏的教育功能、电视的利用等方面。流动儿童家长即便是有正确的教育观、语言观，也因经济条件、工作条件的限制在教育实践上力不从心。

尹静还对儿童语言发展的具体情况进行了测试研究。受测儿童年龄从3岁到6岁，这些儿童分别为城市儿童、就读正规幼儿园的流动儿童、就读流动幼儿园的流动儿童、"散养"状态的流动儿童，测试的语言项目为词汇、句法、语音、语用等四方面。结果发现，城市儿童的语言能力发展最好，其次是就读正规幼儿园的流动儿童，再次是就读流动幼儿园的流动儿童，"散养"状态的流动儿童最差。

学前流动儿童与学前城市儿童成长的语言环境在幼儿园、社区、家庭等方面有差异，我平时也有所感觉，但是读尹静的这部著作，使这种感受数据化了，理性化了。流动儿童，特别是学前流动儿童的教育机遇、语言成长环境、语言发展状况，都在敲击着我们的良心，考验着"教育公平"理念的实现和政策的实施。

写书不轻松！我在多次与尹静的学术接触中，常能感受到她的焦虑和使命感。读书也不轻松！特别是读尹静的这部书，特别是读那些触目惊心的数据！我们能够为流动儿童做些什么呢？能够为留守儿童和留守老人做些什么呢？为流动劳动者，包括随之流动的老人，做些什么呢？

李宇明

2023年9月24日

序于北京惧闲聊斋

前　言

人类健康的儿童在出生后五六年的时间里都能学会人类的语言,但观察发现成长于不同家庭的孩子,语言发展存在非常大的差距。是哪些因素使之然？本研究支持社会互动论的观点,认为儿童语言发展离不开与环境中语言的互动,环境语言的创设离不开"人"(李宇明,1995)。

为此,本研究首先从宏观、中观、微观层面全面了解了我国相关语言政策和语言教育政策的制定与实施情况,总结了经验,发现了不足。宏观层面主要采用文献分析法,研究了国家宏观层面的相关语言文字政策与语言教育政策；中观层面主要采用问卷调查、访谈和观察法,研究了儿童生活与学习的幼儿园和社区两个主要场所的语言生态状况,及其对上级相关语言政策精神的解读和实施情况；微观层面主要采用观察和访谈相结合的方法,从两类学前儿童（流动和城市）家长的语言使用态度、语言教育态度,以及家庭内部的主要语言活动形式（亲子阅读、看电视、亲子沟通聊天、亲子游戏）、语言教育内容（语音、词汇、会话、阅读、听故事、唱儿歌、背诵古诗、识字教育、学英语）四方面进行调查,研究了两类家庭的语言生活现状,及其背后的家庭语言政策。之后,采用语言测试获取了三组（A组：3—4岁；B组：4—5岁；C组：5—6岁）四类（1. 就读于正规幼儿园的流动儿童；2. 就读于非正规幼儿园的流动儿童；3. 未入园的流动儿童；4. 城市儿童）。儿童的相关语言能力发展情况,经过对比和比较,分析并总结了学前流动儿童的语言能力（词汇、句法、语音、语用）发展现状。最后,分析了影响学前流动儿童语言发展的主要外部因素,并提出了相关建议。

本研究拓展了家庭语言政策理论,并以其为核心,分析并总结了影响学前流动儿童语言发展的六个外部因素：(1) 国家宏观语言教育政策是儿童语言发展与教育工作顺利实施的保障性因素；（2）中观层面的社区和幼儿园语言政策是儿童语言发展与教育工作的补充性因素；（3）微观家庭语言政策是影响儿童早期语言发展的关键性因素；（4）以"家庭收入、父母职业、父母受教育水平"为衡量依据的家庭社会经济地位是儿童语言发展的制约性因素；（5）"中国传统文化观念""传统生活方式""文化情结""传统认识"等是影响儿童语言发展的社会文化因素；（6）信息技术和网络媒体等是影响儿童语言发展的新兴科技因素。

  本研究所做的有关国家层面和北上广城市层面，幼儿园和社区层面，以及家庭层面有关学前语言教育政策的系统调研尚属首次。此外，本研究第一次有力证实了家庭社会经济地位对家庭语言政策的影响，特别证实了家庭社会经济地位各维度中女性受教育水平的重要性。这为我国乃至世界同等情况的教育扶贫或语言扶贫工作提供了重要的理论依据。本研究认为，儿童早期语言发展对入学后的学业成绩，乃至人生成败都至关重要，应当引起全社会的足够重视，并从政策层面加以保障。教育政策制定者和语言政策制定者经常会忽视学前儿童，为了推动实现教育公平，应当拓展当前我国学前儿童的类型，增加既非"学前城市儿童"，又非"学前农村儿童"的第三类"学前流动儿童"类型。此外，国家应当采纳科学研究的成果，出台关于早期语言教育的各类政策并对其细化，以方便下级遵照执行。

目 录
CONTENTS

第一章　绪　论 ………………………………………………………… 1
　第一节　学前流动儿童的生存现状与语言教育的重要性 ………… 1
　第二节　学前流动儿童语言发展研究应引起重视 ………………… 6
　第三节　相关概念界定 ……………………………………………… 8
　第四节　语言政策理论及其进展 …………………………………… 14
　第五节　三层面语言政策与学前流动儿童的语言发展 …………… 19
　第六节　有针对性的研究方法 ……………………………………… 20
　第七节　提出政策建议，创新研究理论、内容和方法 …………… 21

第二章　宏观语言政策调查研究 …………………………………… 23
　第一节　流动人口"举家迁徙"背后的政策支持状况 …………… 23
　第二节　学前流动儿童的入学语言准备 …………………………… 24
　第三节　现有政策分析的三个步骤 ………………………………… 25
　第四节　各级网站的文件收集与整理 ……………………………… 25
　第五节　国家宏观语言政策与语言教育政策研究结果 …………… 29
　第六节　国家宏观层面相关政策制定与实施的总结与建议 ……… 62

第三章　中观语言政策调查研究 …………………………………… 65
　第一节　学前流动儿童"入园难" ………………………………… 65

第二节　相关幼儿园和社区语言生态环境建设的具体研究问题 …… 66
　　第三节　两类学前儿童（流动与城市）成长的幼儿园与社区
　　　　　　语言生态调研 …………………………………………… 67
　　第四节　两类幼儿园和社区的语言生态调研结果 ……………… 70
　　第五节　中观语言政策调研结果分析与讨论 …………………… 90
　　第六节　中观语言政策调研总结与建议 ………………………… 95

第四章　微观家庭语言政策调查研究 ………………………………… 99
　　第一节　家庭语言政策研究成为新兴研究热点 ………………… 99
　　第二节　相关家庭语言政策涉及的具体研究问题 …………… 100
　　第三节　家庭语言政策调研方法 ……………………………… 101
　　第四节　单语环境下家庭语言政策模型验证 ………………… 103
　　第五节　两类家庭（城市与流动）的语言政策调研 ………… 111
　　第六节　微观家庭语言政策调研总结与建议 ………………… 139

第五章　三组四类儿童语言发展四因子调查研究 ………………… 147
　　第一节　流动学前儿童生活环境中的"软""硬"件欠缺 …… 147
　　第二节　国内学前儿童词汇、语法、语音、语用研究的现状 … 148
　　第三节　量化与质性研究相结合 ……………………………… 159
　　第四节　分组分类开展横向和纵向对比分析 ………………… 164

第六章　学前流动儿童的语言发展与影响因素研究 ……………… 209
　　第一节　三层面语言教育政策与三组四类儿童四因子调研情况 … 210
　　第二节　学前流动儿童语言发展的影响因素分析 …………… 219

第七章　政策建议与未来展望 ……………………………………… 225
　　第一节　政策建议 ……………………………………………… 225
　　第二节　思考与展望 …………………………………………… 231

参考文献	237
附录 Ⅰ 家庭语言政策问卷	251
附录 Ⅱ 语音测试儿童信息表	256
后　记	257

第一章

绪　论

第一节　学前流动儿童的生存现状与语言教育的重要性

在过去的40年里，一场缓慢又坚定的迁徙附和着中国波澜壮阔的崛起脉动。农村人口涌入城市，城镇人口增加了5亿（陆铭，2017），中国的城市化在短时间内发生如此规模的人类迁移活动，即便放眼世界，也无出其右。探入微观，我们看到的是一个个辗转在故乡和异乡之间的"他者"，在政策话语中，他们有着不同的称谓：外来者、外地人、流动人口、进城务工人员、农民工……他们的双脚被这条布满荆棘的进城之路磨破，他们用残破的身体撞开城市虚掩的门，纵使他们早已与城市"同呼吸"，依旧无法换来他们及其子女与城市人的"共命运"。

"十三五"规划明确提出了加快农业转移人口市民化的思想，这是我国在新型城镇化进程中的首要任务。推进农业转移人口的市民化，也就是逐步实现以农民工和随迁子女、随迁家庭为主体的农业转移人口进城落户，并与城镇居民享有同等的权利和义务。[①] 这将进一步加快我国农村转移人口与城市生活的社会融合，是以人为核心的新型城镇化。自21世纪初以来，流动儿童数

---

① 中华人民共和国国民经济和社会发展第十三个五年规划纲要［EB/OL］.中国政府网，2016-03-17.

量持续、快速增长。2010年第六次全国人口普查数据显示，截至2010年，全国0—17岁流动儿童规模达到3581万，其中学龄前流动儿童规模达到899万（第六次全国人口普查资料①），占全国同龄儿童的9.95%。根据全国妇联2013年5月颁布的数据，学龄前儿童的规模达到981万，占流动儿童总数的27.40%。另有报告指出，我国学前流动儿童（3—6岁）入托比例约为60.7%，远低于城市户籍儿童入托率。其中，6岁儿童中约有46.9%未接受过正规幼儿园或者学前教育（杨菊华和谢永飞，2015）。根据《中国流动人口子女发展报告（2022）》提供的数据，2020年中国流动人口子女规模约1.3亿，超过中国儿童总数的40%，其中流动儿童规模约7109万人，约占中国儿童总数的23.86%，比2010年的3581万翻了一倍，平均每4个儿童中就有1个是流动儿童。2021年，全国人口14.13亿人，其中城镇常住人口9.14亿。全国人户分离人口5.04亿人，其中流动人口3.85亿人，比2020年又增长了900万。目前，处于学前教育阶段的流动儿童数量仍没有完整可用的数据，但报告显示70%的流动学前儿童就读于民办幼儿园，另外30%的去向仍未可知。不仅如此，由于种种原因，学前流动儿童进城后很难享受与城市当地儿童同等的教育，这在很大程度上限制了他们的市民化进程（尹静和郭鲁江，2014）。尤其在语言发展方面先天不足和后天缺失的状况，使得这部分儿童在语言准备方面存在一些问题与障碍，长远来看，影响他们的持续发展和城市生存适应。语言不仅是农业转移人口城市适应的重要工具，也是他们市民化进程的重要一环。

近年来，人口流动"家庭化"趋势的加剧，使得更多学龄前儿童跟随有能力的父母涌入城市。作为基础教育的重要组成部分，学前流动儿童的受教育问题理应引起社会的足够重视，因为学前教育处于基础教育的发轫阶段，是儿童系统接受教育的开始，对他们一生的发展具有不可替代的重要意义（尹静和郭鲁江，2014；杨月，2015）。根据北京市统计年鉴（2016）②的数据，北京市2015年0—4岁常住人口数量为93.8万，其中户籍人口67.1万，

---

① 中华人民共和国国家统计局.2010年第六次全国人口普查主要数据公报［EB/OL］.中国政府网，2012-04-20.
② 北京市统计局，国家统计局北京调查总队.北京市统计年鉴（2016）［M］.北京：中国统计出版社，2016.

非户籍人口 26.7 万；5—9 岁常住人口为 74 万，其中户籍人口 49.3 万，非户籍 27.3 万，非本市户籍的幼儿园在读学生数量仅为 104899 人，其中在民办园学习的有 53372 人。据此我们可以推知，绝大多数学前流动儿童处于"自然生长"（未入园）状态。这与笔者在 2013 年 10 月对北京市 95 位流动学龄前儿童所做的问卷调查结果一致。笔者通过问卷调查还了解到，在问及流动家长对儿童语言教育的看法时，35%的家长认为很重要，在所有选项中所占比最高，另有 33%的家长认为语言不用教；很多家长不送孩子学习的主要原因是"学不学不重要""没有合适的幼儿园"和"为了省钱"，也有很多家长为孩子选择并未正式注册、收费较低的"山寨"幼儿园。访谈得知，90%以上的家长认为学前教育非常重要，他们对子女入城后能够接受良好的教育具有一定的期望，并且希望在家庭经济能力可承受的范围内支持孩子受教育（王涛和冯文全，2011；葛平，2011），然而实际情况却不然。杜威[①]（1916）认为，社会的利益必须由这个社会的所有成员共同享受，个人与个人、团体与团体之间，须有圆满的自由的交互影响（赵精华，2014）。"入园难，难入园"的事实足以说明广大处于非义务教育阶段的学前流动儿童学习和发展所处的窘境。

根据笔者了解，迄今对于流动儿童的研究多数是从教育机会平等的角度看教育或语言教育本身的问题（韩嘉玲，2002；范先佐，2005；郭亨贞，2006；雷万鹏和杨帆，2007；白文飞和徐玲，2009），对流动儿童语言发展过程的关注甚微。实际上，研究应该为这些孩子提供哪些、怎样的语言教育，最终目的是看孩子学得怎样。学前流动儿童的语言教育问题应当引起国家和社会的高度重视。一方面，很大一部分流动家长不能充分认识到语言教育的重要性；另一方面，现有的流动幼儿园不仅数量不足，还存在师资匮乏、流动性强、专业知识薄弱、教育条件低下等问题，不能有效为入园儿童提供符合发展的语言教育环境。即便能够进入公立幼儿园，他们也可能面临被"标签化"的窘境，即由于语言等问题带来的文化隔离和受歧视现象。因此，流动儿童的语言发展现状令人担忧。

学前流动儿童是一个独具特性的群体，他们身上体现着深刻的社会变迁

---

① 理查德·普林. 约翰·杜威 [M]. 哈尔滨：黑龙江教育出版社，2016.

意义。学前流动儿童也是我国城市未来重要的人力资源，他们的经历和见识决定了他们的思维方式和对社会的认知，他们所受的教育会直接影响他们对社会的态度（宋茂蕾和尹静，2018），他们的市民化也是我国现代化发展的必然要求。然而，学前流动儿童的语言发展状况，使得这部分儿童在语言准备方面存在一些问题与障碍，长远来看，影响他们的持续发展和城市生存适应（宋茂蕾和尹静，2018）。因而，关于学前流动儿童语言认知发展与影响因素的研究，首先可以帮助他们加强语言认同，攻克语言学习障碍，以顺利过渡到义务教育阶段学习，为未来全面适应城市生活，更好地在城市生存打下良好的基础。

　　语言不仅是人类交际的工具，而且是领导力的构成要素，具有改变世界的力量，人们对语言的认识决定了语言教育的基本理念（宋茂蕾和尹静，2018）。幼儿期是语言学习的关键期，我们必须把握好这一时期，为他们提供丰富的语言环境，对他们进行恰当的教育和训练，提高语言运用能力。1989年联合国颁布的《儿童权利公约》明确表明：儿童有法律赋予的话语权（白玉格和吴树甜，2012）。儿童只有在受到尊重和爱护的时候，才愿意用语言和周围的人进行快乐的交流，感觉到自己被重视，并有信心使用语言交流。脑科学研究表明，蕴含着丰富刺激的情境对于人类高级认知功能的发展具有重大影响（蔡铁权，2002）。作为高级认知功能的一种，语言功能的发展同样离不开包含丰富刺激的适宜性环境。(S. Hidaka，H. Shibata and M. Kurihara etc.，2012；P. Schiller and C. A. Willis.，2008) 为儿童创设真实丰富的语言环境可以促进早期大脑智力发育，增加学习收获。儿童心理研究成果、长期的教育实践，以及我国中小学教学研究成果都已经证明，学前阶段语言教育的质量和幼儿的语言发展水平事关幼儿身心、认知等方面的发展，并进而影响其一生（祝士媛，2007）。学前流动儿童的语言教育问题和语言发展状况令人担忧，这将会给他们的未来发展带来怎样的影响？国家和社会应当如何为他们提供更好的接受语言教育的机会？教育界和语言学界专业人士应当做好哪些服务？以上都是值得我们大家深思的迫切问题。

　　儿童的语言发展，不单是会背几首儿歌，讲几个故事，而是能够在不同的环境中恰当地使用语言。根据语言经济学理论，语言是具有经济价值和产业特征的"稀缺产品"，占有这种产品越多就可以获取更多的红利，开发更多的这种"产品"可以获得更高的经济和文化收益（尹静和郭鲁江，2014）。经济学家，如奇斯威克、达斯曼、米勒（鲁本斯坦，2004）认为，语言技能是一种人力资本，掌握这种资本多的个体往往可以获得更高的工资和更多的就业机会（尹静和郭鲁江，2014）。语言同时可以看作是个人和社会通过投资可以获利的一种经济资源，语言技能的获得源于时间成本和资金成本的投入，之所以去投入，是因为有预期的回报，包括更高的收入、更低的消费成本、更大的人际社交网络，而早期语言投资的最终收益要远远高于投资花费。在我国当前的国情下，对学前流动儿童进行早期语言教育首先有助于他们尽快融入城市生活，克服交流障碍；还有助于提高他们未来的就业机会，增加收入，减少贫困（尹静和郭鲁江，2014）。显然，这对改变流动人口的代际贫穷意义深远。

众所周知，人类健康的儿童在 5 岁左右就能够完全掌握人类的语言，儿童究竟如何在一定时间内，在认知水平没有完全成熟的条件下，成功习得语言的呢？近 20 年来，心理学界，语言学界和教育学界联袂合作，使我们对此问题有了更为深入的认识。人们对于儿童如何习得语言规则系统的解释不同，形成了各种关于语言习得的观点和理论。后天环境论者强调模仿和强化在语言习得中的作用，从根本上否定了儿童语言学习的主动性和创造性；以 Chomsky 为代表的先天能力说则认为，儿童无论在怎样的环境下都能最终习得语言，习得语言是儿童的本能，因为决定儿童语言习得能力的是语言习得机制（language acquisition device，LAD）；以社会互动论为代表的环境与主体相互作用论者则强调学习者所处的后天语言环境，以及学习者本身的认知能力对语言习得的影响。本项研究正是遵循这一理论的指导，认为语言习得离不开儿童与周围环境中语言的互动。

谈到后天语言环境，我们会想到什么是语言环境？它是由哪些因素决定的？与语言政策的关系如何？语言环境主要由以人为主的语言软环境和以语言刺激物为主的硬件环境（如书籍、有声读物等）构成，这两者都会受到父母所主导的家庭语言政策的影响，并且都受制于家庭社会经济地位（尹静，2019），又不可避免地受到家庭以外的宏观和中观语言政策影响。家庭社会经济地位（socioeconomic status，SES）可以根据家庭收入、父母职业、父母受教育水平（通常指母亲的受教育水平）、家庭物质来源、家庭和居住地的语言文化环境，以及收入与支出的比等方面来判断，它与儿童语言习得结果，即个体语言能力发展的多样性具有密切关系。不同社会经济地位儿童生活环境中的认知刺激、家长期望值、学业安排、有关儿童发展的知识、儿向语的数量和质量等都存在很大不同，这会直接影响儿童的语言发展（尹静，2019）。一般认为，儿童语言能力的发展主要涉及语言各子系统的发展，包括语音、词汇、句法、语素和语用等方面，但就社会经济地位与儿童语言发展的关系而言，现有研究主要集中在儿童语言习得速度、词汇、语音意识和句法的发展四方面。

关于流动儿童教育问题的研究成果已经很多，但是从宏观、中观、微观三个层面入手，研究学前流动儿童语言发展及影响因素的研究并不多见。同时，大规模的文献分析和实地调查更是缺乏，有些研究虽然做了学前流动儿童语言发展现状的调查，但是范围较为局限，不仅样本量少，而且主要从微观层面入手做了其语言发展状况的描述，还不能从整体上把握国家、市区层面相关语言政策的实际制定与执行情况，不能从影响儿童语言发展的外部因子入手分析其语言发展的影响因素，并为相关政策的制定提供依据。本研究充分利用互联网、中知网等网络资源的便利，深入分析宏观层面国家政策存在的问题与发展趋势，掌握学前流动儿童市民化进程中的关于语言发展的具体政策要求，在此基础上全面分析儿童生活与学习的社区和幼儿园的中观语言政策，并进一步探讨微观层面的家庭语言政策，继而分析影响流动儿童语言发展的外部因素。

第二节　学前流动儿童语言发展研究应引起重视

研究学前流动儿童的语言发展与影响因素，主要出于以下两方面的考虑。一是宏观、中观、微观层面政策的分析有利于反映国家各个层面对流动儿童语言教育问题的关注情况，更有助于引起国家、社会和幼儿家庭对这一问题的重视；二是通过对学前流动儿童语言问题的探讨，可以引发社会对全体学前儿童早期语言教育问题的重视。

一、拓展家庭语言政策理论，丰富教育类型研究

（1）本研究是对家庭语言政策理论的进一步拓展。本研究在国际社会语言学研究领域第一次使用数学建模证实了斯波斯基提出的家庭语言政策理论模型，并第一次将家庭语言政策研究引入单语环境，对该理论进行了有效拓展，为未来研究单语母语环境下的家庭语言政策及相关问题提供了理论依据。

（2）本研究可以丰富教育类型研究，同时为社会语言学和语言习得研究提供新的视角和新的分析方法。

二、教育与语言扶贫的依据，政策法规制定的参考

（1）本研究第一次有力证实了社会经济地位对家庭语言政策的影响，特别是证实了家庭社会经济地位各维度中女性的受教育水平要比家庭收入、父母职业等因素对家庭语言政策的影响大。这为我国乃至世界的同等情况下的教育扶贫，或者语言扶贫工作政策的制定提供了重要依据。

（2）对国家层面有关学前语言教育政策的分析尚属首次。深入分析了国家语言文字和语言教育政策，了解了政策的制定与执行情况。通过文本分析找出国家政策中专门针对学前流动儿童这一群体的语言教育和语言文字政策，同时通过下级部门对上级政策的执行情况，分析上级政策的科学性与宏观指导性，并找出不足之处。此外，分析下级对上级精神的解读与执行情况，寻找政策漏洞并形成建议，为下一步的高效率贯彻执行打下基础。这些结论对于科学把握我国国家宏观和中观层面语言政策的制定和执行具有较高的参考价值。

（3）对北上广三大城市相关政策的比较分析尚属首次。通过对北京、上海、广东三大有代表性国际化大都市的政府工作官网、语言文字网等相关信息的详细归纳与解读，可以充分了解三地区对学前流动儿童语言发展与教育所做的努力，这在某种程度上有利于把握我国其他地区关于学前流动儿童教育政策的制定与执行情况。对某些地区（如上海市）成功经验的分析与总结，可以因地制宜地应用于其他地区。这些研究的总结与发现对于进一步在市民化进程中保护学前流动儿童早期语言教育权利，以及制定相关法律法规有一

定的参考价值。

第三节 相关概念界定

本研究包括宏观、中观、微观三个层面的研究内容，各层面既相互联系，又存在区别。为了有针对性地回顾前人在各层面研究的贡献，把握其研究的深度和广度，以明确研究问题，本研究将在各个层面的研究中分别对相关文献进行批判性回顾，以更为明确地提出研究问题和研究思路。同时，由于不同名词和概念在不同语境和话语体系中会产生不同的意义，带来不同的理解，为了更好地推进研究进程，清晰界定相关概念和名词在本研究中的具体所指，以进一步明确研究目标，增进对研究主题的理解，深化研究内容，故此首先对研究中涉及的一些关键名词和概念进行界定。

一、市民化

推进流动人口市民化是中国特色新型城镇化道路的首要任务。流动人口市民化的过程实质上是流动人口获得公共服务和社会权利的平等化过程，以实现语言认同和社会认同的转化，并最终实现价值转化的过程（张江雪和汤宇，2017）。它包括四个阶段：

（1）将就业从农民转移到工人或其他非农业人口，实现职业身份的转变。

（2）流动人口及其家属逐步进入流入地区的公共服务体系。

（3）取得居住地户籍资格，获得完整的公民权利，实现社会身份的转变。

（4）语言认同的转变，实现"城市方言"语言认同，心理和文化充分融入城市，成为真正的市民。

这四个阶段可以有飞跃，但如果仅实现了前三个阶段，只能说形式上发生了变化。流动人口只有充分认识到自身语言身份的变化，接受城市居民使用的语言，才能在心理上接受城市文化，成为真正的市民，实现本质上的变化。

市民化是流动人口城市化进程中不可避免的现象，我国学者在这一领域做了大量研究。国外许多机构，包括世界银行、亚洲开发银行等，也都对中国农民工社会融合、市民化问题做过相关研究（张光辉，2019）。国内最近几年对这一问题关注较多，上至国务院发展研究中心、国务院研究室、国务院农民工办、人力资源和社会保障部等国务院有关部门，下至诸多高校和科研机构，如北京大学、中国人民大学等都对此做了相关研究（金三林，2015）。许峰（2004）以人口迁移、职业转换和人力资本提升等为切入点，从内在素质和外在资格两方面对农业转移人口市民化进行了界定：前者包括有关市民生活意识、权利意识的发展以及生活行为方式的变化；后者是指职业和身份的非农化，包括户口及其附带的福利保障等（王竹林，2008；张贡生，2016）。另外，2011年韩俊、何宇鹏、金三林[①]在文章中阐述了农民工市民化是公共服务均等化过程的观点，他们认为农民工市民化是以农民工整体融入城市公共服务体系为核心，推动农民工个人融入企业，子女融入学校，家庭融入社区，也就是实现农民工在城市"有活干，有学上，有房住，有保障"。刘传江（2007）认为，流动人口市民化包括四方面：（1）职业由次属的、非正规劳动力市场上的流动人口转变成首属的、正规的劳动力市场上的非农产业工人；（2）社会身份由农民转变成市民；（3）农村流动人口自身素质的进一步提高和市民化；（4）流动人口意识形态、生活方式和行为方式的城市化（李春根和孙霞，2010；刘传江和徐建玲，2007）。2017年，俞玮奇从农民工的语言习惯和态度角度分析了他们的语言生活和城市融合，指出了提高农民工普通话和当地"城市方言"能力与拉近城市居民的社会心理距离，以及提高他们对城市身份的认同度的关系。他认为，帮助农民工在社会关系和社会互动层面融入城市的办法之一是掌握流入地方言。

  流动人口市民化是加快我国城乡统筹发展的重要途径，是中国特色城镇化道路的重要动力（金三林，2015）。流动人口语言市民化是流动人口认同城市语言文化，并最终实现语言身份转变的主要途径。只有实现了语言市民化，才能实现心理和文化上的彻底融入，最终融入城市，变成"新市民"（尹静，2019）。

[①] 韩俊，何宇鹏，金三林. 农民工市民化调查，《决策》，2011，9：20-34.

二、流动儿童与学前流动儿童

流动儿童这一概念随流动人口群体衍生,并得到了社会的广泛关注。英语中的"流动儿童"一般表述为"migrant children""children of migrant worker"和"floating children",主要包括移民儿童、流浪儿童和贫困儿童等(于越,2014)。在美国,"流动儿童"的身份界定是确定该儿童是否属于流动人口子女的参考标准,关系到他能否享受各种"流动儿童教育计划"的服务,同时也影响到各州向联邦政府申请移民教育基金的数额。此外,因正常毕业以外的原因而转学的学生也被称作"流动儿童",这些学生往往是因父母工作需要,随父母或其他监护人经常从一个学区搬到另一个学区,此类流动儿童主要分为两种类型:国际流动儿童和国内流动儿童(李展,2014)。其中,国际儿童流动是指国际移民(包括移民到美国和移民出美国的人)和出国留学(包括其他国家的学生到美国留学和美国的学生到其他国家留学);而国内儿童流动则包括跨地区务工人员儿童、流浪儿童、低收入家庭儿童和军人家庭儿童。跨区务工人员子女的概念与我国现阶段的流动儿童概念特别接近。通过阅读文献,我们发现美国学者倾向于用"migrant population"一词来指代因工作原因不断移民到美国各州的农业、畜牧业和渔业工人。这个群体的社会经济情况和社会地位与中国的流动人口(一般指进城务工的农民)非常相似(汤玉梅,2013)。

在中国,流动人口子女是指由于工作和生活原因在不同地区流动的人口的子女。根据流动情况,他们可以分为两部分:一部分是被迫留在家乡,由祖父母或其他亲戚照顾,或者寄宿在学校生活和学习,而不是跟随父母外出的儿童,此类儿童通常被称为"留守儿童"。另一部分是跟随父母迁移到城市,和父母居住在一起生活,或就读于流入城市各类学校的儿童,此类儿童通常被称作"流动儿童""随迁子女"或"进程务工农民工子女"等。本研究的对象仅包括随父母外迁到城市居住的"流动儿童"。

根据国家教育委员会和公安部于 1998 年 3 月 2 日联合颁发的《流动儿童

少年就学暂行办法》①，"流动儿童"或者"外来务工人员子女"指6—14岁（或7—15岁），与父母或其他监护人在流入地生活超过半年，有学习能力的儿童。本研究中的学前流动儿童则是指年龄处于0—6岁的流动人口，在前人研究中提到的"农民工子弟""打工子弟""农业转移人口子女"等说法，在本研究一律使用"学前流动儿童"一词。他们的一般特征包括移徙、贫穷、社会经济地位低下，甚至缺乏法律地位。在倡导公平自由的新时代，流动儿童作为社会的一个特殊群体，其受教育问题已日益引起人们的关注。

三、正规幼儿园与"山寨园"（非正规幼儿园）

正规幼儿园是指符合办学标准的公办幼儿园和民办幼儿园。根据《国务院关于当前发展学前教育的若干意见》（国发〔2010〕41号）② 中的相关叙述，正规幼儿园是指具备专业的幼儿教师，保障幼儿安全、健康等基本要求，并根据条件获得国家审批的幼儿园办园许可证、正式办理了登记注册手续的幼儿园。正规幼儿园具备有很多优势，比如，幼儿园的行为符合国家法律、法规、规章和政策要求，教育内容、形式和方法符合儿童的年龄和发展特点，尊重儿童，并以儿童为中心科学合理地安排儿童的日常生活和学习，能够最大限度支持和满足儿童的需求。此外，正规幼儿园能够保证儿童成长和学习所需的健康和安全条件，可以为儿童创造一个清洁、安全、舒适的室内外活动环境，并可以根据当地实际情况提供游戏条件（包括时间、空间和材料），以及必要的日常生活设施和设备，从而满足儿童的需求。正规幼儿园还可以为儿童提供各种玩具、书籍和游戏材料，具备先进的教育和教学理念、严格的科学和标准化的健康保障体系，可以严格在幼儿园中进行保健工作。最为重要的是，正规幼儿园通常会有一支素质高、业务精、爱心强的专业教师队伍，并且收费情况与当地经济发展相适应，不以营利为目的，不存在乱收费现象，收费项目和标准符合国家规定。

为了解决公办幼儿园入园程序复杂、入园学费高的难题，国家出台了相

---

① 中华人民共和国教育部. 流动儿童少年就学暂行办法［EB/OL］. 百度百科，1998-03-02.
② 国务院. 国务院关于当前发展学前教育的若干意见（国发〔2010〕41号）［BE/OL］. 中国政府网，2010-11-24.

应政策，提出了建设针对流动儿童的惠普性幼儿园，或称"打工子弟幼儿园"。在此类幼儿园大量涌现，并深受欢迎的同时，很多"山寨"幼儿园，即无证幼儿园出现于大众视野。为了便于区分和对比，本研究将此类幼儿园统一称作"非正规幼儿园"或"山寨园"。这类幼儿园通常未经注册，软硬件设施未达标，教育资质及教学条件较差，不符合办园的标准和要求，但由于具备收费低、入园门槛低、对入园儿童无户籍要求、能满足流动家长基本的托幼服务需求等"利好"，被希望子女在城市接受教育同时经济收入又较低的流动家长所推崇。此类非正规幼儿园还常随国家或者地方政策的松紧而面临弹性开园、闭园的问题，难以为流动儿童提供稳妥地接受教育的保障。

四、学前儿童语言发展

语言发展是指人类的孩童在出生后的一定时间内对本族语学习和掌握的过程，包括语音、词汇、语法、语用等语言子系统的综合性发展。学前儿童的语言发展包括儿童学会使用和理解母语的能力的形成过程，包括口头语言和书面语言发展两方面。口语发展是以听、说为交流手段，实现声音与意义结合；书面语言发展指的是在书面交流中获得语言的过程。学前阶段儿童的语言发展主要是指口语的发展。根据教育部2012年颁布的《3—6岁儿童学习与发展指南》，家庭、学校和社会应当从口语"听与说"和书面语"阅读与写作准备"两方面做好学前儿童的语言发展和语言教育工作。因此，保证儿童口语高质量发展，从口语和读写两方面了解儿童的语言发展现状，然后有针对性地通过教育实践促进儿童语言发展，是做好儿童语言发展研究的重要使命。

五、学前儿童语言教育观

学前儿童语言教育观是指导幼儿语言教育全部过程的主要思想，是对幼儿语言教育教学方法的思考和认识，它对幼儿语言教育的效果和语言教育过程起着不可替代的作用。世界范围内儿童语言发展和语言教育研究在20世纪60年代有了突破性进展。科学技术的进步和科研成果的涌现逐渐推动着人们的儿童语言教育观走向转变。目前，儿童语言教育界存在三大基本教育观。

第一是完整语言教育观，第二是整合语言教育观，第三是活动语言教育观。

完整语言教育观（张明红，2014）建立在完整语言理论的基础之上。强调在儿童语言发展的关键时期，应为儿童提供完整语言学习机会。这一观点认为，需要实现语言的工具性和对象性，口语与书面语、日常生活语言与文学语言，功能与形式三方面的有机统一（李莹莹，2020）。语言既是传递信息的载体，促进人们之间进行交流的工具，又是儿童学习的内容。口语学习是书面语学习的基础和前提，而书面语则是口头语言的有力补充，儿童早期以口语学习为主，但后期书面语的学习也必不可少。两者是既有区别，又有联系的整体，不可偏废。日常生活语言的学习主要为满足日常交流的需要，文学语言的学习是陶冶情操、培养雅士之需。交际需要是儿童学习语言的内驱力，有效完成交际活动是儿童学习和使用语言的根本目的。整体语言教育观认为，学前儿童语言教育具有完整的培养目标，完整的语言教育内容，以及多样化、真实性的语言教育形式。

整合教育观的提出者是卡洛伍尔福克，他强调语言教育目标、教育内容，以及语言教育方式的整合。整合语言教育观认为幼儿周围的事物是一个内部相互联系的有机体，主张把儿童的语言学习看作一个整合多方知识的系统，充分意识到幼儿语言发展同其他各种技能、情绪等方面发展关系的整合，认为儿童的语言获得是以整合的方式实现的，儿童各项能力的发展相辅相成，新词新语的习得也是整个学习系统作用的结果，离开了发展的某个方面，语言学习就难以取得成功。语言教育的内容应当整合社会、认知和语言三方面的知识于一体。儿童在收获语言学习成就的同时，也会得到其他诸多方面的发展，其他方面的发展同样也依赖于语言的发展。因此，在对儿童进行语言教育的时候，教师应当考虑其他领域的目标如何与语言目标同时得以实现。

儿童语言教育活动观是在皮亚杰认识发生论的基础上建立并发展起来的，全面体现在对儿童进行教育的过程之中。皮亚杰认为儿童发展是在儿童自身与外界环境交互的过程中发展起来的，这要求教师在教学过程中为幼儿提供充分的语言实践机会；皮亚杰同时还认为幼儿可以在动手、动脑、动嘴的活动中获得亲身经验，所以教师应当鼓励儿童以多种方式使用语言；此外，他还强调，教师应当在儿童的语言实践活动过程中起主导作用，这要求教师充分考虑活动的内容与形式是否符合幼儿的发展水平和需要，最大程度调动幼儿参与语言实践活动的积极性，并帮助其保持长久的浓厚兴趣；为儿童创造良好的语言教育环境也是对教师提出的要求，在语言实践活动中，教师应当通过引发式提问、榜样示范等方法有针对性地指导儿童，帮助儿童完成语言实践活动。我国众多研究者在研究这种语言教育观的基础上，总结出了众多培养幼儿语言能力的方法，如在幼儿活动室开展区角教育，引导幼儿根据自己的兴趣爱好，选择区角（绘画区、手工区、娃娃家等）、玩伴和角色等。这些活动不仅帮助儿童在积极参与的过程中获得生活常识，还可以锻炼他们的语言沟通能力。

六、基本语言教育活动与日常语言教育活动

学前儿童语言教育活动是一种有计划、有组织、目标明确、形式多样的教育活动，主要包括基本语言教育活动与日常语言教育活动两种形式。为了全面完成学前阶段语言教育的根本任务，实现语言教育的目标，家庭和幼儿园应当积极开展一系列语言教育活动，以培养儿童语言能力，做好入学前的语言准备工作。基本语言教育活动是指幼儿教育机构通过有组织、有目的的语言教育实践活动，帮助学前儿童在教师的指导下参与比较系统的语言实践活动，从而培养起符合他们全面发展需要的基本语言知识和能力。日常语言教育活动是基本语言教育活动的补充和强化，是指幼儿园教师和家长在日常生活中，借助各种生活场景，自然而然为儿童提供语言交际环境，与基本语言教育活动一起引导和鼓励学前儿童积极参与语言实践，培养基本的听说读写技能，感受语言的魅力，接受文学的熏陶，激发对语言和文字学习的热情。

第四节 语言政策理论及其进展

一、语言政策

语言政策是一个国家或地区语言文字管理的核心部分（陈新仁，2017），通常由一国政府机构制定（Rubin，1977：282），是关于一种或几种语言的社会地位和使用范围的有意识选择，与特定的国家和特定的历史背景密切相关（斯波斯基，2004）；从政府的官方制度到家庭的语言行为，语言政策存在于社会生活的各个层面（King and Fogle，2006；斯波斯基，2012），包括宏观层面的国家语言政策，中观层面的学校、社区语言政策以及微观层面的家庭语言政策。传统的语言规划研究开始于20世纪50年代，受殖民历史影响的西方国家（斯波斯基，2012），一般定义为"多语社会中为书面行为和口头行为进行指导的拼写、语法和词典等规范活动"（Haugen，1959）。

语言政策以社会语言学为基础，逐渐出现在政治、语言教育等其他领域（斯波斯基，2004），最初的语言政策是针对国家层面的、自上而下的研究。斯波斯基（2009）指出，语言政策不仅可以在国家宏观层面开展研究，也可以在微观领域开展研究，并采用了Fishman（1970）提出的"域"（domain）的概念，将语言政策框架限定在"家庭域"内，至此家庭语言政策（family language policy）逐渐成为一门独立的研究领域。有关语言政策的表述有"语言规划"（language planning）、"语言政策"（language policy）、"语言政策与规划"（language policy and planning）等，本研究将以上术语均用于表示语言政策的概念。

本项研究针对的是一类学前儿童的语言发展和教育问题，因年龄原因，此类儿童的语言发展在很大程度上依赖于家长，家长的理念与行动对其语言发展起决定性作用。因此，家庭语言政策是指导本研究的重要理论依据。家庭语言政策的形成受到国家和社会各层面相关因素的影响，包括政治、经济、文化、价值因素等。

二、家庭语言政策

家庭是语言政策研究的一个重要领域，因为家庭是儿童语言习得的主要场所，家长对语言习得的态度和观念，以及具体实践都会直接影响儿童语言的发展。"家庭语言政策"指的是在家庭范围内家庭成员之间开展的与语言有关的规划活动（斯波斯基，2004）。King等（2008）又对家庭语言政策概念做了进一步细化，指在家庭范围内，家庭成员间开展的与语言相关的明确和公开的规划，包括如何管理、学习语言以及在家庭内部进行语言协商的方针，家庭成员是语言规划的主体。

家庭语言政策的理论模型最早由斯波斯基提出，他认为家庭领域的语言政策可以从语言实践、语言意识和语言管理三方面来进行分析，这三个维度构成了家庭语言政策的理论基础。语言意识是对特定社会中特定语言的社会效用的潜在意识信念和假设，反映了植根于社会语言和文化中的价值观和规范（希夫曼，2006）。语言意识和语言观念是家庭语言政策背后的潜在力量，是隐性的家庭语言政策；语言实践是某种特定语言在不同语境中的使用；语言管理是指成人为了影响儿童的语言使用所做的努力，包括为儿童提供语言发展所需的环境而进行的有意识参与和投资（斯波斯基，2004；2009）。语言意识来自语言实践，又反过来影响语言实践。二者的区别在于语言意识是人们认为应该怎么做，而语言实践则是指人们的实际做法。

三、家庭语言政策的研究内容

家庭语言政策涉及家庭内部跟语言使用有关的决定，包括为特定目的而使用的语言或为支持特定语言的习得和学习而提供的资源（麦卡利斯特 and Mirvahedi，2017），主要有两大理论研究方向，一是语言政策，二是家庭读写规划（Coleman，1988；Li，2007）。语言政策主要涉及宏观层面的问题，包括社会政治因素、国家政策等；家庭读写规划侧重微观层面，包括家庭读写环境以及各种形式的家庭资本，如物质资本、人力资本和社会资本如何转化为儿童的教育成就（Coleman，1988；Li，2007）。从这个角度来看，读写既是一种语言社会化的过程，也是一种社会实践。家庭语言政策研究者认为，最好把家庭语言政策放在语言政策和儿童语言习得的框架内看待（King and Fogle，2006；King et al.，2008），有关父母对儿童语言学习的目标、态度或者意图的考察是家庭语言政策研究最重要的方面之一。

大量有关家庭语言政策的研究聚焦双语或多语家庭、移民家庭及少数民族家庭的语言政策和规划，根据家庭语言的使用情况、语言规划类型，以及语言习得情况差异探究家庭语言政策对儿童语言发展的影响（张晓兰，2009），揭示语言习得的影响机制和习得发生的必要条件。如张晓兰和肖（2016）考察了新加坡华人、马来人和印度人三个家庭的父母在多语环境下的语言意识和语言实践及其影响因素，结果表明，语言意识会受到国家宏观政策和社会环境等因素的影响，并进而影响家庭语言实践，家庭领域的语言实践和语言选择往往受价值判断的影响。Gu 和 Han（2020）探究了移民家庭自下而上的语言实践和语言规划，分析了其中的文化、社会、政治等多方面原因。沈骑等人（2020）聚焦中国苗族家庭的语言规划，探究影响苗族家庭内部基于苗语使用的语言意识、语言管理和具体实践，并为我国少数民族语言的保持提供了宝贵的建议。

以往的研究多关注复杂家庭语言生活状况，倾向于考察家庭语言政策对儿童口语发展的影响，聚焦亲子语言互动的微观分析及其在家庭或实验室环境中的习得差异（King et al. 2008；De Houwer，2009），很少有研究将家庭语言政策聚焦到单语环境中儿童语言习得的某些具体方面，如早期词汇、句法、语用等。

四、家庭语言政策的新进展

根据斯波斯基（2004），家庭语言政策最初是用民族志来描写多语社区中移民家庭族裔语与当地语言的选择与使用、异族通婚家庭的语言使用情况等。国外家庭语言政策研究集中在双语或多语现象比较普遍的移民国家和地区，如美国、英国、加拿大、新加坡（凯文，2020；张晓兰，2009；Ren and Hu, 2013）等，家庭类型主要为移民家庭、双语或多语家庭、少数民族家庭（Fishman，1991；Piller，2001；2002；King，Fogle，2008）；研究目的主要是分析家庭内部族裔语言的维持、双语或多语学习等。

我国学者在总结国外相关研究的基础上（李丽芳，2013；尹小荣和李国芳，2017），围绕海外华人家庭（康晓娟，2015；张贝，2018；董洁，2019）、少数民族家庭（巴战龙，2016；阿拉腾宝力格，2016）、跨国婚姻家庭（丁鹏，2019）、国内移居家庭（吕斌，2017；刘艳，2020），以及城镇居民家庭（孙宝琦，2017；张治国和邵蒙蒙，2018）等主要家庭类型，以双语学习、方言或少数民族语言的传承、族裔语的维持等内容，开展了家庭内部二语或三语的规划研究。家庭语言政策不仅停留在双语、多语，甚至双言、多言的环境中，单语母语环境中同样存在家庭语言政策。

国内学者尹静在多年观察和研究的基础上，通过大数据分析方法，成功将家庭语言政策引入单语母语环境（Jing Yin et al.，2021），证实了家庭社会经济地位对家庭语言政策的影响，丰富了家庭语言政策理论的内涵，对该理论进行了有效拓展和补充,为分析单语环境下的家庭语言政策问题提供了新的研究路径,也为本研究提供了重要的理论基础。

五、家庭语言政策与家庭社会经济地位

家庭语言政策或称家庭语言规划、家庭语言管理与规划,是发生在家庭域,家庭内部成员之间围绕语言使用进行的语言规划活动,是家庭成员对家庭语言使用和读写教育实践启蒙所做的规划(尹静,2019)。它可以是明确的、可观察的,也可以受意识形态、信念等影响而无意识产生(Curdt-Christiansen,2009)。每个家庭都有自己的语言政策,它的形成受制于家庭成员的语言意识或者语言信念。斯波斯基(2004)的语言政策架构将家庭域划定为一个重要的研究领域,家庭语言政策由此引起了研究者的关注。家庭语言政策主要包括三个维度的内容,即家庭语言信仰或语言理念、家庭语言实践和家庭语言管理。家庭语言信仰包括对待语言的态度、期望等,它是家庭语言管理的内驱力;语言实践指的是在不同时间、不同地点,面对不同的人而实际使用的语言;语言管理则是指为了干预或影响语言实践而做的努力,比如,通过为孩子提供语言学习资源、带孩子旅行、让孩子参加语言课程等活动,促进其语言发展等。家庭语言政策是父母语言意识的直接反应,可以体现出社会对语言和教养方式的态度及理念,为研究亲子互动和儿童语言发展提供了理论基础。

家庭社会经济地位是衡量个体社会地位的重要手段,对个体经验的获得、语言,及大脑认知发展的影响甚至可以追溯到胎儿期,并伴随个体终身的发展。家庭社会经济地位的测评主要包括两方面:一是侧重于"量"的衡量,如家庭收入、"收入—需求"比例;二是侧重于"质"的表达,如父母职业、社会威望、父母受教育水平、家庭和社区环境等(Hackman et al., 2010; Hackman and Farah, 2009; Noble et al., 2005)。不同社会经济地位的父母在受教育水平、职业、收入等方面存在差异,因而他们的家庭语言政策,即语言意识、语言管理以及语言实践都存在差异,这会影响儿童早期家庭语言环境的创设,从而给儿童早期语言习得带来不同体验。

第五节　三层面语言政策与学前流动儿童的语言发展

语言政策存在和起源于人类社会的三个层面，一是宏观层面的国家政策；二是以学校、工作场所等场合为主的中观层面的政策；三是个人和家庭微观层面的政策（Kayam and Hirsch, 2012；Shen, Wang and Gao, 2020）。鉴于此，本项研究具体包括四部分内容。

第一部分为国家层面，以及以北上广三大有代表性城市的宏观语言政策和语言教育政策解读与分析，从中发现可以支持学前流动儿童语言发展和教育，促进其语言发展的相关政策，并探寻现有政策和相关精神在下面各级各层单位的认识和执行情况，从而发现不足之处，为进一步探索和解释影响流动儿童语言发展的外部影响因素提供依据。

第二部分为中观层面的语言文字政策和语言教育政策分析。主要从幼儿园和社区的语言生态环境创设入手，研究相关幼儿园对上级政策的解读和落实情况，以及社区内部语言政策的制定和执行情况，继而研究城市儿童与流动儿童早期语言生长环境的差异，并讨论早期语言体验的不同带来的"机会不平等"。

第三部分为微观层面的家庭语言政策研究。主要调查学前流动儿童和城市儿童的家庭语言生活和家庭语言政策实施情况，以对比分析因社会经济地位差异带来的早期家庭语言环境差异。

第四部分为学前流动儿童和学前城市儿童个人语言发展和使用情况分析。主要考察学前流动儿童语言发展的过程，探究他们在词汇、句法、语音和语用发展过程中的具体问题，分析成因，寻找对策，以探索此类儿童语言发展遇到的问题及外部影响因素，从而为国家相关政策的制定提供参考，为进一步推动教育及相关体制改革，保障广大流动儿童享受平等接受语言教育的权利，健全促进流动人口市民化的机制提供建议等，为首都北京，乃至上海、广州等其他地区，以及世界各地同等条件下的流动人口在基础教育初始阶段的相关政策和法规制定提供参考。

第六节　有针对性的研究方法

一、文献分析法

针对第一部分国家宏观层面的语言文字政策与语言教育政策研究，通过深度阅读、剖析和梳理相关文件，了解该领域的具体现状；同时采用比较和分析的方法，从中选取与研究主题相关的内容，为研究提供依据和支持。研究过程遵循三个步骤：（1）搜集文献。笔者在本次研究前后查阅了大量文献，在中共中央、国务院、中国教育部、北京市教育委员会、北京各区县的政府和教育局、上海市教育委员会、广州市教育委员会等官网上，通过搜索"学前儿童""学前儿童教育""流动儿童""语言教育""外来务工人员子女""非京籍人员子女"等关键词查找相关政府公文和相关文献，对学前流动儿童教育政策有了全面的了解。（2）摘录信息。在仔细阅读国家、各市和地区的相关政策和法律法规后，将与流动儿童相关的教育政策、教育法律法规及语言教育政策、报告、论文、网络信息等进行分类汇总，选择有效信息进行摘录，为下一步撰写调研报告打下基础。（3）分析文献。将摘录的信息和文献材料进行整理、归纳，进行分析和评价，形成调研报告，为下一步在实验过程中分析原因提供佐证。

二、问卷调查、访谈法、观察法

针对第二部分中观层面的研究，采用问卷调查，民族志田野调查的访谈与观察相结合的方法，结合文献分析，对城市儿童与流动儿童所赖以成长的幼儿园和社区两个主要场所的语言生态状况，及其对上级相关语言政策精神的解读和实施进行深入探究。针对第三部分微观层面的研究，采用观察和访谈等方法，通过量化研究与质性分析相结合的方法调查研究了学前流动儿童和学前城市儿童的家庭语言政策实施情况。

三、测试法

第四部分研究通过语言测试的方法，获得了家庭社会经济地位低下的学前流动儿童在词汇、句法、语用和语音方面的发展情况，进行了详细表述，并辅以访谈信息找出了存在问题，做出了具体解释。

第七节 提出政策建议，创新研究理论、内容和方法

一、提出政策建议

通过深入解读国家宏观、中观层面的语言文字政策与语言教育政策的最新精神及其执行情况，探究政策方面的缺失，进而分析现有政策对儿童语言发展的影响，并通过分析北上广三大有代表性国际特大城市相关政策的制定与执行，总结经验，提出政策建议。

在进行相关数据分析的基础上，解读微观层面不利于学前流动儿童语言发展的外部因素，为提出相关政策建议提供参考依据。

通过对儿童语言测试及数学建模进行相关性分析，进一步研究影响学前流动儿童词汇、句法、语用、语音四方面的具体因素。从而在实地调研的基础上，分析并总结学前流动儿童市民化进程中语言发展存在的突出问题，国家和地方政策方面存在的问题等，以向上级政策制定者汇报。

在数据分析与实地调研的基础上，提出改变学前流动儿童语言教育现状，以实现教育公平的具体路径和政策建议，为国家进一步完善相关政策提供科学可靠的依据。

二、理论新、方法新、内容新、科学性高

理论新、研究与分析方法新、研究意义大。本研究在国际社会语言学研究领域第一次使用数学建模证实了斯波斯基提出的家庭语言政策理论模型，并第一次将家庭语言政策研究引入单语环境，对该理论进行了有效拓展，为

未来研究单语母语环境下的家庭语言政策及相关问题提供了理论依据。同时，本研究第一次有力证实了社会经济地位对家庭语言政策的影响，特别是证实了家庭社会经济地位各维度中女性的受教育水平要比家庭收入、父母职业等因素对家庭语言政策的影响大。这为我国乃至世界同等情况下的教育扶贫，或者语言扶贫工作政策的制定提供了重要依据。

　　研究的科学性高。本项研究所采用的语言生态建设方面的数据，均为在儿童就读的幼儿园和生活的社区，通过田野调查获取的一手数据；研究儿童的家庭语言政策、词汇、句法、语音、语用发展情况的数据均是问卷与测试所得的数据。实地调查与语言测试相结合的方法，提高了本研究的科学性。

　　对国家层面有关学前语言教育政策的分析尚属首次。本研究深入分析了国家语言文字和语言教育政策，了解了政策的制定与执行情况。通过文本分析找出国家政策中专门针对学前流动儿童这一群体的语言教育和语言文字政策，同时通过分析下级部门对上级政策的了解执行情况，分析上级政策的科学性与宏观指导性，并找出不足之处。此外，分析下级对上级精神的解读与执行情况，寻找政策漏洞并形成建议，为下一步政策的高效贯彻执行打下基础。这些结论对科学把握我国国家宏观和中观层面语言政策的制定和执行具有较强的参考价值。

　　对北上广三大城市相关政策的比较分析尚属首次。通过对北京、上海、广东三大有代表性国际化大都市的政府工作官网、语言文字网等相关信息的详细归纳与解读，可以充分了解三地区对学前流动儿童语言发展与教育所做的努力，这在某种程度上有利于把握我国其他地区关于学前流动儿童教育政策的制定与执行情况。对于某些地区，如上海市成功经验的分析与总结，可以因地制宜在其他地区推广执行。这些研究结论对于进一步在市民化进程中保护学前流动儿童早期语言教育权利，以及制定相关法律法规有一定的参考价值。

第二章

宏观语言政策调查研究

第一节 流动人口"举家迁徙"背后的政策支持状况

伴随流动人口"举家迁徙"大潮的来袭，出现了大批跟随父母进城的学前流动儿童。为了保障他们的基本权益，实现流动人口基本公共服务均等化的目标，中国政府相继出台了一系列政策措施。这在一定程度上保护了流动儿童在城市居住、生活和学习的权利，但仍有很多社会保障和基本公共服务并不尽如人意，许多流动儿童（包括学前儿童）在流入地仍旧未能享受与当地儿童平等地接受教育的权利。

学前儿童语言发展需要多方力量的支持。目前，我国国家宏观教育政策及语言文字立法从宏观、高位切入，为保障学前儿童的语言可持续性发展提供了重要支持；地方教育政策及语言文字立法结合各地实际，形成了具有地方文化特性的政策帮扶。二者互相交融，相得益彰，形成了具有"国家统领，地方特色"的学前儿童宏观语言教育政策现状。

学前流动儿童作为一个流动于故乡和他乡的"他者"，其语言发展是否在政策层面受到了同样的保护？学前流动儿童是我国社会不可忽视的一个重要群体，他们的语言发展和语言教育对于其顺利适应城市生活，实现自身长期发展具有重要作用。学前儿童语言能力的发展受多方因素的影响。首先，需要国家和各地市提供政策方面的支持，以提高社会各个层面对儿童早期语言发展和语言教育重要性的认识，进而采取措施落实政策要求，为儿童的语言发展提供好的机会。因此，为全面了解影响学前流动儿童语言发展的外部因素，特别需要从宏观和中观两个层面出发，对国家和各地市的语言文字部门、教育部门，及其所制定的语言文字政策、教育政策，尤其是语言教育政策的制定和执行情况做具体调研。

本部分主要通过解读国家各部委网站发布的政策性文件和法律法规，从宏观层面分析国家制定的针对学前流动儿童语言发展的政策性文件，或专门为学前流动儿童制定的教育政策、教育法律法规以及语言教育政策等；同时，通过访问以北上广为代表的三大国际化都市及其所属市区政府、教育行政部门、语言文字部门制定和发布的相关政策文件、政府工作报告和新闻播报等，全面了解各级政府对上级政策的执行力度和具体落实情况，尤其在流动儿童语言教育的政策倾斜、资金投入等方面所做的努力，以期从中发现问题和不足，为国家和政府完善学前儿童语言教育政策，保障学前流动儿童语言发展，促进教育公平提出政策建议。

第二节　学前流动儿童的入学语言准备

处理好学前流动儿童的受教育问题是切实推动实现社会公平的重要举措，而做好他们的入学语言准备工作则是问题的关键。因此，国家和各级地方政府都应重视儿童语言教育问题，特别是学前儿童的语言教育问题，将之上升到政策层面加以规定并落实。本部分从宏观层面出发，以国家和北上广为首的大城市为切入点，探究国家和各级地方政府在关于学前儿童语言教育政策和语言政策领域的法律法规的制定和执行情况。相关研究问题如下。

（1）国家层面出台制定的学前儿童教育政策、语言教育政策及法律法规有哪些？哪些与学前流动儿童相关？

（2）以北上广为代表的国际化大城市对国家政策是怎样解读及落实的？

（3）各城市结合当地特点另外制定了哪些相关的政策制度及法律规范？

（4）各市和区级政府的执行力度、财政投入状况如何？

（5）国家在宏观层面制定的各项方针政策、法律法规有哪些不足之处？

第三节　现有政策分析的三个步骤

通过深度阅读、剖析和梳理相关文件，了解该领域的具体现状；同时采用比较和分析的方法，从中选取与研究主题相关的内容，为研究提供依据和支持。

本部分研究采取了三个步骤：

（1）进行文献搜集。笔者在本次研究前后查阅了大量文献，在中共中央、国务院、中国教育部、北京市教育委员会、北京各区县的政府和教育局、上海市教育委员会、广州市教育委员会等官网上，通过搜索"学前儿童""学前儿童教育""流动儿童""语言教育""外来务工人员子女""非京籍人员子女"等关键词查找相关政府文件和文献，以便对学前流动儿童教育政策有全面的了解。

（2）进行信息摘录。在仔细阅读国家、各市和地区的相关政策和法律法规后，将与流动儿童相关的教育政策、教育法律法规及语言教育政策、报告、论文、网络信息等进行分类汇总，选择有效信息进行摘录，为下一步撰写调研报告打下基础。

（3）进行文献分析。将摘录的信息和文献材料进行整理、归纳，进行分析和评价，形成调研报告，为下一步在实验过程中进行原因分析提供佐证。

第四节　各级网站的文件收集与整理

本部分研究涉及的相关资料全部来源于中国知网、国务院网站、中国教育部网站、国家语委网站、北京市教育委员会网站、北京各区县政府官网、语言文字网、教育委员会官网、上海市教育委员会官网、广州市教育委员会官网及公众平台上发布的政策性文件、法律法规和新闻报道等（参见表2-1）。通过剖析这些材料，深度挖掘与学前儿童语言和语言教育相关的信息，包括与学前流动儿童相关的信息；从各市、区、行政官网和新闻报道中了解各级政府对国家政策的执行情况，以及为保障学前流动儿童语言发展和语言教育所采取的具体措施；另外，还具体搜索了北京市各区，如朝阳、海淀、西城、东城、通州等区政府为保障学前流动儿童身心健康发展，享受良好的教育环境，以更好地适应社会所做的努力，包括召开的专门会议、宣读的文件，财政拨款情况，惠普性幼儿园的开办情况，为加强对流动儿童的社区关爱而开展的社区服务和社区活动，家庭教育讲座、亲子活动的举办等具体做法。主要目的是通过分析国家出台的针对学前儿童语言发展和教育的政策、教育法律法规，以及北上广等大城市对国家政策的执行情况，对相关研究问题做出回答。

表 2-1　宏观语言政策信息来源列表

序号	调查单位	调查数据
1	中华人民共和国政府	《中华人民共和国国家通用语言文字法》
2	教育部	《国家语言文字事业"十三五"发展规划》
3	教育部	《3—6岁儿童学习与发展指南》
4	中国共产党中央委员会	十九大报告
5	全国人民代表大会	《中华人民共和国教育法》
6	教育部、人力资源和社会保障部、工商总局	《营利性民办学校监督管理实施细则》
7	全国人民代表大会常务委员会	《中华人民共和国未成年人保护法》
8	国务院	《国务院关于当前发展学前教育的若干意见》
9	教育部、国家发展改革委、财政部、人力资源社会保障部	《教育部等四部门关于实施第三期学前教育行动计划的意见》
10	教育部	《幼儿园工作章程》
11	教育部	《幼儿园教育指导纲要（试行）》
12	国务院	《国家中长期教育改革和发展规划纲要（2010—2020年）》
13	国家卫生健康委员会	《中国流动人口发展报告2018》
14	国家统计局网站	2019年农民工监测调查报告
15	中华人民共和国国家教育委员会	《幼儿园管理条例》
16	教育部、国家语委	《关于进一步加强学校语言文字工作的意见》

续表

序号	调查单位	调查数据
17	教育部语用司	《关于深入实施国家通用语言文字普及攻坚工程的通知》
18	北京市教育委员会、北京市语言文字工作委员会	《北京市语言文字事业"十三五"发展规划》
19	北京市教育委员会	《关于开展2019年学校语言文字工作规范化达标建设工作的通知》
20	北京市教育委员会办公室	《北京市幼儿园语言文字工作指导标准》
21	北京市教育委员会	《关于对流动人口中适龄儿童少年实施义务教育暂行办法的通知》
22	北京市教育委员会	《关于加强流动人口自办学校管理工作的通知》
23	北京市教育委员会北京市财政局	《关于进一步做好来京务工人员随迁子女在京接受义务教育工作的意见》
24	北京市教育委员会北京市人民政府教育督导室	《关于进一步加强控辍保学提高义务教育巩固水平的通知》
25	上海市教育委员会	《上海市教育委员会工作要点（2015—2021年）》
26	上海市教育委员会	《上海市基础教育工作要点》
27	上海市教委、市委编办、市发展改革委、市公安局、市财政局、市人力资源社会保障局、市规划资源局、市住房城乡建设管理委、市农业农村委、市卫生健康委、市市场监管局、市房屋管理局	《上海市学前教育三年行动计划（2019—2021年）》
28	上海市人民政府、上海市委	《中共上海市委、上海市人民政府关于推进学前教育深化改革规范发展的实施意见》
29	上海市教育委员会	《上海市幼儿园办园质量评价指南（试行稿）》
30	上海市人民政府教育督导委员会办公室	《上海市幼儿园发展性督导评价指导意见》
31	上海市教育委员会、上海市发展和改革委员会、上海市民政局、上海市财政局、上海市人力资源和社会保障局、上海市卫生和计划生育委员会、上海市机构编制委员会办公室、上海市残疾人联合会	《上海市特殊教育三年行动计划（2018—2019年）》

续表

序号	调查单位	调查数据
32	上海市语委办	《上海市语言文字工作要点》
33	上海市语言文字工作委员会、上海市教育委员	《上海市语言文字事业改革和发展"十三五"规划》
34	上海市教育委员会	《上海市幼儿园办园质量评价指南(试行稿)》
35	教育部语言文字信息管理司指导，国家语委科研机构国家语言文字政策研究中心和中国外语战略研究中心共同执行	《上海语言生活状况报告（2020年）》
36	广州市教育局	《广州市义务教育阶段学校招生工作指导意见》
37	广州市政府	《关于做好优秀外来工入户和农民工子女义务教育工作意见》
38	广州市发展和改革委员会、广州市教育局、广州市人力资源和社会保障局、广州市公安局	《关于进一步做好优秀外来工入户和农民工子女义务教育工作的意见》
39	广东省教育厅	《广东省教育厅关于做好2021年幼儿园招生工作的通知》
40	广州市人民政府办公厅	《广州市教育事业发展第十三个五年规划（2016—2020年）》
41	广州市人民政府办公厅	《印发广州市学前教育三年行动计划的通知》（穗府办〔2011〕44号）
42	广东省教育厅	《广东省幼儿园基本规范标准》
43	广东省教育厅、广东省语言文字工作委员会	《关于认定首批广东省语言文字规范化示范校的通知》（粤教语〔2009〕19号）
44	广州市教育局	广州市语言文字工作会议
45	教育部、国务院扶贫办、国家语委	《推普脱贫攻坚行动计划（2018—2020年）》（教语用〔2018〕1号）

第五节　国家宏观语言政策与语言教育政策研究结果

一、国家层面语言、教育及相关语言教育政策的制定与实施

（一）国家层面语言政策调研报告

强国必强语，强语助强国。语言不仅可以描写一个民族的现状，也可以记载民族的历史和发展。语言是一个国家的灵魂，肩负着国家的软、硬实力。自新中国成立之初，我国就对语言文字政策十分重视，随着改革开放和社会主义现代化进程的不断推进，国家对语言文字的重视程度日益增加。目前，我国从国家到地方已经逐步建成一系列完整的语言建设系统，制定有专门的政策方针和语言行为规范，国家每年都会发布"语言生活皮书"系列，对国家的语言生活现状加以报告和评述。我国作为一个多民族、多语言、多文化的国家，汉族为主、各少数民族聚居的现状，使得语言文字政策的制定在推进国家治理以及文化教育方面具有重要意义。

随着国家法制化的推进，2001 年 1 月 1 日起，《中华人民共和国国家通用语言文字法》[①]（以下简称《国家通用语言文字法》）开始实行，首次从法律高度确立了通用普通话和规范汉字在我国语言生活中的地位。新中国成立 70 多年来，我国逐步建立健全了行政管理机构体系，制定并落实了多个与语言文字发展有关的五年规划。以国家语委为主体的语言事务管理体系自建立之日起，便努力推动我国语言文字事业向着更为规范、系统且创新的方面发展。整个体系分为国家和地方两个层面，国家层面有教育部和国家语委，地方层面形成了省、市、县三级语言文字管理体系，上下联动，直接实现与国家语委相关工作的对接。

《国家通用语言文字法》是我国第一部专门针对语言文字方面的法律法规，其颁布与实施使中国语言文字管理工作走向规范化和标准化，是我国语言生活中的里程碑。语言文字法总则中明确提出"国家推广普通话，推行规

---

① 中华人民共和国国家通用语言文字法［EB/OL］.中国政府网，2005-08-31.

范汉字"的法律条文,并对少数民族的语言文字使用做出了规定。此外,在语言教育方面,该法律将"标准普通话"规定为课堂教学用语。

"十三五"规划时期,习近平总书记做出了"民族地区语言相通、干部群众双语学习"的工作部署,标志着我国对少数民族语言文字工作进行规划的开始。在教育部、国家语委印发的《国家语言文字事业"十三五"发展规划》①(以下简称《发展规划》)方案里,国家对语言文字工作的要求和政策进一步细化,"普及国家通用语言文字、推进语言文字信息化建设、提高国家语言文字服务能力、弘扬传播中华优秀语言文化"等工作都被列入规划方案。在《发展规划》的第一部分"普及国家通用语言文字"中,提升农村地区普通话水平以及普及民族地区国家通用语言文字的要求第一次被提上日程,并且推普工作的重心集中在农村青壮年劳动力以及青壮年农牧民群体上。在强化学校语言文字教育方面,《发展规划》明文指出将语言文字工作深入到教育教学及学生管理的各个环节,构建适合各年龄段、各学段学生的语言文字课程和教育教学活动。

令人可喜的是,"十三五"语言文字发展规划对培养幼儿园儿童阅读兴趣、倾听能力,以及使用普通话进行基本交流的能力做出了要求。根据教育部印发的《3—6岁儿童学习与发展指南》②,学前儿童语言能力发展要求包括倾听和表达,但是并不局限于此,愿意且清楚地表达自己,使用文明语言等习惯也被包括在内。同样,针对中小学语言文字教育教学目标的具体表述是"提高学生国家通用语言文字听说读写能力",针对中等职业学校和高等学校语言文字教学目标的具体表述是"全面提高学生语文素养和语言文字应用能力"。由此可见,"十三五"语言文字发展规划虽然对不同年龄、不同学龄学生的语言能力发展问题分别提出了整体要求,但针对各阶段的具体要求区分度较低,过于宏观,并不能真正为下级各教育部门的政策制定提供明确的方向,当国家宏观规划下放至地方单位执行时,有可能会出现解读不到位,甚至不能给相关学校或其他语言文字机构的教育教学工作提供正确的指导等系

---

① 教育部,国家语言文字工作委员会. 国家语言文字事业"十三五"发展规划 [EB/OL]. 中华人民共和国教育部政府门户网站, 2016-08-25.

② 教育部. 3—6岁儿童学习与发展指南 [EB/OL]. 中华人民共和国教育部政府门户网站, 2015-05-27.

列问题。

2019年正值新中国成立70周年，国家语言文字研究者纷纷对国家语言政策研究和国家语言能力建设等问题做出总结和概述。赵世举、戴曼纯、文秋芳、郑秋生等专家都对国家语言能力建设进行了界定和论述。文秋芳（2019）重点讨论了国家语言治理能力，从三方面（机构体系构建、规划制定与实施、研究与交流）分析了目前各阶段取得的成就与面临的挑战，并提出了相应举措。郑秋生（2019）以文字改革、语言规范化、标准化、信息化、语言立法、语言保护、语言服务和语言能力、语言战略以及语言政策流变等九大主题为切入点，分析了我国各项语言政策的产生及发展脉络。这标志着我国语言文字工作进一步向着科学化的方向发展。

（二）国家层面教育政策调研报告

百年大计，教育为本。语言教育，教育之基。近年来，我们国家在经济稳步发展的基础上，加大了对教育的关注力度。习近平总书记在十九大报告[①]中提出了优先发展教育事业的倡议，报告论述了建设教育强国是中华民族伟大复兴的基础工程这一思想，并进一步强调必须把教育事业放在优先位置，深化教育改革，加快教育现代化，办好人民满意的教育。

国家对教育事业的重视，不仅体现在教育规划及改革方面，也体现在教育立法方面。1995年，我国教育部制定的《中华人民共和国教育法》[②]（以下简称《教育法》）对事关教育各个方面的工作都进行了立法，包括"学前教育"。国家教育法在第八届全国人民代表大会第三次会议通过，2009年进行了第一次修订，2015年进行了第二次修订。《教育法》第十条指出，根据需要发展少数民族地区教育和支持边远贫困地区的教育问题；第十一条涉及了教育公平和教育均衡发展的问题。教育公平以及教育均衡发展得以进一步强调，少数民族地区、偏远贫困地区教育服务体系落后的问题已经引起教育部的重视，需要国家特别扶持。

《教育法》第二次修订版增添了第十八条和第二十条，其中第十八条讲述

---

① 习近平：决胜全面建成小康社会 夺取新时代中国特色社会主义伟大胜利——在中国共产党第十九次全国代表大会上的报告［EB/OL］. 中国政府网，2017-10-27.

② 中华人民共和国教育法［EB/OL］. 中国政府网，2005-05-25.

了普及学前教育，特别是建立农村学前教育公共服务体系的问题，有力推动了我国学前教育事业的发展。虽然在此提出了普及农村学前教育的问题，但并未提及对"既非城市儿童，又非农村儿童"的学前流动儿童的教育问题。学前流动儿童在农村与城市双重环境中来回切换，其"流动性"特征影响了他们接受早期教育的机会，作为国家的一分子，他们同样应当享有国家所倡导的教育公平带来的福祉。学前流动儿童的教育这一问题暂未引起社会的关注，但在当今流动人口激增的社会现状中又是不可忽视的现象之一。

《教育法》第十二条将国家通用文字作为教育教学中使用的语言加以确定。这一立法同语言文字法相呼应，进一步确立了国家通用语言文字使用的规范化和合法化地位。同时，该条款还补充了少数民族聚居区实施双语教学的相关规定。我国现行的教育体制允许公立学校和民办学校两种办学模式并行。深化教育领域改革包括民办教育，为推进民办教育改革的开展，教育部联合人力资源社会保障部和工商总局共同制定了《营利性民办学校监督管理实施细则》[①]，对民办学校的专业设置、课程开设、教材选用等方面做出了具体要求，同时还对民办幼儿园的保教工作做出了明确规定。从整体分析来看，教育法中对语言教育问题规范化的描述，还只是停留在国家政策方面，对于如何指导地方各教育部门执行，以及怎样执行等问题，仍需要做深入探讨。

目前，我国正处于"十四五教育规划""二〇三五远景教育规划"的初始阶段，在教育事业蓬勃发展的新时代，我们必须正确把握教育发展的历史地位及重要意义，围绕促进公平和提高质量，着力发展高质量的教育体系。当前我国教育改革的政策目标总体上可以概括为"两普及一均衡""双一流"提质量。"两普及一均衡"是我国基础教育改革的目标，即全面普及学前教育、全面普及高中教育、优质均衡发展义务教育，努力让每个孩子都能享有公平而有质量的教育（薛二勇和李健，2021）。2020年10月17日，第十三届全国人民代表大会常务委员会第二次会议修订了《中华人民共和国未成年人保护法》，该法自2021年6月1日起施行。修订后的未成年人保护法对学前儿童的各项利益可以起到全面保护的作用，它强调了留守儿童，以及处境不

---

① 教育部 人力资源社会保障部 工商总局关于印发《营利性民办学校监督管理实施细则》的通知［EB/OL］. 中国政府网，2016-12-30.

利儿童的保护问题,但是并未专门指出对学前流动儿童这一特殊群体的保护,而实际上根据我们的调研,学前流动儿童的处境同样很糟糕(尹静,2019)。语言教育是教育的重要组成部分,又是教育工作顺利开展的载体,存在于教育的方方面面,既彰显教育的显性特征,又具备教育的隐性内涵。我们期待学前流动儿童——作为我们国家城市未来生力军的这一特殊群体的受教育问题早日得以顺利解决,其接受公平公正的语言教育的权利早日得到保障。

(三) 国家层面幼儿园教育政策调研报告

我国的教育体系已臻于完善,为了推动全民终身学习,国家推行从学前教育到高等教育一贯制的学校教育制度,同时鼓励发展各种形式的继续教育。现行《教育法》以及"十四五"规划均要求将学前教育的普及问题提上日程,要求加大对学前教育的政策倾斜和精力投入,出台了众多文件,包括《中华人民共和国未成年人保护法》[1]《国务院关于当前发展学前教育的若干意见》[2]《教育部等四部门关于实施第三期学前教育行动计划的意见》[3]《幼儿园工作规程》[4]《幼儿园教育指导纲要》[5](试行)等。以下将对上述文件中的相关内容进行分析和解读。

《中华人民共和国未成年人保护法》于1991年通过,并于2006年得以修订,为未成年人在家庭、学校、社会以及司法等领域提供了一个全方位的保护伞,努力营造一个适合未成年人成长的良好环境。根据教育部公布的2020年全国教育事业统计数据[6],2020年全国学前教育毛入学率为85.2%,九年义务教育巩固率为95.2%。自2015年以来,我国基础教育普及率稳步提升,然而透过这一系列数据可见,适龄儿童未入园、未入学的情况仍然很严重,这部分儿童并没有完全享有《未成年人保护法》所赋予的权利。《国务院关于当前发展学前教育的若干意见》(以下简称《意见》)中对如何发展学前教育,解决"入园难"的问题提出了十点重要意见,明确指出学前教育是国民

---

[1] 中华人民共和国未成年人保护法 [EB/OL]. 中国政府网,2020-10-18.
[2] 国务院关于当前发展学前教育的若干意见 [EB/OL]. 中国政府网,2010-11-24.
[3] 教育部等四部门关于实施第三期学前教育行动计划的意见 [EB/OL]. 中华人民共和国教育部政府门户网站,2017-04-17.
[4] 幼儿园工作规程 [EB/OL]. 教育部官网,2016-02-29.
[5] 幼儿园工作规程 [EB/OL]. 中国政府网,2012-11-15.
[6] 教育部. 幼儿园教育指导纲要(试行)[M]. 北京:北京师范大学出版社,2001.

终身学习的开端，对其重要性给予了肯定。从《意见》分析来看，当前政府已经认识到城乡区域发展的不平衡等问题，大力扩大学前教育资源，积极制定优惠政策，并鼓励增加民办园以及惠普性幼儿园的规模和数量，以改善农村地区，特别是中西部农村的学前教育资源。值得肯定的是，该《意见》已经提及城镇幼儿园对随迁儿童学前教育需求的考虑。但遗憾的是，文件虽然倡导发展惠普性民办幼儿园，但并没有对这类幼儿园的办学要求、保教条件、教学标准等做出实质性要求，以致社会上涌现出一定数量的不符合办学标准的"山寨园"。为了提升学前教育的保教质量，经国家教育体制改革领导小组会议通过，2017—2020 年实施了第三期学前教育行动计划，该计划的重点是增加惠普性资源供给，深化体制改革。在幼儿园教育改革条例中，对培养幼儿品德、行为习惯，锻炼体魄，激发兴趣，培养交往及合作能力等学前儿童的身心全面发展提出了要求。学前儿童正值增长体魄、探索兴趣、培养良好行为习惯和正确价值观的关键时期，同时也是语言发展的关键时期，而上述三期行动计划，并没有对儿童语用能力的培养计划和目标提出明确要求。《幼儿园教育指导纲要（试行）》由教育部于 2001 年制定，在健康、语言、社会、科学、艺术等五个领域对幼儿各方面能力进行划分，并提出了目标、内容、指导要求，以指导幼儿园深入贯彻素质教育。随着后续的改进和更新，中华人民共和国教育部于 2016 年 3 月 1 日起开始施行《幼儿园工作章程》，该章程第五章明确了幼儿园教育工作的原则，要求幼儿园和教师全面综合健康、语言、社会、科学、艺术等各个领域的教育内容，为幼儿提供适龄玩具、操作材料和读物，充分利用各种教育手段开展交互教学。这与《3—6 岁儿童学习与发展指南》中所描述的学前儿童语言能力发展目标，包括简单的阅读和表达能力的培养，以及语音、语法、语用等能力互补。另外，上述章程第六十四条指出相关条例"适用于城乡各类幼儿园"。然而事实上，应该专门指出对农村地区儿童以及城市随迁儿童的语言发展进行特殊关照，因为他们特殊的生活条件决定了他们的早期语言体验与城市同龄儿童存在很大差异。为确保以上地区儿童的入学语言准备工作，幼儿园或其他学前教育机构需要对他们的语言教育给予更多关注。

此前，教育部印发的《国家中长期教育改革和发展规划纲要（2010—

2020年)》(以下简称《纲要》)① 将学前教育纳入了发展任务,国家教育改革工作小组已经意识到我国学前教育目前存在的问题和有待改善的方面。在《纲要》中,国家提出了普及学前教育的倡议,明确了政府职责,并决定充分调动全国各方力量大力发展学前教育。该《纲要》把重点发展农村学前教育提上了日程,指出要扩大农村地区的学前教育资源,以保障农村儿童特别是留守儿童的入托入园工作,还特别指出了要为贫困地区发展学前教育提供支持。另外,《纲要》还就全面保障民族地区儿童的语言发展问题做出了规定。然而,学前流动儿童的教育问题并未在《纲要》中有所提及。学前流动儿童穿梭于农村和城市两个环境,其"流动性"身份决定了他们已经成为政策以外的第三者。他们不是城市儿童,无法享有城市儿童的教育资源;户口虽然在农村,但是也难以享受农村儿童的教育优惠。学前儿童的类别问题应当引起政策制定者的注意,仅仅将其笼统划分为"城市学前儿童"和"农村学前儿童"两类,显然已经不能满足当前形势的需要。在全面倡导教育起点公平的今天,游离于这两者之外的第三类学前儿童——"学前流动儿童"的相关待遇和权力问题理应引起广泛关注。

综上,与学前教育相关的政策难以与国家的整体教育政策相衔接,由于没有对幼儿园教育细则提出明确要求,很可能会导致在从国家层面到地方省、市、区层面的宏观教育政策的传达解读和执行过程中,出现偏误或执行不到位、贯彻力度不深入等问题。

(四) 国家层面流动儿童政策调研报告

教育公平问题是诸多流动人口面临的社会问题中比较突出的一个方面。根据《中国流动人口发展报告2018》②,我国流动人口的规模进入调整期,但总量仍多达2.4亿,全国流动儿童的规模和数量保持不变。根据我国2020年颁布的《流动儿童蓝皮书》统计数据,截至2015年10月1日,我国流动人口总量已达2.47亿,全国每6个人中就有1个处于"流动"状态之中(韩嘉玲,2020),与之伴随的流动儿童教育问题已经成为国家和社会关注的焦点问

---

① 国家中长期教育改革和发展规划纲要(2010-2020年)[EB/OL].中国政府网,2010-07-29.
② 国家卫生健康委员会2018年12月22日新闻发布会散发材料之八:《中国流动人口发展报告2018》内容概要[EB/OL].卫生和健康委官网,2018-12-22.

题之一。为了解决这一问题，国家制定了一系列相关政策。樊士德和颜瑾（2020）在《流动人口子女义务教育政策演进脉络与格局前瞻》一文中指出，我国随迁子女教育政策在经过20多年的发展深化之后，可以归纳为四个阶段，分别是以借读为主的限制流动阶段（1992—2000年）、以"两为主"为特征的积极探索阶段（2001—2005年）、以"保障平等"为特征的目标明确阶段（2006—2013年）和以"两纳入"为主的深度推进阶段（2014年至今）。总体来看，国家对处于义务教育阶段的随迁流动儿童教育问题有了妥善处理，但学前流动儿童的教育问题仍有待解决。

国家统计局网站公布的2019年农民工监测调查报告[①]（2020年）显示，进城农民工子女（随迁儿童）的受教育情况得到了相应改善，3—5岁随迁儿童的入园率（含学前班）已经达到85.8%，比上一年提高了2.3个百分点。然而，仍有接近15%的低龄随迁儿童未能入园。随着我国经济发展和国家政策扶持力度的加大，国内大部分儿童能够拥有公平的受教育机会，学前儿童入园率（含学前班）逐渐提升，但整体而言，学前流动儿童的入园率仍远低于学前儿童整体平均入园率。目前国家层面仍未出台任何有关学前流动儿童（随迁子女学前教育）的管理规定，这一问题也未被纳入基本公共服务范围。学前流动儿童因学前阶段未能接受高质量的教育，甚至学前教育空缺，会对未来的生活或学习带来一些不利影响。

国家层面针对学前流动儿童的教育政策仍不多见，国家和社会对流动儿童教育的关注度仍需提高，关于学前流动儿童教育的问题更需进一步引起重视。虽然《国务院关于当前发展学前教育的若干意见》中已经对城镇幼儿园关于随迁儿童学前教育的问题提出了要求，但国家对幼儿园的教育集中在德、智、体、美全方位的发展上，对学前流动儿童最为欠缺，且急需的语言教育问题在制度方面并没有给予特别关照。

（五）小结

本章主要对国家层面的语言政策、教育政策、幼儿园教育以及流动儿童语言政策方面的相应法律法规及政府文件做出解读，层层分析国家对学前流动儿童语言教育的关注力度。研究发现主要包括：（1）现阶段的语言文字政

---

① 国家统计局.2019年农民工监测调查报告［EB/OL］.国家统计局网站，2020-04-30.

策在语言教育方面并没有明确的细则，国家政策对幼儿园语言文字教育目标的叙述过于笼统，要求过于浅显，缺乏对基本语言教育和日常语言教育的区分与表述，对语音、词汇、语法（词法和句法）以及语用能力并没有做出相应要求；（2）对教育类型关注不够，国家在制定教育政策时应当拓宽对象范围，将学前儿童划分为"城市学前儿童""农村学前儿童"，以及"学前流动儿童"三类；当前，《意见》中关于城镇幼儿园对随迁儿童学前教育的需求有所提及，这虽是一大进步，但对此类儿童的具体教育措施和相关保障仍缺乏具体描述；（3）国家对下级各教育部门相关语言和教育政策的制定缺乏有效指引和监管，这容易导致各县、市、区，以及地方幼儿园或其他教育机构对国家宏观政策解读力度不够或出现理解偏差，从而影响基层教育的实施，不能因地制宜开展语言教育工作。

我国的语言文字工作和教育事业在取得稳步发展的同时，非常有必要关注包括学前流动儿童在内的全体学前儿童的语言教育。一方面，语言是一切行为活动的基础，儿童语言能力发展滞后会对其入学后的学业成绩，乃至人生的成败都会带来影响；另一方面，学前流动儿童作为社会的"边缘二代"，属于一个较为弱势的群体，这一群体受教育问题的解决离不开国家政策的支持，只有解决弱势群体的受教育问题才能真正实现国家教育水平的全面提高，真正实现教育公平。由此可见，学前流动儿童的语言教育问题亟待国家和社会予以关注和解决。

二、北京市语言与教育政策调研报告

中华人民共和国国家教育委员会根据《中华人民共和国教育法》制定了《幼儿园管理条例》[①]（以下简称《条例》），并于1989年8月20日通过国务院审批，1989年9月11日由中华人民共和国国家教育委员会第4号令发布，1990年2月1日起正式实施，以全面加强幼儿园的科学管理，提高保育和教育质量。

《条例》包括6章32条，依法保障三周岁以上学前儿童接受教育的基本权利。《条例》第一章第三条、第四条、第六条分别对国家条例和各级地方政

---

① 幼儿园管理条例［EB/OL］. 中华人民共和国教育部政府门户网站，1990-02-01.

策之间的关系给予了明确规定，总体原则强调幼儿园的保教工作确保体、智、德、美各方面的和谐发展，各地区因地制宜，分级管理和分工负责，明确对全体幼儿园的保教工作，以及地方各级人民政府因地制宜制定发展规划和分级管理等问题做了明文规定。此外，《条例》还对国家和地方对于幼儿园管理的责权关系做出了清晰界定："国家教育委员会主管全国的幼儿园管理工作；地方各级人民政府的教育行政部门，主管本行政辖区内的幼儿园管理工作。"由此可见，为了保证国家相关政策的贯彻执行，以保障全体幼儿的健康发展，国家已经从政策上有了明确的管理规定。

在语言教育方面，《条例》第三章第十五条和第十六条分别对普通幼儿园和招收少数民族生为主的幼儿园语言类型的使用以及幼儿园教育教学的方式做出了规定，将普通话规定为幼儿园应当使用的语言类型，同时指出招收少数民族为主的幼儿园，可以使用本民族的通用语，并且全体幼儿园都应当以游戏为基本活动形式。为了进一步了解北京市以及各个区县对《条例》的解读和执行情况，笔者深入北京市教育委员会以及各个区县教育委员会网站，专门调研了地方性"管理条例"的制定和执行情况。

（一）北京市语言教育政策调研报告

北京市教育委员会和北京市语言文字工作委员会，在 2017 年和 2018 年两年语言文字工作规范化达标学校建设工作的基础上，根据教育部、国家语委《关于进一步加强学校语言文字工作的意见》①（教语用〔2017〕1 号）、教育部语用司关于印发《语言文字工作督导评估暂行办法》的通知②（教语用司函〔2018〕8 号）、教育部语用司《关于深入实施国家通用语言文字普及攻坚工程的通知》③（教语用司函〔2019〕9 号）等文件的相关精神，深入贯彻实施《中华人民共和国国家通用语言文字法》，全面落实《北京市语言文字

---

① 关于进一步加强学校语言文字工作的意见［EB/OL］. 中华人民共和国教育部政府门户网站，2017-01-18.
② 国务院教育督导委员会办公室关于印发《语言文字工作督导评估暂行办法》的通知［EB/OL］. 中国人民大学党委宣传部，2019-07-04.
③ 教育部 国家语委 关于印发《关于深入实施国家通用语言文字普及攻坚工程实施方案的通知》［EB/OL］. 中国政府网，2017-04-01.

事业"十三五"发展规划》①，进一步推进北京市学校语言文字工作，发挥学校语言文字工作主阵地的作用。

根据《关于开展 2019 年学校语言文字工作规范化达成建设工作的通知》②，北京市教育委员会以全面开展学校语言文字工作规范化达标建设为"抓手"，以学校语言文字工作达标为基本要求，以促进国家通用语言文字的普及和提升，促进中华优秀语言文化的传承和发展为最高目标，对各级教育行政部门、语言文字工作部门和各级各类学校提出了要求。该文件明确了各区教委和语委的职责，指出了对幼儿园（不含民办）语言文字工作规范化达标建设的指导和验收工作，并根据《关于印发〈对省级人民政府履行教育职责的评价颁发〉实施细则的通知》③（国教督办〔2018〕2 号）文件的具体精神，结合北京市属学校（包括幼儿园）的语言文字工作现状，制定了明确的工作目标。为了积极响应上级工作要求，结合本地实际情况，全面加强北京市幼儿园语言教育工作，北京市制定了《北京市幼儿园语言文字工作指导标准》④（以下简称《标准》）。该《标准》根据一、二、三级指标对幼儿园的具体工作进行了全面部署，可以算是北京市幼儿园语言教育工作的"行动纲领"。一级指标包括"制度建设（30 分）、能力建设（25 分）、教育实践（35 分）、宣传普及（10 分）"四项，满分 100 分。二级指标在一级指标的基础上进行了细分：制度建设对应"工作机构、长效机制、校园环境、经费保障"四方面；能力建设对应"规范意识、教师能力、幼儿能力"三方面；教育实践对应"教育教学活动、文化传承、创新实践"三方面；宣传普及对应"法制宣传和推广普及"两方面。三级指标在二级指标基础上又对各项任务做了进一步的详细描述，这为幼儿园语言教育工作的顺利开展指明了方向。该项

---

① 北京市语言文字事业"十三五"发展规划 [EB/OL]. 北京市教育委员会网站，2016-12-08.
② 北京市教育委员会北京市语言文字工作委员会关于开展 2019 年学校语言文字工作规范化达标建设工作的通知 [EB/OL]. 北京市教育委员会网站，2019-03-22.
③ 语言文字办公室. 关于 2019 年语言文字工作规范化达标建设学校认定的通知 [EB/OL]. 北京市教育委员会，2020-05-11.
④ 北京市语言文字工作处. 北京市教育委员会北京市语言文字工作委员会关于开展 2018 年学校语言文字工作规范化达标建设工作的通知 [EB/O]. 北京市教育委员会，2018-05-28.

举动集中体现了北京市教育委员会对幼儿园语言文字教育工作的重视。下表是北京市幼儿园语言文字工作指导标准。

表 2-2 北京市幼儿园语言文字工作指导标准

一级指标	二级指标	三级指标
1 制度建设 （30分）	1-1 工作机构 （5分）	有专设办公机构和专职人员（3分。如为合署、兼职人员则1.5分）；有语言文字工作机制，有部门分工负责制度（2分）
	1-2 长效机制 （15分）	园长熟悉语言文字法律法规、方针政策（3分）。将语言文字工作纳入日常管理，在学校发展规划和年度工作计划、总结中有语言文字内容（3分）；用语用字、幼儿培养、教育实践过程中有关于语言文字使用的规章制度，并有定期检查落实制度（3分）；纳入职务评聘、教育教学考核评价等制度（3分）。坚持幼儿园语言文字工作与教育教学相互促进。有具体奖惩机制（3分）
	1-3 校园环境 （6分）	普通话是幼儿园的工作语言和基本交际语言（2分）。园内有永久性国家通用语言文字宣传标识或标语，幼儿园主页有语言文字工作宣传（1分）。园内公文、网站、标语、建筑物等用语用字符合规范，汉语拼音使用规范，外文使用符合标准、规范（2分）。校园文化建设健康、文明、积极向上，体现中国传统文化对幼儿语言文化素养的熏陶（1分）
	1-4 经费保障 （4分）	有语言文字工作经费，管理严格、使用规范、效益显著（4分）
2 能力建设 （25分）	2-1 规范意识 （5分）	教师熟悉国家语言文字方针和法律法规，自觉规范使用语言文字的意识强（2分）。具有对中华优秀文化的认同感、自豪感和自信心（1.5分）。幼儿初步具有规范使用普通话的意识（1.5分）
	2-2 教师能力 （12分）	将语言文字应用能力纳入教师培训方案，强调培训效果（4分）。重视教师基本功训练，通过定期培训、综合培养等方式，提高教师语言文字应用能力和水平，并适应教育教学的新要求（4分）。教师普通话水平达标（4分）
	2-3 幼儿能力 （8分）	在幼儿培养目标中有语言规范意识和语言交际能力的要求（2分）。逐步提高幼儿语言文字应用能力，并达到《幼儿园教育指导纲要》《3—6岁儿童学习发展指南》相应的要求（2分）。幼儿能够听懂普通话、愿意讲普通话，并能用普通话表达，具有文明的语言习惯（4分）

续表

一级指标	二级指标	三级指标
3 教育实践 （35分）	3-1 教育教学活动 （20分）	教师在教育教学活动中均使用普通话，教案、课件等用字、书写规范（10分）。注重幼儿语言表达能力的培养和训练，注重语言素养在健康、语言、社会、科学、艺术五大领域教育教学活动中的融合（10分）
	3-2 文化传承 （8分）	用适合幼儿的方式方法，组织开展中华经典诗词诵读等活动（3分）。注重中华民族优秀文化传统和革命传统教育，将爱父母、爱家乡、爱祖国的教育贯穿于各个教育环节（3分）。教师自觉成为传承和弘扬中华优秀传统文化的表率（2分）
	3-3 创新实践 （7分）	积极探索幼儿园语言文字工作新途径、新方法（2分），重视幼儿语言学习方法研究（2分），结合本地和本园实际情况及办学特色，创造性地开展各种语言文化活动，形成品牌或传统（3分）
4 宣传普及 （10分）	4-1 法制宣传 （4分）	将语言文字方针政策、法律法规和规范标准列入幼儿园普法宣传教育，网站、信息屏或宣传栏中有相关内容并定期更新（2分）。教职工熟悉、掌握国家语言文字法律法规、方针政策和规范标准（2分）
	4-2 推广普及 （6分）	每年推广普通话宣传周开展寓教于乐、形式多样的宣传活动（3分）。积极发挥幼儿园在家园互动中的重要作用和对社会的辐射带动作用，并通过"小手拉大手"等活动，为家长和社会提供有关语言文字规范化的咨询或培训服务工作（3分）

说明：1. 满分为100分，80分及以上为合格，90分及以上为良好，95分及以上为优秀；2. 指标1—3中，如果幼儿园名牌、公章等有用字不规范的此项不得分；3. 指标2—2，幼儿园教师普通话水平（二级乙等及以上）达标率低于98%的此项不得分；4. 各区可自设定特色项目为加分项，总分不超过5分

此外，北京市为了完善学前教育督导评估工作，实现以评促教，保障学前教育安全优质发展，专门研究制定了《北京市幼儿园办园质量督导评估办法（试行）》①（以下简称《办法》），并下发至各区县，指导其结合实际情

---

① 北京市幼儿园办园质量督导评估办法（试行）[EB/OL]. 北京市人民政府网站，2019-02-15.

况贯彻执行。《办法》的出台"以习近平新时代中国特色社会主义思想为指导,全面贯彻党的十九大和全国、全市教育大会精神,落实立德树人根本任务,遵循幼儿身心发展规律,加强幼儿园监督监管,切实规范办园行为,整体提升办园水平与保教质量,推进本市学前教育普及普惠安全优质发展,促进幼儿健康快乐成长"。再一次从政策层面保障幼儿园的保育工作和教育教学质量的提升,是北京市正确解读并贯彻上级政策要求,全面加强幼儿园督导评估工作,切实加强对幼儿园保教工作的监督监管,促进幼儿园办园水平和提升保教质量的集中体现。

《办法》与《标准》两份文件相辅相成,从不同侧面保障北京市幼儿教育工作的顺利进行,为全市幼儿的健康成长和幼儿园教育工作的良性开展打下了基础。同时,北京市已经从政策层面将幼儿语言教育工作提上了重要日程,出台了严格细化的语言教育管理模式,为提高教育质量提供了制度保障。但是,从北京市一级出台的政策来看,民办幼儿园和追随父母进京的"学前流动儿童"的相关教育问题,并未纳入相应的管理和监督范围。

通过搜索北京市西城区、朝阳区和海淀区语言文字网首页的"工作动态"栏,以及丰台区人民政府的"政务公开"栏,可以了解到北京市相关区域为落实上级语言文字政策所做的具体工作。各区为做好并不断推进区域内语言文字规范化建设工作,举办了一系列活动以全面提升教师、学生和广大市民语言文字应用能力和规范化水平。朝阳区和西城区政府通过加强经典诵读师资队伍建设、举办经典诵读骨干教师培训班、在中小学开展经典诵读比赛、举办经典诵读名家进校园活动以及中小学成语文化知识大赛等活动,大力传承和弘扬优秀传统文化,取得了良好的效果,全区小学儿童自觉传承优秀传统文化的意识不断提升。北京市大部分城区在中小学学校语言文字工作方面基础扎实,工作卓有成效,但对处于幼儿园阶段的学前儿童语言教育工作尚未做出较为明确的规划。

海淀区语言文字网"工作动态"一栏,将学校教育明确分为学前教育、义务教育和高中教育,此外还谈及美育和校外教育、体育和健康教育等。值得注意的是,海淀区政府在制定语言文字工作规划时将学前儿童教育考虑在内,这表明区一级政府已经认识到学前儿童的语言教育工作和中小学生的语言文字工作同等重要。但调研中发现的问题是,海淀区政府在"学前教育"

一栏只是转发了各级政府关于发展学前教育的一些政策性文件，对于结合区域自身情况制定的幼儿园语言文字教育办法，以及举办的活动和采取的措施并没有详细介绍。

2016年3月1日教育部发布的《幼儿园工作规程》中提及了普及国家通用语，并在招收少数民族幼儿为主的幼儿园使用本民族通用语言的号召。丰台区政府对此积极响应，于2019年1月在政务公开一栏发布了《幼儿园管理条例》，明确指出幼儿园园长、教师和保育人员在各项活动及教育教学工作中应当使用全国通用的普通话；在招收少数民族为主的幼儿园，全体人员都可以使用本民族通用的语言。这体现了丰台区人民政府和区教委对国家语言文字工作，以及对幼儿园语言教育工作的重视。这既有利于作为通用语的普通话在教育教学中的普及，同时也保障了民族语言的传承和保护。在幼儿园阶段规范幼儿语言行为，并为儿童创设良好的语言文字环境，有利于促进儿童的早期语言发展。从时间节点来看，国家教委于2016年对幼儿园的语言教育工作提出了要求，并且在2019年出现于丰台区政府发布的政府工作报告中。由于缺乏对相关工作者的走访，很难确定这是区、县一级政府对上级政策的解读和执行的延迟现象。各个区、县政府要密切关注国家政策和文件，并积极结合当地具体情况，制定相应的政策和工作办法，明确各部门的职责，确保国家语言文字工作落到实处。

综上，北京市各区政府对国家语言文字工作的落实情况不一，普遍存在的问题是对学前儿童语言教育的关注度和行动力不充分，对于区域内如何落实国家语言文字政策，如何做好学前儿童语言教育工作缺乏明确的措施和保障，对于学前流动儿童语言教育的相关工作也缺乏相对明确的规划。各区应从自身情况出发，制定切实可行的工作方案，让语言文字教育工作落实到每一位儿童，以及儿童终身教育的每一个阶段，从而惠及更广泛的儿童群体。

（二）北京市流动儿童语言教育政策调研报告

北京市对义务教育阶段流动儿童的受教育问题已经进行了全面重点部署。2002年3月，北京市教育委员会根据《中华人民共和国义务教育法》和国务院《关于基础教育改革与发展的决定》，结合北京市的实际情况发布了《北京市对流动人口中适龄儿童少年实施义务教育的暂行办法》①（以下简称《办法》），《办法》从法律层面对处于义务教育阶段的流动少年儿童如何接受教育进行了明确部署，指出凡在户籍所在地有监护条件的流动少年儿童，应当回户籍所在地接受义务教育；如果在户籍所在地没有监护条件，且其父母已取得暂住证的，可以申请在本市中小学借读，接受相应的义务教育，同时"教育行政部门应将流动儿童少年就学纳入教育工作计划，统筹安排并采取措施为流动少年儿童就学创造条件"。该《办法》体现出"保障平等"的第三阶段特征，根据《办法》的精神，北京市各级教育行政部门和学校应依法维护流动少年儿童在学校的正当权益，保障流动儿童在各项事务，包括奖惩等方面都与本市儿童享有同等待遇。2008年4月，北京市教育委员会颁布了《北京市教育委员会关于加强流动人口自办学校管理工作的通知》②，以加强流动人口自办学校管理，改善流动人口的受教育环境，其中提到"组织机关、企事业单位为流动人口自办学校捐赠电器设备、图书、报刊等，丰富师生的业余文化生活"，这一举措可有效增加学生的学习资源，扩大课外阅读，丰富课外活动，为更好地培养他们的语言能力创造良好条件。

2008年12月，北京市教育委员会在认真研究和分析现状的基础上，发布了《北京市教育委员会北京市财政局关于进一步做好来京务工人员随迁子女在京接受义务教育工作的意见》③（以下简称《意见》），为适龄流动儿童的教育问题纳入北京市城市总体规划提供了切实可靠的保障。《意见》同时要求各区县政府把对来京流动儿童开展义务教育的工作纳入本区县的经济和社会发展规划，统筹协调规划公安、财政、建委、流管办、城管、民政和教育等部门，理顺对来京流动少年儿童教育的管理体制，这充分体现了国家和社会对流动儿童教育工作所做的协同努力。

2017年10月，北京市教育委员会发布了《北京市教育委员会北京市人民

---

① 北京市人民政府办公厅转发市教委关于对流动人口中适龄儿童少年实施义务教育暂行办法的通知 [EB/OL]. 北京市人民政府网站，2002-09-05.
② 北京市教育委员会关于加强流动人口自办学校管理工作的通知 [EB/OL]. 法邦网，2005-09-29.
③ 北京市教育委员会北京市财政局关于进一步做好来京务工人员随迁子女在京接受义务教育工作的意见 [J]. 北京市人民政府公报，2008.

政府教育督导室关于进一步加强控辍保学提高义务教育巩固水平的通知》①，明确了互联网时代，学生跨区接转的有效机制，开始了对流动少年儿童学籍情况动态监测的新时代。对于加强流动儿童学籍管理，实时掌握流动儿童的学籍变更情况，发挥全国学籍联网优势，追踪调查并做好流动少年儿童就学动态情况，完善流入流出地学籍接转机制起了重要作用。这充分体现了第四阶段对"两为主"的进一步深化向"两纳入"模式转变的特点，以及对学生信息化管理的加强。随后，2018年8月，北京市教育委员会和北京市财政局联合印发《2018—2020年支持民办学校提高办学质量项目管理办法》，依法保障民办学校的办学质量，并对其教育教学条件和师资队伍建设提出了要求，以保障我国教育由民办学校与公立学校"两条腿走路"的发展态势稳步前进。

北京市各区响应市一级号召，大量投入教育经费，用于区域学前教育事业的发展。朝阳区政府增加拨款为创办普惠性幼儿园和乡村托幼设备设施提供补助。丰台区政府在文件中明确指出，保证区教育财政拨款的增长比例要有所倾斜，要求增长比例高于区财政一般预算收入的增长比例。通州区政府为34所处于民办普惠型转化过渡期的幼儿园提供学前专项资金，2019年学前教育投入一般公共预算安排的教育经费为82020.89万元，同比增长了27.42%。密云区汇丰村镇银行为当地流动儿童捐赠大量图书和相关配套设施，建立图书阅览室、儿童活动中心。这一做法一方面为流动儿童提供了丰富的图书资源，另一方面为外来流动人口提供了社会支持。图书阅览室的建立为流动儿童营造了良好的阅读环境，让他们享受到丰富的图书资源，有利于帮助他们增长见识，开阔视野，提高阅读能力，进而提高了语言文字应用能力。

各区着力扩增学前教育学位供给，为适龄儿童创造平等的入园机会。北京市流动儿童众多，现有的幼儿园学位供给难以满足大量流动儿童的入学需求，学前教育学位不足实际是每一个区都面临的问题。海淀区政府努力扩大幼儿园学位供给，鼓励社会力量创办惠普性幼儿园。过去两年中，海淀区圆满完成了北京市政府文件中提及的学前教育的阶段性任务，学前儿童的入园

---

① 北京市教育委员会北京市人民政府教育督导室关于进一步加强控辍保学提高义务教育巩固水平的通知［EB/OL］. 北京市人民政府网站，2017-10-18.

率有了大幅提升，更多适龄学前儿童能够入园接受教育，普惠性幼儿园的数量也明显增加。未来，海淀区政府将继续加大学前教育的经费投入，加大普惠性幼儿园的建设力度，并继续推进学前教育工作，持续扩大普惠学位供给。下一步，海淀区将重点针对局部地区学前学位缺乏的问题进行统筹布局，扩增学位，进一步探索普惠性学前教育资源扩增的支持政策，建立完善的学前教育服务体系。

丰台区政府全力推进《丰台区第三期学前教育行动计划》，通过新建改建扩建、接收小区配套园等方式进一步扩增学前学位，力争全年度新增800个普惠性学前学位。截至2020年第三季度，扩增普惠性学位360个，共有普惠性民办幼儿园48所、教学点7处。

通州区通过与社区密切合作，加强社区宣传工作，推行早教服务。通州区政府通过问卷调查的方式了解家长在育儿方面的困惑和需求，有针对性地开展育儿教育咨询活动，鼓励散居儿童家长参与。在向社区居民提供科学育儿等方面的指导和咨询服务的同时，通过社区服务带动流动儿童家庭，提高流动儿童父母的科学育儿意识，引导其自觉进行家庭教育。这些做法体现了通州区政府对流动儿童和学前流动儿童在家庭教育方面的关注。

东城区是"流动儿童友好家园"和"受人口流动影响的儿童保护项目"的首批试点区。该区以社区为单位，为流动儿童提供社区教育、卫生、游戏、娱乐等服务，为流动儿童开展心理援助，提供心理支持，及时疏导流动儿童的心理问题。

北京市石景山区妇联带头举办流动儿童亲子活动以及体育赛事等公益项目，加强流动儿童的社会参与，帮助流动儿童融入新的社会环境，以促使他们在德、智、体、美、劳等方面全面发展。流动儿童得到了当地政府的关爱，这不仅有利于他们的身心健康，而且有利于他们更好地融入当地社会。另外，从2009年开始，石景山区妇联充分发挥妇女儿童活动中心的优势，在当地社区开展家庭教育讲座，由专家、教师和志愿者在家庭教育、心理咨询、儿童游艺等方面给予流动儿童及其父母必要的指导和帮扶。家庭教育是促进儿童语言发展的中坚力量，儿童语言发展与家庭语言环境关系密切。流动儿童父母因受教育水平的限制，家庭语言环境创设意识普遍偏低，而且由于工作状况等与儿童的交流互动也很少。因此，在社区开展家庭教育讲座有利于流动儿童家长意识到家庭语言环境创设的重要性,帮助流动儿童的父母改变传统教育观念,接触理念新颖的家庭教育知识与方法,提高家庭语言教育意识。

(三) 小结

通过以上分析发现,北京市对上级的指示精神持高度重视态度,并因地制宜出台了12项政策法规或相关文件对上级精神进行对接和落实,对加强幼儿园科学管理,提高保育和教育质量提供了保障。其中《北京市幼儿园语言文字工作指导标准》细则的出台,集中体现了市一级对幼儿园语言文字工作的重视,是幼儿语言文字工作的一大进步,为北京市幼儿园的语言教育工作指明了方向。

市一级的政策法规主要针对处于义务教育阶段的城市学龄少年儿童,以及处于义务教育阶段的流动儿童,全面体现出市政府对这一群体的关爱。但经过详细研读和分析发现,关于学前流动儿童这一群体的教育保障性文件不够充分,对于他们语言教育的规定和法规也略显不足。《北京市教育委员会关于加强流动人口自办学校管理工作的通知》中的相关叙述已经表明,流动人口自身素质需要提高的问题已经引起国家的重视,并且正在积极采取措施,这在某种程度上会给学前流动儿童的语言教育问题带来正面影响。

调研还发现,北京市各个区政府对学前儿童教育政策以及语言政策的具体执行力度不一,在做好儿童语言教育工作方面虽然取得了很多富有成效的成绩,但还存在一些问题。首先,各区政府在保障适龄学前儿童入园方面的重视度还不够。各个区政府结合当地具体情况制定了大量中小学少年儿童的教育政策以及相关法律法规来保障少年儿童的受教育权,但没有制定明确的政府公文确保适龄学前儿童进入当地幼儿园接受教育,也没有为流动儿童提供足够的政策保障,没有将监督流动儿童入园接受教育的职责进一步落实到各个部门,没有明确各部门的分工。其次,城乡幼儿园的数量、教育质量、教学相关设施仍存在差异。各区政府加大教育经费投入,为幼儿园提供财政支持,用于购置教学设备和教育设施,提升幼儿园的办学条件,但农村地区仍存在教育资源相对匮乏、师资力量不足、幼儿园数量较少、无法惠及广大学前流动儿童的教育需求等问题。另外,政府对学前儿童语言文字工作的重视存在不足。各区政府非常重视中小学少年儿童的语言文字教育,在中小学开展各项语言文化知识活动和竞赛，但对学前儿童进行语言教育措施和规划不够明确具体，这需要各级政府在未来的工作中有所侧重。

各个区县政府应全面规划，结合各区自身的情况为解决学前流动儿童教育问题及语言教育问题进行详细分工、明确职责、制定方案，从而有计划、有方法地保障学前流动儿童在流入地幼儿园接受教育。另外，区政府要加大对流动儿童的社会扶持力度，必须重视保障流动儿童的家庭语言教育和学校教育协调发展，加强教师关爱、同伴互助和亲子关怀，为学前流动儿童提供良好的社会语言环境和资源，以促进儿童个人身心健康发展与社会适应。这一切，都离不开北京市政府层面相关规定的出台，只有上级出台了明确的政策，才能从上到下，从根本上保障处于义务教育之外的学前流动儿童接受良好的语言教育。

三、上海市语言与教育政策调研报告

上海地处长江三角洲地区，是我国规模最大的城市之一。自改革开放以来，上海市经济发展迅速，创造了众多工作机会，吸引了大批外来转移劳动力。近年来，上海市大力发展公立教育与民办教育，在大力充实教育资源的同时，为学前儿童语言发展提供了众多机会。

本部分研究通过上海市政府官网、上海市教委官网、上海市学前教育网、上海语言文字网等官方网站，检索上海市学前儿童语言文字政策、教育政策，以及上海市特色学前语言教育活动实践的新闻报道等，深度了解上海市学前儿童语言发展及语言教育相关的政策条例，以及上海市及其下属各区有关学前儿童语言教育的创新性尝试及做法，分析上海市教育政策及语言文字立法的变化过程，分析相关立法的优势与不足，以便于后续更好地指导上海市语言教育实践，检验语言教育成效，以共同助力上海全体学前儿童语言能力科学、健康、可持续发展。

（一）上海市教育政策调研报告

作为公共政策的重要组成部分，教育政策是一种"有目的、有组织的动态发展过程，是政党、政府等政治实体在一定历史时期，为了实现一定教育目标和任务而协调教育的内外关系所规定的行动依据和准则"，以此指导教育

实践、解决教育现实问题，服务于特定社会经济的发展和文化的进步。近年来，上海市教育委员会相继出台有关教育政策，促进各级各类教育健康发展。2015年至2021年，上海市教育委员会按照市委、市政府的决策部署，对标教育部工作安排，制定并公示了年度《上海市教育委员会工作要点》①，为推进各级各类教育质量及内涵发展、办好上海人民满意的教育提供了政策的支持。作为宏观纲领，其涉及的内容较为广泛，但缺乏对某一阶段教育工作要点的具体安排。为弥补这一缺陷，上海市教育委员会特别制定了《上海市基础教育工作要点》《上海市职业教育工作要点》《上海市高等教育工作要点》《上海市终身教育工作要点》②等，明确了各级各类教育工作的内容，并在此基础上提出了相应发展目标与任务规划，实现了对上海市整体教育政策的细化，为学校行政管理人员、教师等指明了工作要点和工作方向。

学前教育关乎儿童与家庭的幸福，与国家的兴旺发达息息相关。虽然我国学前教育资源迅速扩大，学前教育投入大幅增长，教师队伍逐渐庞大，"入园难"问题也已得到初步缓解，但当前我国学前教育仍存在着资源总量缺乏、高水平教师队伍补充不足、经费收支不平衡、体制不完善、教育质量不高等突出问题。作为我国最为发达的地区之一，上海市学前教育资源丰富，学前教育事业的发展也与其经济发展水平较为匹配，但相关立法仍然较为薄弱。通过对《上海市学前教育三年行动计划（2019—2021年）》③ 2015—2021年，《上海市教育委员会工作要点》《中共上海市委、上海市人民政府关于推进学前教育深化改革规范发展的实施意见》④ 等相关政策、法规中有关学前教育的内容进行梳理后发现，上海市热切关注幼儿园规模及质量建设、幼师队伍准入培养、特殊学前儿童群体的发展等方面，为有效推进本地区学前教育改革和规范发展，积极探索学前教育发展新模式做出了很大努力。

为了满足上海广大民众的民生需求，缓解学前教育资源紧张等问题，上

---

① 参见上海教育门户网站。
② 参见上海教育门户网站《上海市基础教育工作要点》《上海市职业教育工作要点》《上海市高等教育工作要点》《上海市终身教育工作要点》。
③ 上海市学前教育三年行动计划（2019—2021年）[EB/OL].上海教育门户网站，2019-11-08.
④ 中共上海市委、上海市人民政府关于推进学前教育深化改革规范发展的实施意见[EB/OL].上海教育门户网站，2020-04-01.

海市积极扩大园区规模，改扩建幼儿园并加强小区配套幼儿园治理，为推动普惠性民办幼儿园的认定和扶持，曾先后开展四轮民办优质园创建工作，制定和完善民办幼儿园设置标准等配套制度和文件。制定《上海市幼儿园办园质量评价指南》（试行稿）[1]和《上海市幼儿园发展性督导评价指导意见》[2]，完善托幼园所质量评价标准及督导评估指标体系，健全学前教育质量监测机制，保证了上海市学前教育质量及在沪儿童接受学前教育的权利，促进了上海市学前教育事业的健康发展。此外，上海市强化各层次人才引进力度，积极扩大学前教育专业人才培养规模，通过制定幼儿园机构编制与教师配置指导意见，深化学前教育人事制度改革，逐步提高幼儿园教职工福利待遇。与此同时，为提升教师专业素养，上海市完成了中小学（幼儿园）教材教法研修一体网络课程建设，形成了"研训一体"的教师专业发展机制，关注基础教育教师队伍建设及教师校长专业发展，进一步提升了该地区学前教育师资队伍建设。

上海市在特殊学前儿童的教育问题上也做了大量理论与实践方面的尝试。《上海市特殊教育三年行动计划（2018—2020年）》[3]《学前特殊儿童课程实施指南》《随班就读课程实施指南》等文件的先后出台，进一步完善了上海市特殊教育评估体系。全市各街镇学前特殊教育点及校园无障碍环境的建设，为特殊儿童提供了更加适宜的学习生活环境，进一步保障了特殊学前儿童接受教育的权利。作为国际大都市，上海承载着巨大的人口流动压力，由此导致的农民工子女、随迁子女教育问题日益凸显。为了解决此类问题，上海市以属地管理和全日制公办学校就读为主要原则，启动了农民工同住子女义务教育三年行动计划，并在一些农民工子女聚集区（县）完善民办三级幼儿园和学前儿童看护点的管理方法，切实保障了随迁农民工子女入沪接受学前教育的权利。

---

[1] 上海市幼儿园办园质量评价指南（试行稿）[EB/OL]. 上海教育门户网站, 2020-09-07.
[2] 上海市幼儿园发展性督导评价指导意见[EB/OL]. 上海教育门户网站, 2021-01-13.
[3] 上海市特殊教育三年行动计划（2018—2020年）[EB/OL]. 上海教育门户网站, 2018-02-09.

（二）上海市语言文字立法及语言活动创新调研报告

大力加强语言文字立法，加强相关法律及法规的宣传教育，有助于增强全社会依法使用语言文字的意识，实现语言文字工作的依法管理。上海市语言文字工作委员会主要负责编制、组织实施本市行政区域内国家通用语言文字规划工作，协调、指导、监督本市各部门及各行业的语言文字工作，组织语言文字规范化宣传教育活动，指导普通话及规范汉字应用的培训和水平测试等工作。近年来，在上海市语言文字工作委员会的带领下，有关部门颁布上海市语言文字立法，努力形成"语委牵头、条块结合、专家和志愿者共同参与"的联动监管机制和规范有序的工作程序，以促进上海地区语言文字使用的规范化，同时也为语言教育、方言传承等工作提供了具体要求。通过对2015—2021年《上海市教育委员会工作要点》，2015—2020年《上海市语言文字工作要点》《上海市语言文字事业改革和发展"十三五"规划》[①] 等政策、法规中有关语言文字事业的内容进行梳理、整合后发现，上海市在大力推广和规范使用国家通用文字、开展语言文字工作督导评估、打造语言服务品牌、创设并推广语言文化活动、促进语言文字学术研究与调研、规范公共场所外文使用、科学保护上海地方语言资源、对口帮扶及语言扶贫等方面表现突出。总体来看，上海市整体语言文字工作稳步推进，市民语言文字应用能力和文化素养稳步提升。

"幼儿的语言发展贯穿于各个领域，也对其他领域的学习与发展有着重要的影响。幼儿在运用语言进行交流的同时，也在发展着人际交往能力、理解他人和判断交往情境的能力、组织自己思想的能力。"语言是儿童认知、情感发展，乃至整个生活的全面反映，也是儿童认知、情感、社会性发展的综合产物，语言构成了学前儿童各领域发展的基础。因此，学前儿童语言教育十分重要。通过解读2015—2021年《上海市语言文字工作要点》《上海市幼儿园办园质量评价指南（试行稿）》《中共上海市委、上海市人民政府关于推进学前教育深化改革规范发展的实施意见》[②] 等相关政策法规中有关学前儿

[①] 上海市语言文字事业改革和发展"十三五"规划 [EB/OL]. 上海教育门户网站，2017-03-30.

[②] 中共上海市委、上海市人民政府关于推进学前教育深化改革规范发展的实施意见 [EB/OL]. 上海教育门户网站，2020-04-01.

童语言教育的内容后发现，上海市在全国学前儿童语言教育事业的发展中处于领先地位，主要表现在对儿童语言能力标准的制定、地方语言文化资源的保护与传承、阅读品牌及阅读推广、儿童绘本本土化发展与推广、亲子共读等方面所做的努力与创新。

2020年，《上海市幼儿园办园质量评价指南》（试行稿）①的出台，为上海市各级各类幼儿园提供了自我检测、自我反思的依据。其中《管理与课程评价指南》规定了评价幼儿园办园水平所需考察的七个领域，包括幼儿园办园水平、园所管理、保教管理、保教实施、卫生保健、队伍建设、办园条件；《3—6岁儿童发展行为观察指引》又从健康与体能、习惯与自理、自我与社会性、语言与交流、探究与认知、美感与表现六个维度提出了对不同年龄段幼儿发展的要求，为教师了解和把握儿童发展现状，有针对性开展和组织实施课程活动提供了依据。在这六个维度中，"语言与交流"被细分为"理解与表达"和"前阅读与前书写"两个子领域，对学前儿童的语言能力发展提出了五个方面的要求，即能听懂常用语言、愿意用语言进行交流并能清楚地表达、喜欢听故事看图书、具有初步的阅读理解能力、具有书面表达的愿望和初步的书面表达技能；同时对幼儿园和教育行政部门如何评价儿童语言能力发展状态提出了要求，主要包括观察常规活动、幼儿语言行为表现、家长问卷调查及访谈等形式。这充分体现了"以儿童为中心"的学前语言教育教学价值取向，但也存在一些问题，比如，衡量儿童语言能力和行为表现之间的界限较为模糊，观察与评价标准不够细化，容易被主观意志所左右，不利于对儿童语言能力做出客观的评价与判断。

上海市积极通过多种形式加强上海方言的保护工作，并采取多种措施推动学前儿童语言能力的发展。2020年6月2日，上海教育科学研究院院长桑标在介绍《上海语言生活状况报告（2020）》时指出，保护和传承上海方言文化是上海构建和谐生活、打造文化大都市的迫切要求。②近年来，在大力推广普通话的同时，上海市继续探讨开展上海话保护和传承的方略与途径，通过建设"上海话有声数据库"等地方文化展示平台、开展上海语言文化进校

---

① 上海市幼儿园办园质量评价指南（试行稿）[EB/OL]. 上海教育门户网站，2020-09-07.
② 张日培，赵蓉晖. 上海语言生活状况报告（2020）[M]. 北京：商务印书馆，2020.

园活动、建设上海方言文化体验馆、在社区街道开展方言文化活动、高校开设上海话培训等形式，发挥全社会合力作用保护上海语言文化资源，传承上海特色方言文化并取得了积极成效。学前儿童是方言传承的重要构成力量。目前，上海地方方言已深入当地学前儿童群体及相关教育机构的各项活动，上海市通过积极推进幼儿园开展上海话教育体验活动试点，以及在幼儿园的生活、游戏和运动版块开展上海语言文化体验活动，新童谣征集和传唱等活动推动上海话在学前儿童中的传播和普及。此外，上海市利用上海书展、中国上海国际童书展等地区教育资源优势，在语言教育及活动中纳入民族感情与爱国情愫，积极宣扬社会主义核心价值体系，开展中华优秀传统文化和地方文化教育，广泛实施中华经典诵写讲工程，推选幼儿园优秀教师参加国家经典诵写讲教育培训活动；继续推进"书香校园阅读"及阅读品牌建设，引领阅读风尚，优化儿童阅读环境；支持并推动优质中国原创儿童绘本的创作与出版，培育中国儿童中华文化基础素养。就幼儿园教育内容而言，上海市明文规定要坚决杜绝幼儿园"小学化"倾向，从课程价值取向、教学内容、活动形式等方面深化幼儿园与小学教育的双向衔接，推动形成幼儿园与小学教师联合教研机制，辅助学前儿童做好入学准备。与此同时，上海市有关部门将社区和家庭作为学前儿童发展的中坚力量，加大家庭教育指导力度，建立社区家庭教育资源中心，宣传并推进家园共育进度，利用互联网等信息平台开展"互联网+"科学育儿指导活动，组织亲子阅读和优质原创绘本阅读推广活动等，为语言教育实践提供了更多的机会，从多个维度促进学前儿童语言能力发展。

　　为了满足全社会和家庭对儿童语言教育的需求与关注，上海市做了各种有益尝试，并且成果显著。2016年11月20日，上海市语协儿童语言发展专业委员会宣告成立，这预示着上海市儿童语言教育事业步入了新时代。这是全国第一个聚焦儿童语言发展与教育的学术团体，是上海市语协形态建设和功能拓展的创新举措，为上海市语言学界、儿童医学界、儿童语言教育界等跨学科交流合作提供了重要平台。在北京语言大学李宇明教授、华东师范大学周兢教授等学者的带领下，该组织全面围绕儿童语言发展与教育问题，从理论研究和实践探索等方面积极创新儿童语言教育模式，引领全国儿童语言教育教学事业的发展。① 此外，上海市及下属各区、广大幼儿园及教育机构也就学前儿童语言活动进行了有效创新，如 2021 年上海市教育委员会托幼工作处、上海市语言文字水平测试中心和上海教育报刊总社《好儿童画报》等单位共同举办"爱上海·爱祖国、唱童谣·诵经典"公益活动，共吸纳 1500 多所上海市幼儿园和小学参加，涌现出一批反映新上海、新故事、新人文、新风貌的沪语童谣作品。② 2018 年，黄浦区思南新天地幼儿园借全国第二十一届推普周活动的东风，开展了"大带小，牵手进班级"系列宣传活动，如中秋颂经典传统文化故事会、"做文明宝宝"童谣会、百家诵读乐等，在园内大力推行普通话，推动中华文化经典的传承。③

（三）小结

为推进各级各类教育健康和谐发展，上海市出台了一系列举措，从宏观纲领到各阶段的教育要点都进行了部署，有效保障了"基础教育""职业教育""高等教育""终身教育"的顺利进行。此外，上海市重视学前教育事业，积极扩大办园规模，为提高办园质量，通过各种形式的培训加大对幼儿教师队伍的培养，积极推进教育教学改革，不断推广新的教育教学理念。为了保证幼儿园教育质量，制定和完善了幼儿园质量评价标准和督导评估指标体系，健全学前教育质量检测机制，使教育行政部门和办园者，以及幼儿教师进一步明确了办园方向。

上海作为现代化大都市，其教育教学改革也走在我国前列。首先，上海市在特殊儿童教育方面做了大量努力，并取得了积极的成效。在学前特殊儿童课程教学、解决义务教育阶段流动儿童和义务教育之外的学前流动儿童教育方面做了大量工作，比如，通过完善民办三级幼儿园和在流动人口聚集地区建设学前儿童看护点等措施，有效保护了这些特殊儿童在沪受教育的权利。这些举措体现出上海市政府对特殊儿童群体的关照，同时也体现了上海市在我国社会和文化发展过程中的领先地位。

此外，上海市重视语言文字工作，以及学前儿童的语言教育问题，为此

---

① 该组织为上海市语言文字工作者协会。
② 让沪语童谣快乐上海小囡的童年 [EB/OL]. 上海教育门户网站, 2021-03-25.
③ 思南新天地幼儿争当推普小天使 [EB/OL]. 黄浦语言文字网, 2018-09-20.

做了大量的改革和创新性尝试，并取得了显著成效，值得全国其他地区效仿和学习。上海市为提高市民的语言文字意识，依法管理语言文字工作，一方面推动上海地区语言文字使用的规范化，另一方面为语言教育和方言传承提供保障。在学前儿童语言教育方面，上海市出台了《3—6岁儿童发展行为观察指引》，从六个维度描述了对儿童发展的要求，对儿童"语言与交流"维度做了科学、详细的说明，并为幼儿园和教师了解学前儿童语言发展的方式提出了建议。但该文件并没有阐明观察和评价标准的细则，这很可能会导致评价结果缺乏客观性，在其他市一级文件中也没有专门针对学前流动儿童的语言或者教育问题的规定，只是笼统地归为学前儿童，上海市虽然已经针对学前流动儿童的相关教育问题做了大量的努力和尝试，并取得了积极成效，但是市级政策的缺失必然会影响地方对政策的解读和执行力度。

四、广州市语言与教育政策调研报告

改革开放以来，广州市教育事业发展比较迅速，20世纪90年代中期已经率先普及九年制义务教育。当前，广州各类教育规模不断扩大，在校生人数逐年增加，学前教育、基础教育、高等教育的普及率连年不断上升，为广州的经济发展提供了各级各类优秀人才，促进了广州经济的持续快速发展。

本部分研究通过调研广州市政府官网、广州市教育局官网、广州市语言文字工作委员会官网、广州市学前教育网等官方网站，汇总在此类网站发布的与学前儿童有关的官方材料，阅读和分析广州市学前儿童语言文字政策、教育政策及相关学前语言教育活动的新闻报道等，全面了解广州市的教育政策和语言文字政策，以及这两方面文献中有关学前儿童语言发展及语言教育的相关条例，分析在政策方面对特殊儿童群体，特别是学前流动儿童所做的关照，为后续更好地指导广州市的语言教育实践，检验教育成效，帮助广州市广大学前儿童早期语言启蒙教育工作实现持续健康发展提供一定支持。

（一）*广州市教育政策调研报告*

为进一步促进适龄儿童入学，广州市近年多次下发通知和政策文件，保护所在地少年儿童的受教育问题。2015年广州市教育局发布了《广州市义务教育阶段学校招生工作指导意见》。该文件充分吸收了《中华人民共和国教育法》《中华人民共和国义务教育法》《中华人民共和国民办教育促进法》及其《实施条例》所提出的相关精神。文件指出，广州市义务教育阶段学校招生以区为主，实行属地管理，要求公办学校在各区优先发展，确保本行政区域内符合户籍条件的适龄少年儿童，并政策性地照顾借读生，以及来穗务工人员随迁子女享有公办入学资格；对于不符合政策性照顾借读生条件的非本市户籍适龄儿童，由各区教育行政部门安排其父母或其他法定监护人按各区规定进行报名。①

广州市采取积极措施解决适龄流动儿童入学接受义务教育的问题。在解决流动儿童"入学难"的问题上，广州市政府实现了从不作为到主动承担责任的巨大转变（韩嘉玲，2017）。在2010年以后，广州市政府开始逐渐采取措施解决流动儿童的入学问题。广州市流动人口基数大，早在20世纪80年代末就出现了专门用于接收流动儿童的民工子弟学校（崔世泉和王红，2012）。1996年，国家教委将广州天河、海珠确定为"流动人口子女入学政策实施项目实验区"，在包括广州在内的六个城市试点探索结果的基础上，1998年中央相继出台了多个专门针对流动儿童教育政策的文件，全国各省市纷纷紧随国家步伐出台相关文件，广州市到中央颁布正式文件后的第12年出台了第一个专门针对农民工子女教育问题的政策性文件——《关于做好优秀外来工入户和农民工子女义务教育工作意见》②，该文件明确规定广州市作为流入地政府应主动承担流动儿童义务教育的主体责任，并且明确规划了各区县政府部门的政策制定、发展规划以及经费承担的职责范围。

广州建立关于流动儿童教育经费的投入机制始于2010年。该机制强调各地方政府财政性教育拨款的主要对象是就读于公办学校的流动儿童，这在很大程度上将就读于民办学校的农民工子女排除在政策的保护之外（崔世全和王红，2012）。2004年广东省转发有关中央流动儿童的教育政策（2003）时，对"两为主"原则的态度不是很积极（刘慧平，2007），这使得广东在全面免除城市义务教育阶段学杂费之前，多个城市一直没有形成明确针对流动儿

---

① 广州市义务教育阶段学校招生工作指导意见［EB/OL］. 广州市人民政府网站，2021-04-26.
② 关于做好优秀外来工入户和农民工子女义务教育工作意见［EB/OL］. 广州市人民政府网站，2010-01-28.

童教育的财政投入机制。由于多种客观因素，广州市直到2010年才出台相关文件，首次明确规定要建立来穗务工就业农民子女接受义务教育的经费保障机制，确定了公办学校的学生教育经费要"按实际在校生数量和定额标准拨付"，并制定了市一级政府和区县政府经费投入的财政分担比例。[1] 然而，令人感到遗憾的是这些经费保障机制在当时尚未实现普惠式，由于条件所限，广州市对非户籍人口子女教育的财政经费补助仅限于符合所有条件的非户籍学生。

在幼儿入园教育政策方面，广州市全面遵循国家政策，因地制宜出台适合本地区实际情况的地方性政策，以全面保障幼儿的受教育权利，并于2018年发布了《幼儿园招生工作有关事项通知》[2]。该通知全面遵循《中华人民共和国教育法》《幼儿园工作规程》《中华人民共和国民办教育促进法》《幼儿园管理条例》以及《广州市发展学前教育第三期行动计划（2017—2020年）》[3] 等法律法规及相关政策的要求。通知指出，广州市实行幼儿免试入园政策，任何幼儿园不得采用任何考试或变相考试的形式，或以审查成绩为由进行幼儿招生。此外，广州市还根据国家有关招生政策，统筹学前教育资源，组织管理辖区内公办、民办幼儿园开展招生工作，各区户籍内幼儿以及符合相关政策规定的非本区户籍适龄幼儿均有权进入公办幼儿园就读。对于适龄孤儿、城镇低保家庭和建档立案家庭经济困难的适龄幼儿，通过合法监护人的申请，可以享受优先进入普惠性幼儿园就读的权利。[4]

《广州市教育事业发展第十三个五年规划（2016—2020年）》中专门强调了学前流动儿童的教育问题，并以国家政策的形式规定广州市学前流动儿童必须接受三年学前教育，任何个人或机构不得剥夺其受教育的权利。可见，广州市在促进学前流动儿童的教育公平、机会公平，以及规范各学龄段的儿童入学问题方面已经做了大量积极有效的工作。

---

[1] 关于进一步做好优秀外来工入户和农民工子女义务教育工作的意见［EB/OL］. 广州市人民政府网站，2010-01-28.
[2] 广州市教育局. 关于《广州市教育局关于做好幼儿园招生工作的通知》的政策解读［EB/OL］. 广州市人民政府门户网站，2018-05-04.
[3] 印发广州市学前教育三年行动计划的通知［EB/OL］. 广州市人民政府网站，2011-10-24.
[4] 广州市教育局关于做好幼儿园招生工作的通知［EB/OL］. 广州市人民政府网站，2021-04-28.

为了全面落实相关政策，广州市政府相继颁发了一系列通知，制定了相关标准。2011年，广州市颁布了《印发广州市学前教育三年行动计划的通知》（穗府办〔2011〕44号）①，随即白云区制定并实施了《广州市学前教育三年行动计划（2011—2013年）》②，确定发展目标，加大投入，加强管理，落实措施，这些具体执行措施使得白云区的学前教育事业取得了前所未有的快速发展。优质学前教育资源大幅增加，师资队伍得到充实优化，幼儿园学位基本满足当地儿童入园需求，软硬件设施显著改善，保教质量稳步提升，学前教育体系日益完善，形成了以公办园、镇中心园为示范，以民办园为主体，公办园与民办园共同发展的格局，这在较大程度上促进了该区学前教育的发展（曾庆彬，2016）。但由于白云区学前教育规模大、流动人口数量众多、基础薄弱、幼儿园数量多、类型复杂、发展不均衡等实际原因，在学前教育的供给方面仍然存在很大提升空间。在《学前教育三年行动计划》实施之后，广州市白云区教育局对三年行动计划进行过一个效果分析评估，结果显示仍旧存在"入园难""入园贵"和办学不规范等众多问题，此类问题也同样存在于广州市其他地区。根据《广东省幼儿园基本规范标准》③，广东省对城市幼儿园内班额数量有一定限制，教育行政部门会根据幼儿园的场地及各项设施的配备情况，认定可以举办的班额，进而确定幼儿园可以招收的幼儿数量。由于受户籍等因素的影响，大部分学前流动儿童无法进入城市幼儿园，或者质量较高的普惠性幼儿园，而且即使正常入园，公办园针对流动儿童收取的高额借读费也使众多流动家庭望而却步。为解决这一问题，广州市表示将取消流动人口子女入读公办学校的借读费，但根据2015年《羊城晚报》和《东莞日报》的新闻报道，虽然流动人口子女入读公办学校后不用再交借读费，但取而代之的是收取较高的书杂费、赞助费或择校费。因此，学前流动儿童"入园贵"的问题仍未被解决，相关政策的实施也尚未达到理想的预期效果。

---

① 印发广州市学前教育三年行动计划的通知 [EB/OL]. 广州市人民政府网站，2011-10-24.
② 广州市人民政府办公厅. 印发广州市学前教育三年行动计划的通知 [EB/OL]. 广州市人民政府门户网站，2011-10-24.
③ 广东省教育厅. 广东省教育厅关于印发《广东省教育厅关于幼儿园管理的规范》等规范的通知 [EB/OL]. 广东省教育厅官网，2016-11-02.

广州市现有教育政策表明，随着国家教育公平制度的不断升级深化，广州市政府对学生的教育公平与机会公平问题方面的关注度逐年增加，对促进义务教育均衡发展和扶持困难学生群体工作日益重视，但对相关政策进行深入解读时发现，广州市出台的教育政策主要侧重于处于义务教育阶段的中小学和高中学生，与学前教育相关的政策数量较少，且管理条例较为粗糙，缺乏细则描述，这导致"学前教育政策之窗"的开启存在很大不足。原因主要有三点：问题源流的缺位，政治源流的缺失，以及政策源流的无力。党的十九大报告强调"幼有所育"是在发展中保障和改善民生的基本举措之一，从根源上保障学前儿童受教育的质量和机会公平离不开相关政策的制定与实施。总体来说，广州市虽在流动儿童教育方面出台了相关政策，但对学前教育的重视度并不十分令人满意。

（二）广州市语言文字政策调研报告

广州市依据国家工作方针，采取多种措施全面提高学校师生员工的语言文字规范意识和语言文字应用能力。语言文字是交际的媒介，做好语言文字工作对促进经济发展、文化文明传承、维护国家统一和加强民族团结都有十分重要的意义。我们党和国家历来高度重视语言文字工作的开展，为提高本市语言文字能力，广州市于2009年转发省教育厅《关于认定首批广东省语言文字规范化示范校的通知》（粤教语〔2009〕19号），以促进学校贯彻《国家通用语言文字法》，不断以语言文字工作机制促进教育教学融为一体，并进一步提高学校师生、员工的语言文字规范意识和语言文字应用能力。[①] 2011年，广州市语言文字工作会议提出，"要不断提高管理和服务的水平和质量，密切关注、抓紧研究社会语言生活中的新问题、新动向，积极为广州创建文明城市做出新贡献"[②]。2015年，国务院教育督导委员会办公室颁布《语言文字工作督导评估指标体系框架》，要求各地政府将语言文字事业发展水平纳入绩效管理目标。[③]《国家语言文字事业"十三五"发展规划》明确指出："在农村

---

① 关于认定首批广东省语言文字规范化示范校的通知（粤教语〔2009〕19号）[EB/OL].广州市教育局, 2009.
② 广州市语言文字工作会议 [EB/OL]. 广州市教育局, 2011.
③ 杨佳. 我国国家通用语普及能力建设70年：回顾与展望 [J]. 云南师范大学学报：哲学社会科学版, 2019, 51 (5): 41-47.

和民族地区开展国家通用语言文字普及攻坚。"2018年，教育部、国务院扶贫办、国家语委联合发布了《推普脱贫攻坚行动计划（2018—2020年）》，提出"扶贫先扶智，扶智先通语"①。此外，为深入贯彻习近平总书记关于语言文字工作系列重要论述精神，广东省于2021年召开了语言文字会议，强调要认真贯彻"落实全国语言文字会议精神"，坚定不移地进行推普工作，将学校基础阵地的语言文字教育进一步强化，将语言文字工作成效纳入学校、教师、学生管理和教育教学、评估评价等各个环节。此外逐渐建设"推普周"活动，并通过中华经典诵写讲、语言服务等品牌活动提高重点群体的国家通用语言文字应用水平"②。广州市还通过评定相关幼儿园、中小学、高中等学校为"广州市语言文字规范化示范园"活动，逐步增强广大师生的语言文字规范意识，并以此在全市发挥示范辐射作用，进一步推进语言文字工作的规范化。

广州市的推普活动逐渐展开，并取得了很大成效，但是因粤语的特殊地位，广大流动儿童依旧会因不通粤语而感到被排外。针对这一现象，广州市采取了相应措施，重点关注全市的语言文字发展，但由于目标范围过大，条例过于宽泛，并且缺乏针对性等问题，相关政策没有得到很好的贯彻，流动儿童的语言发展也没有从根本上得到保障。外省务工人员越来越认识到普通话的便利和好处，他们在加强自身普通话水平的同时也会有意识地培养自己的子女使用普通话，这有助于加强流动儿童对自己的社会身份、社会地位和社会群体的文化认同。在学习广州本地方言（粤语）方面，绝大部分外省务工人员都希望子女今后能在粤语学习方面有所加强，并且受自身流动身份的影响，家长们也希望自己与孩子改变原有的语言使用情况，熟练使用当地主流语言，从而为子女获得市民待遇，实现向上流社会流动打下基础。因此，当地政府不仅需要对他们提供技能培训，还应对其进行语言政策上的帮助和支持，以帮助他们提升自我认同感、增加社会融入感、扩展生活空间，从而以积极的心态融入到广州的工作生活中。从政策分析来看，目前广州市尚未针对促进流动儿童的普通话与粤语学习出台有关语言政策，这一政策空白不

---

① 教育部，国务院扶贫办，国家语委.推普脱贫攻坚行动计划（2018—2020年）[EB/OL].中华人民共和国教育部政府门户网站，2018-01-15.
② 语言文字会议[EB/OL].广州市教育局，2021.

利于流动儿童的语言发展和身份认同。

广州市在政策层面大力推普的同时,着重关注特殊群体的语言文字工作。广州市积极响应国家号召,推广国家通用手语和通用盲文,对特殊人群的语言使用问题给予特殊关照,充分体现了其制度的优越性。整体来看,广州市努力促进语言文字规范化、标准化、信息化建设,并着力增强语言文字服务能力和水平,但是相关政策的出台并不能保障具体条例的及时实施。笔者在文字调研过程中发现,由于多种原因,广州市教育局公开颁布的具体语言文字条例不是很多,相关号召和政策显得较为空洞和乏力,并不能从实践层面真正促进广大民众的语言使用规范。因此,细化政策、明确条例要求,意义重大。

(三) 小结

作为人类终身学习的开端,学前教育不仅是国民教育体系的重要组成部分,更是利国惠民的大事。改革开放,尤其是21世纪以来,我国学前儿童教育的普及度和教育质量逐年提高,但总体观之仍是我国各类教育中的弱项,教育资源短缺、经费与师资力量投入不足、教师队伍不健全、教育机制不完善、城乡教育水平不均衡、"入园难""入园贵"等是普遍存在的突出问题。

广州市教育政策对学前儿童的重视度不够,针对儿童语言发展的相关语言教育政策,在数量方面略显不足,而且相关条例的针对性不够强。目前,广州市已制定的教育政策侧重于中小学、高中等义务教育阶段的学生,对学前儿童的关注与政策倾斜度存在不足。政治上对学前教育的无力,以及政策上的缺失,使得已出台的教育政策因执行缺少监管而实施力度不足。

在语言政策推广方面,广州市采取的"推普行动"在一定程度上促进了该市语言文字的标准化与规范化,但其对国家政策的响应程度与调研过程中实际看到的具体语言文字政策数量与质量并不成正比。相关语言政策条例因过于宽泛给下级相关部门的政策执行带来一定困难,特别是在保障学前流动儿童接受平等的语言教育与发展问题上,广州市政府已出台的政策虽然在一定程度上缓解了他们"入园难"的问题,但由于经费投入不足造成了"入园贵"问题的进一步深化。此外,广州市在学前流动儿童教育和语言教育方面目前并未出台专门政策,与流动儿童相关的非政策性内容多附带于其他文件中发行。政策方面的缺失使得地方各区县的执行力度得不到保障，学前流动儿童的受教育问题不能从根本上得到改善，并且"语言排外"和得不到"身份认同"等现象仍旧存在，这给他们的"融城"带来了不便。学前流动儿童的入园问题和语言发展问题未得到应有关注，教育资源倾斜，以及由此造成的"教育不公"和"机会不公"让学前流动儿童的受教育问题令人担忧，并最终发展成为我国教育事业高质量迅速发展的阻碍。

通过文献分析，笔者认为，解决以上问题的根源在于政府制定和执行相关政策的力度与决心不足，政府应该担负起学前教育的普及与供给责任。只有政策高质量化、条例详细化，以及执行与监管的有效化才可以在很大程度上发挥政府优势，保障学前教育的公益性，防止过度市场化倾向，进而改变学前教育治理的"碎片化"状态和学前流动儿童的"教育代际贫困"现状。

第六节　国家宏观层面相关政策制定与实施的总结与建议

通过对政策性文献的分析和解读，可以看出，国家与以北上广为代表的大城市根据不同阶段的特点制定了相应的教育政策和法律法规，积极应对学前儿童的教育问题，大力保障适龄儿童入园接受教育的机会。有关学前儿童的教育政策、语言政策，以及相关法律法规的制定在一定程度上体现了国家及各省市在保障学前儿童教育方面所做的努力，但同时也反映出一些问题，以下将对调研结果进行概括与总结。

国家层面对儿童教育问题非常重视，不断制定和出台新的政策和指导意见，通过政策以及法律的制定支持保障学前儿童的受教育权利。但通过对相关文件的分析发现，国家在学前儿童教育政策与语言政策的制定方面仍存在以下不足：

（1）现阶段的语言文字政策在语言教育方面并没有明确的细则，并且教育政策方面关于语言的条款也并不具体。这凸显出有关儿童早期语言教育政策的落实存在空缺和不足。

（2）国家层面对幼儿园语言文字教育的目标较为浅显，只有笼统的整体能力要求，对语音、词汇、语法（词法和句法）以及语用能力发展并没有提出具体要求。

（3）没有明确的关于幼儿园语言教育的评价机制。各地区（市、区、地方幼儿园，或其他教育机构）根据教育部门颁布的有关幼儿园的教育文件来实施具体教育教学工作时，会因对国家宏观政策解读力度不够或理解偏差而感到无力，甚至导致对上级精神领会不透，不能正确指导基层教育的实施，不能因地制宜执行语言教育工作的展开等问题。

（4）针对流动儿童语言能力发展的政策几乎空白。在国家层面制定的教育政策与法律法规中，与流动儿童语言能力培养和发展等相关的内容过少，除了相关文件提到加强流动儿童使用国家通用语言外，并未说明应该通过何种具体渠道或具体方法提高流动儿童的语言运用能力，对于家长在协助流动儿童的语言能力发展时应尽的责任和义务也未曾提及。国家对学前流动儿童语言教育方面关注力度不够，这也是今后关于流动儿童语言能力发展研究所要探讨的问题，是国家以及各省、市日后在制定教育政策方面需要重视的问题。

以北上广为代表的三个大城市在落实中央政策时，各自结合地区特点做出了一些创新性尝试，制定出台了一系列具体措施和办法，体现出各地政府的主要工作目标和决心。三个大城市在创办并扶持惠普性幼儿园、扩增学位、加大学前教育财政投入、社会公益性组织介入、促进教育公平等方面都取得了一定成绩，但各地政府在学前儿童教育政策与语言政策的制定以及执行方面仍存在一些缺陷，主要包括：

（1）北上广等地的教育政策中对学前教育的关注度不够。各地的教育政策更加倾向于中小学及高等教育事业的发展，托幼教育及学前教育事业未能得到广泛关注。

（2）幼儿园的语言文字工作仍未受到重视。促进儿童语言发展的语言教育政策出台数量不足且在学前教育相关政策及语言文字立法中，缺少对于学前儿童语言发展的关注。

（3）现有文件的内容表述较为宽泛，条例无针对性，没有明确各级各部门的具体职责，不利于学前儿童语言教育实践的高质量开展。

（4）幼儿园语言教学质量、学前儿童的语言能力评估标准主观性较强，未能客观反映语言教育成果。

（5）流动儿童语言发展相关政策仍然空白。有关基础教育、学前教育、学前儿童语言发展指南及儿童语言发展的相关政策中，涉及流动儿童语言能力发展，以及如何帮助流动儿童获得本土"语言认同"和"身份认同"的语言政策空白化严重。

2017年《教育部国家语委关于进一步加强学校语言文字工作的意见》①（教语用〔2017〕1号）文件指出了学校作为语言文字工作基础阵地的重要性，并以法律文本的形式确定了语言文字工作在学校教育工作中的重要地位。幼儿园是学前儿童学习语言的主要场所之一，在培养儿童的语言意识和提高儿童的语言运用能力方面扮演着重要角色。良好语言表达能力的培养应当始于幼儿时期，从小培养儿童的口语表达能力，将语言文字工作贯彻到儿童基础教育的每个阶段，是保证其未来学业，乃至人生成败的关键。2021年9月1日正式实施的《未成年人保护条例》，明确规定了农村留守儿童的相关教育问题，但对于学前流动儿童这一特殊群体的教育只是笼统带过，并不能从根本上引起地方各级政府的重视，因而也不能保证这一群体未来在义务教育阶段享有公平公正的机会。

---

① 教育部，国家语委．教育部国家语委关于进一步加强学校语言文字工作的意见［EB/OL］．中华人民共和国教育部政府门户网站，2017-01-18．

第三章

中观语言政策调查研究

第一节 学前流动儿童"入园难"

随着国家对流动人口问题重视度的提高，近年来流动儿童接受义务教育的机会和保障有所提升。学前教育是基础教育阶段的重要构成，是全社会实现终身教育的基础。根据 2020 年国家统计局相关数据[①]，"我国继续推动各地以县为单位实施第三期学前教育行动计划，大力发展公办园，积极扶持普惠性民办园，开展城镇小区配套幼儿园治理，普惠性学前教育资源迅速增加"，该文件的出台虽然为保障学前流动儿童接受教育提供了更多机遇与保障，但仍有部分流动儿童存在"入园难"的情况。

语言既是儿童认知发展、情感发展乃至整个生活的全面反映，也是其综合发展的产物，为儿童各项能力的形成奠定了基础。《3—6 岁儿童学习与发展指南》[②] 指出，"幼儿语言的发展贯穿于各个领域，也对其他领域的学习与发展有着重要影响；幼儿在运用语言进行交流的同时，也在发展着人际交往能力、理解他人和判断交往情境的能力、组织自己思想的能力"。流动儿童的语言发展进程常因教育机会缺失、父母语言教育意识不足、语言生态环境薄

[①] 中国儿童发展纲要（2011—2020 年）[EB/OL]. 百度百科，2011-07-30.
[②] 中华人民共和国教育部.3—6 岁儿童学习与发展指南[EB/OL]. 中华人民共和国教育部政府门户网站，2015-05-27.

弱等因素而受到阻碍。一方面，流动儿童的家庭社会经济不佳，父母文化程度相对较低，对于家庭语言环境创设的相关意识不强，家庭中有利于语言发展的软件和硬件不足，加之父母终日忙于生计，无暇顾及儿童语言的发展，认识不到语言发展的重要性。另一方面，因户籍制度、家庭收入等因素的限制，难以进入公办幼儿园就读，只得选择就读民办园或者非正规幼儿园以满足最基本的保育需求。而那些收费低的民办园和非正规幼儿园普遍存在教育观念落后、师资队伍专业水平欠佳、园区内语言环境创设薄弱、语言教育资源匮乏、专门的语言教育和教学活动难以推进等问题，这极大阻碍了学前流动儿童语言能力的发展。

学前流动儿童语言能力发展并非幼儿园或家庭单方面的责任，它涉及儿童自身、家庭、幼儿园和社会四个环节。幼儿园、家庭和社区可以为保障学前儿童健康成长提供多维支持，家庭教育是基础，幼儿园教育是主导，社区教育则是其他两项的补充扩展与延伸（李晓巍等，2019），三方协同共育，形成教育合力，对提高幼儿园和家庭教育的质量、提升社区文化教育具有重大意义。为全面了解影响学前流动儿童语言发展的因素，特别需要从中观层面对幼儿园和社区等环节对上级部门政策精神的解读和执行情况进行具体调研。本部分研究采用文献分析法和民族志田野调查的观察与访谈法，通过搜集相关新闻报道、媒体宣传、研究型论文等材料进行详细分析，结合实地走访调研、问卷调查、访谈等形式，从幼儿园和社区两个环节了解学前流动儿童赖以生存和成长的幼儿园和社区语言生态环境建设情况，以从中发现问题，提出指导性意见和建议，更好地保障学前流动儿童的语言发展。

第二节 相关幼儿园和社区语言生态环境建设的具体研究问题

为了全面了解影响学前流动儿童语言发展的中观语言政策，掌握他们赖以成长的语言生态环境建设情况，本项研究主要探究两类儿童（城市本地儿童和流动儿童）成长的幼儿园和社区的语言生态建设情况，具体研究问题包括：

（1）两类幼儿园是否了解并落实了上级的有关语言政策？有哪些？实施情况如何？

（2）城市幼儿园（正规幼儿园）与流动儿童幼儿园（非正规幼儿园）的教师队伍配备如何？

（3）两类儿童所居住的社区语言生态状况如何？

（4）两类社区工作者和社区成员是否了解相关语言政策？是否以社区为依托开展过某些学前儿童语言教育活动？有哪些？实施情况如何？

第三节　两类学前儿童（流动与城市）成长的幼儿园与社区语言生态调研

一、文献分析、观察与访谈

（1）文献分析法：通过对幼儿园和社区网站获取的语言文字资料进行解读，获取相关信息。

（2）民族志田野调查：通过走访撰写日志的方法对幼儿园和社区的语言生态建设情况进行记录。实地走访采用抽样的方式。首先，在北京市8个区每区选择正规幼儿园2所，来自不同市区的非正规幼儿园共8所，对其进行实地走访。然后，在每所幼儿园选取2名有代表性的家长，以获取其居住的社区信息，并对社区开展走访。

（3）面对面访谈：通过半结构式访谈对两类幼儿园的管理者、教师，社区内的家长（城市家长 vs 流动家长）进行调研，多方了解获得城市儿童与流动儿童赖以成长的社区和幼儿园两个主要场所的语言生态状况，并对上级相关语言政策的实施情况进行深入探究。

二、各种网络平台和实地走访的语料收集

本部分研究包括两个构成部分。第一，城市/流动儿童幼儿园官网或公众平台，社区官网或公众订阅号的相关文件资料。第二，实地走访的记录和面

对面访谈调查的结果。通过对多方、多渠道获取的语料进行分析解读,对相关问题进行对比印证,形成调研报告,为后续研究提供支撑,并为解答相关问题提供依据。相关语料来源见下表。

(一) 幼儿园和社区调研内容来源

幼儿园	幼儿园官网、园区宣传栏、室内外墙壁文化、儿童语言学习"硬件"（儿童书籍资源、电子有声读物等）、课程设计、园长、教师、家长
社区	社区官网、社区宣传栏、社区内文化场所、社区工作者、家长

(二) 受访人员信息

全部受访人数为88人,正规幼儿园的园长和教师共32人,流动幼儿园的园长与教师共16人,城市社区工作人员16人,流动社区工作人员0人,城市家长16人,流动家长8人。在北京市的8个区每区抽取2所正规幼儿园,流动幼儿园因数量较少,并且调研难度很大,仅调研了8所,分别是海淀区1所、丰台区3所、昌平区2所、大兴区2所。从年龄来看,两种幼儿园的园长年龄差异不大,但是教师年龄差距比较大,城市幼儿园没有25岁以下和55岁以上的老师。从正规幼儿园园长的学历构成来看,具有研究生学历者为3人,占比3.41%;具有本科学历者为12人,占比13.64%;具有专科学历者仅有1人,占比1.14%。从正规幼儿园的教师学历构成来看,具有研究生学历的有3人,占比3.41%;具有本科学历者为8人,占比9.09%;具有专科学历者为5人,占比5.68%。非正规幼儿园园长具有研究生和本科生学历者均为零,初中和专科学历者分别占3.41%和5.68%;幼儿教师的学历占比分别为,初中3.41%,高中3.41%,中专2.27%。社区工作人员因流动社区没找到合适的工作人员,此项不参与分析。从家长学历构成看,城市家长具有研究生学历者占12.5%,具有本科学历者占5.68%;流动家长具有本科学历者占1.14%,高中学历者3.41%,初中学历者4.55%。

表 3-1 受访人员信息表

受访单位	受访人员	数量	性别	年龄	占比	学历	占比
正规幼儿园	园长	16	女	36—45：9 46—55：7	10.23% 7.95%	研究生：3 本科：12 专科：1	3.41% 13.64% 1.14%
	教师	16	女	25—35：11 36—45：5	12.5% 5.68%	研究生：3 本科：8 中专：5	3.41% 9.09% 5.68%
非正规幼儿园	园长	8	女	36—45：2 46—55：6	2.27% 6.82%	初中：3 专科：5	3.41% 5.68%
	教师	8	女	18—25：3 26—35：2 55—56：3	3.41% 2.27% 3.41%	初中：3 高中：3 中专：2	3.41% 3.41% 2.27%
城市社区	社区人员	16	男：6 女：10	26—35：5 36—45：7 46—55：4	5.68% 7.95% 4.55%	研究生：6 本科：5 专科：5	6.82% 5.68% 5.68%
	家长	16	男：7 女：9	26—35：8 36—45：8	9.09% 9.09%	研究生：11 本科：5	12.5% 5.68%
流动社区	社区人员			无			
	家长	8	女	26—35：6 36—45：2		本科：1 高中/中专：3 初中：4	1.14% 3.41% 4.55%
总人数		88			100%		100%

（三）访谈提纲

表 3-2 幼儿园语言教育政策调研

园长访谈	您是否了解上级关于学前儿童的教育政策？ 您是否了解上级关于学前儿童的语言教育政策？ 您认为幼儿语言教育重要吗？ 您认为幼儿语言教育包括哪些内容？ 您为本园幼儿语言教育都做了哪些工作？

续表

教师访谈	您是否了解上级关于学前儿童的教育政策？ 您是否了解上级关于学前儿童的语言教育政策？ 您认为幼儿园的语言教育重要吗？ 您认为幼儿语言教育包括哪些内容？ 您平时是怎样教儿童学语言的？ 您通常在课堂上采用哪些方式引导幼儿的说话？
社区人员访谈	您是否了解上级关于学前儿童的教育政策？ 您是否了解上级关于学前儿童的语言教育政策？ 您认为幼儿园的语言教育重要吗？ 您认为以社区为依托开展学前儿童语言教育可行吗？ 您所在的社区有无针对学前儿童语言教育开展的活动？有哪些？
家长访谈	您是否了解上级关于学前儿童的教育政策？ 您是否了解上级关于学前儿童的语言教育政策？ 您认为学前儿童的语言教育重要吗？ 您所在的社区是否开展过一些相关教育活动？有哪些？

第四节 两类幼儿园和社区的语言生态调研结果

一、正规幼儿园语言生态环境建设情况

本文的正规幼儿园主要是指公办园和有办学资质的民办幼儿园。据笔者了解，公办幼儿园数量少，入园门槛高，需要进行线上申报，上级审核，开具或提供各种证明材料，如户口所在地证明、计划生育证明、父母收入证明、幼儿园领导同意入园证明等方能有机会入学。办理这些手续不仅需要经历烦琐的程序，还得耗费大量的时间和精力。进城务工的流动父母通常"白手起家"，未能在城市中扎根立足，所能接触到的人脉资源格外有限，想要开具幼儿园领导同意入园的证明十分困难，因此把子女送入公立园就读的机会十分渺茫。此外，有些地区的公立幼儿园还需要收取一定的借读费和赞助费，这些不合理的做法进一步阻碍了流动儿童入读公立园。小部分收入较高的流动家庭选择以营利为目的的民办园来满足子女受教育的需求，但这些民办园存在规范化管理缺乏、办学资质参差不齐、收费不合理等问题。另有部分收入较低的流动家庭，会选择收费较为低，但有国家相关政策支持的普惠性幼儿园和公益性幼儿园以满足子女的入幼儿园需求。

本部分在文献分析和实地调研的基础上，分别对正规幼儿园的师资队伍建设、语言教育资源分布、幼儿教师的语言使用，及教学观念、语言教育与教学活动等进行深入了解。

(一) 正规幼儿园的教师队伍建设

幼儿园园长队伍整体素质过硬。北京市 8 区 16 所正规幼儿园（具体信息参见附录）的园长和高层管理人员 90%以上拥有本科教育背景，个别院长拥有硕士研究生学历，她们中很大一部分毕业于高等师范院校学前教育专业，对儿童身心发展规律和实际需要比较了解。她（他）们年轻力壮、经验丰富，除教学能力与文凭外，具有较强的语言表达能力和领导力。她们拥有高尚的职业道德，具备良好的文化素养，专业理论知识过硬，制订教育教学计划的能力、组织教育活动的能力、做好家长工作的能力和进行教育教学科研的能力都相对比较强。

根据调研得知，正规幼儿园对教师的准入要求比较高，师资队伍比较过硬（参见表3），教研活动比较丰富。国家[①]对学前教育师资队伍建设提出了较为明晰的要求，即"加快建设一支师德高尚、热爱儿童、业务精良、结构合理的教师队伍"。自 2010 年以来，我国学前教育迅猛发展，高学历专任教师占比稳步提升，教师队伍学历构成有了结构性改变。从参与调研的北京市正规幼儿园专任教师的学历来看，以本科为主，并且 3 位拥有研究生学历。她们除具备国家要求的教学素质外，普通话能力一般不低于二级乙等，有的幼儿园要求二级甲等及以上。

在园长的带领下，专门成立教学中心来制定或开发相关课程，能够集科研与教学于一体，在学前教育实践的过程中探索儿童的发展规律。这些幼儿园通常具备严格的招聘和准入要求，对于教师的筛选早已不再是以"会带孩子"为导向，而是从教学水平、职业兴趣、关爱儿童等各个维度进行考量。以北京交通大学附属幼儿园为例，该园依托高校教育资源办学，教师队伍专

[①] 国务院. 国务院关于当前发展学前教育的若干意见（国发〔2010〕41 号）[EB/OL]. 中国政府网，2010-11-24.

业基础较好，多是名校毕业生，她（他）们对于儿童语言发展规律有着较高的认知，能够根据班级幼儿个性与差异安排恰当的语言教学活动。班级教师队伍配备合理，除了主班老师以外，还有任课教师和保育老师专门负责儿童的学习与生活起居，比例为2教2保，老师们均能够发挥个人的专业特长，为儿童发展提供好的保障。在备课过程中，她（他）们除了保质保量完成规定的教学任务以外，还对课程设计进行了改革创新。此外，幼儿园内专门备有指导教学的教学园长，带领教师一同梳理教学思路、一起磨课，在园内形成了良好的教学氛围。

通过对北京市部分幼儿园园长、学前教育行政管理者及幼儿园专任教师进行调查，深入追踪北京市幼儿教师队伍配置状况。我们发现，北京市幼儿教师队伍配置主要存在教师资源区域分布不平衡、教师队伍存在年龄结构断层、数量供给缺口大、教师流失严重且频繁等问题。在对幼儿园师资队伍构成分析后可知，幼儿园规模的扩大使得幼师自身隐藏的矛盾日渐凸显，主要表现为幼师专业能力不能很好地适应幼儿园的工作要求。虽然在某种程度上，学历水平的高低与教师的教学能力相关，但调查发现，部分幼儿教师并不是学前教育专业毕业，有些学前专业院校开设的专业课程针对性也并不强，不能很好地提升教师专业能力，这导致部分幼儿教师参加工作后的专业水平和工作能力与幼儿园的教学要求不相匹配，导致教学水平下降。虽然存在诸多问题，但总体而言，北京市正规幼儿园师资队伍的建设整体达标。

（二）正规幼儿园语言教育资源的分布

对学前儿童来说，语言教育资源主要包括墙壁文化、过道文化、语言课程设置、语言活动安排、教材、教学内容等方面。幼儿园园所的环境布局与设置对儿童身心发展起着潜移默化的影响。根据儿童身心发展的需要和幼儿园教育的要求，教育者应充分挖掘儿童学习和生活环境中的各项教育要素，将物质环境因素转换为教育要素，以此来促进幼儿身心健康的发展。学前儿童对抽象概念的理解与掌握程度较低，语言学习主要通过对话、互动等交际形式得以提高。因此，为儿童提供自由宽松的语言学习环境、鼓励幼儿表达具有十分重要的意义。

课题组在对北京市16所正规幼儿园进行实地调研后发现，87.5%参与调研的正规幼儿园都具备开发利用走廊、过道、班级墙壁文化环境设计，以促进儿童语言等能力发展的意识。有的幼儿园会要求幼儿教师根据当月主题活动内容、季节或节日等要素设计班级主题活动内容，与儿童一起创设班级主题墙；在中秋节到来之际，教师会在主题墙上贴满月饼、月亮、兔子等多种与中秋话题有关的图片或挂件，还会在班级主题墙上展示儿童作品或生活学习的照片，以提高儿童主动表达的积极性。此外，老师们会集中智慧，充分利用幼儿园走廊、楼道等环境资源，创设生动活泼、色彩明艳的中外经典童话系列展廊。这些童话通常主题一致，整个园区的环境构造整齐且连续性很强，可以为儿童提供有效的语言资源和更多新奇的语言刺激。这一方面可以培养他们对细节的观察能力，另一方面通过互动、交流的方式促进了语言能力发展。

全部参与调查的正规幼儿园都有区角设置。语言领域作为五大领域课程的重要构成，其教学活动通常贯穿于幼儿园班级各项区角活动中，与儿童语言发展相关程度最高的是阅读区角。幼儿园一般将阅读区设于班级内部，以幼儿为中心投放相关书籍或其他阅读材料，本班幼儿可以根据自身兴趣或需要，自主选择阅读内容和阅读形式。班级中设置阅读区角，能够有效激发幼儿的阅读兴趣，引导其形成阅读习惯，对儿童语言能力发展大有裨益。通过实地走访部分正规幼儿园，并对园内教师进行访谈，我们发现这些幼儿园在班级阅读区角的创设有以下特征：首先，阅读区角面积的大小呈现较为明显的年龄特征。教师会在布置阅读区角时，将儿童的年龄特点、身体发育情况、阅读区角容纳率等相关因素考虑在内，以便为儿童阅读活动提供更加充足的空间。此外，阅读区角的设置也遵循了相应布局规划和美学设计，如为了给儿童提供最佳阅读环境，保证其阅读体验，通常教师会有意识地将阅读区置于采光充足、相对安静的环境中，墙面设计也均以暖色调等柔和色彩为主。与此同时，教师会根据儿童年龄发展特征、阅读兴趣等，有针对性地选择语言学习资源，如供儿童阅读使用的绘本及故事书，引发儿童语言学习兴趣的玩偶与挂件。在大班的阅读区角中放置数量充足的桌椅板凳，提前培养儿童学习习惯，帮助其更好地过渡到未来的学习生活中。从图书类型和数量配备情况来看，区角内常见的书籍类型有科普类、绘画类、学习类、游戏类、故事类等，能够满足儿童基本阅读的需要。存在的问题是：第一，部分幼儿园的图书投放量未能达到平均水平，区角设置良好，但是书籍较少，而且有的页面残缺，内容不全或者陈旧。第二，有些图书角只是流于形式，成为教师让孩子自由玩乐的区域，教师并没有拿出专门时间和精力组织儿童阅读，没有发挥阅读角应有的功能。第三，有的幼儿园有独立的图书馆或者阅览室，但利用率很低。

在语言教育教材和内容的选用上，各幼儿园暂无统一使用的教材样本，教育内容多样化，呈现出较大的区域差异、园区差异以及教师个体差异。这给幼儿园教育质量评价带来困难。幼儿园教材是教育内容的外在体现，是教师实现教育目标的重要工具，可以为幼儿园教育实践提供直接指导。教材质量的好坏会直接影响一线教师的教育实践，并进而影响幼儿的学习与发展，最终影响课程改革的落实与学前教育事业的推进（龚泉，2015）。对幼儿园目前主要使用的教材进行分析后发现，大部分幼儿园教材在涉及语言教育内容时，倾向于选择儿童文学作品作为素材，如诗歌、童话故事、散文等，这些材料具有较强的文学艺术色彩，能够激发儿童对儿童文学的鉴赏能力与阅读兴趣。存在的问题是，非语言领域的教学材料，通常以知识灌输为主，虽然涉及内容较多，但是体现出较强的说教倾向，有些并不能吸引幼儿的注意力，不能引发他们的兴趣。

此外，参与调研的正规幼儿园中有10所已经开始关注优质绘本在幼儿语言教育中的应用，认识到了绘本对儿童语言能力培养的作用与意义，创新性地借用绘本来提高儿童的自主阅读和叙事能力。通过对园区、班级环境进行实地走访，课题组还发现，16所正规幼儿园班级中多媒体设施配备齐全，一般都配有多功能电子白板、投影仪、电视机、电脑等工具，教师还可以通过在线资源，为儿童搜索动画片、电子绘本等语言学习资源，进一步拓宽儿童学习语言的渠道。

（三）幼儿教师的语言使用及教学观念

根据幼儿教师的职业要求和研究需要，本次调研涉及的语言文字应用能力特指国家通用语言文字的应用能力，即幼儿教师在教学过程中对普通话的掌握与运用能力。通过对正规幼儿园教师访谈发现，她们大都对国家推广普通话政策有着较为深刻的认知，她们普遍持有国家颁发的普通话等级证书

（二级乙等及以上），并将普通话作为工作与教学语言，与儿童交流时能够使用流利的普通话。

2017年，教育部《国家语委关于进一步加强学校语言文字工作的意见》[①]中对幼儿园语言文字环境及幼师的语言文字应用能力提出了要求，即"幼儿园应更加注重校园语言文字环境规范建设、教师的语言文字规范意识及应用能力的培养和建设，结合幼儿的学习特点，积极发展幼儿的倾听、理解和表达能力，民族地区双语幼儿园应注重为幼儿创设普通话交流的语言环境"。幼儿教师语言的使用也朝着标准化、规范化的方向前进，如口齿清晰，普通话发音标准，讲话语速适中，语言表达准确、简洁、流畅。[②] 上述要求直接指出了普通话使用能力对幼儿教师职业生涯与个人发展的重要性，以及使用和推广普通话对于消除语言隔阂、增进社会人际交往、助推全社会和谐发展发挥着十分重要的作用。普及普通话对于美化幼儿园语言生态建设，改善师生交流效果等方面有着重要意义。

参与本次调研的正规幼儿园能够带头引领园区普通话风尚，鼓励教师、家长、儿童将普通话作为交际语言。与此同时，幼儿园要求教师时刻注意自己的发音规范，并且能够做到与同事、家长互相监督，主动纠正发音不规范的地方，规范语言表达。虽然在实际对话过程中，有些教师的普通话发音仍然会受方言因素的影响，但正规幼儿园的教师们都对接受专业且系统的普通话学习和指导有较强的期待，对个人成长和发展也有着较高的要求。

（四）语言教育与教学活动

正规幼儿园在语言教育教学过程中，能够按教学大纲做好教学规划，并按儿童实际情况进行因材施教。儿童的语言能力是与环境语言进行互动的产物，正规幼儿园语言教育秉承以活动作为基本组织形式，以帮助儿童习得语言为基本目的的理念，通过具体的语言教育活动，培养儿童积极使用语言表达个人思想，并主动进行人际交往以满足社会性情感发展需要的能力。《幼

---

① 教育部，国家语委. 教育部国家语委关于进一步加强学校语言文字工作的意见[EB/OL]. 中华人民共和国教育部政府门户网站，2017-01-18.
② 中小学和幼儿园教师资格考试标准（试行）[EB/OL]. 中国教育考试网，2011-10-03.

园教育指导纲要》（试行）① 中将幼儿园语言教育目标从五大维度进行了划分，即"乐于与人交谈，讲话礼貌；注意倾听对方讲话，能理解日常用语；能清楚地说出自己想说的事；喜欢听故事、看图书；能听懂和会说普通话"。

正规幼儿园的语言教材选择比较谨慎、教学过程较为规范、教学活动较为丰富充实，这为儿童语言发展奠定了基础。幼儿园的语言教育主要关注儿童语言意识，以及兴趣与习惯的培养，同时做到了将语言、学习和生活等其他方面的有机结合。部分幼儿教师对语言活动的设置进行了有益探索，明确了幼儿语言活动对儿童语言发展的重要意义，园内语言活动的开展能够秉承趣味性、互动性、游戏性相结合的原则，以"提高儿童语言兴趣与参与、促进儿童语言能力发展"为目标导向，注重儿童早期语言兴趣的培养。除了传统的读故事（即"老师讲故事、幼儿听故事"）活动外，语言游戏、师幼共读、文学作品赏读等已成为主要的语言教育活动内容。此外，教师还非常关注语言教学活动中互动与提问的质量。不仅如此，还有一些较为随机的语言活动，如在户外活动中穿插语言教学，在组织其他科目教学活动的同时进行语言教学等，并且能够应用多媒体信息技术对语言活动形式进行创新。这充分体现出此类幼儿园教师语言教育的专业化水平，以及语言教育观的先进性。

通过课堂实地观摩和教师访谈相结合的方式，课题组对正规幼儿园语言教学活动有了进一步了解。园中最常见的语言活动形式是谈话及讲述活动。教师先行创设一个相对稳定的谈话及叙事情境，引出相关话题，并借用实物、语言描述等方式，诱发儿童的表达兴趣。在谈话及讲述过程中，儿童可以天马行空，说出心中所想，教师则主要负责对话氛围的创设，并在儿童自主谈话和叙述过程中提供一定的帮助与指导。通过逐层深入的谈话、提问等方式，帮助儿童习得特定语用规则及故事语法结构，进一步增进儿童口语表达与叙事能力的发展，帮助他们获得更为丰富的语言学习经验。此外，教师还利用相关书籍，营造共读的语言氛围，为儿童提供阅读机会，以及前识字和前书写经验，帮助幼儿增长阅读兴趣，培养早期阅读技能与习惯。在共读活动中，教师时常通过启发式、对话式教学帮助儿童接受有关书面语言的知识，实现

---

① 教育部. 教育部关于印发《幼儿园教育指导纲要》（试行）的通知 [EB/OL]. 中华人民共和国教育部政府门户网站，2001-07-02.

阅读材料与口语表达内容有机结合，并利用共读机会，穿插行为规范、情感发展的讲解，使儿童各个方面的能力均能得到有效发展。在以"儿童为中心"教学理念的驱使，幼教工作者全面内化了"完整语言教学观""整合语言教育观""语言活动观"的理论与实践，能够不断探究更加适合儿童心理与认知发展阶段的语言教学活动。

二、非正规幼儿园语言生态环境建设情况

本书的非正规幼儿园是指未经国家审批，没有办学资质的流动幼儿园。根据笔者调研，此类幼儿园存在较为严重的语言生态环境建设问题，非常不利于儿童的语言入学准备工作，导致流动儿童进入义务教育阶段后往往因语言发展不及城市儿童，而面临课堂表现沉默，反应不敏锐，继而引发自卑等一系列心理问题，从而导致学业落后，但此类问题目前尚未引起国家和社会的充分重视。

自2010年起，我国学前教育事业蓬勃发展，国家陆续出台系列政策，协同社会各方力量保障学前儿童受教育机会，如2010年《国务院关于当前发展学前教育的若干意见》[1] 中提出构建公益普惠性学前教育公共服务体系，并要求将学前流动儿童教育需求纳入城镇地区规划和幼儿园建设；2011年《关于加大财政投入支持学前教育发展的通知》[2] 中提出，要妥善解决随迁子女入园问题，保障进城务工人员随迁子女和留守儿童接受学前教育的权利；2018年《中共中央 国务院关于学前教育深化改革规范发展的若干意见》[3] 中指出，要坚决推进我国学前教育朝着普及、普惠、优质、安全的目标发展，稳妥完成"无证园"治理等工作。从政策层面来说，我国致力于建立"广覆盖、保基本"的学前教育公共服务体系。

从政策落实层面来说，城市在接纳学前流动儿童入园方面仍面临着供需不平衡的巨大压力，学前流动儿童受教育的机会仍旧难以得到保障。根据课

---

[1] 国务院. 国务院关于当前发展学前教育的若干意见 [EB/OL]. 中国政府网，2011-11-24.
[2] 财政部，教育部. 关于加大财政投入支持学前教育发展的通知 [EB/OL]. 中华人民共和国教育部政府门户网站，2011-09-05.
[3] 中共中央 国务院关于学前教育深化改革规范发展的若干意见 [EB/OL]. 中国政府网，2018-11-15.

题组的调研，他们之中，只有极少数能够进入当地公办幼儿园或者较理想的民办幼儿园就读，绝大多数流动父母因户籍和教育资本的限制，选择将子女送入非正规托幼机构就读，如专门用于接收随迁子女的"打工子弟"幼儿园或者看护点、"山寨"幼儿园、无证幼儿园等。这类机构虽然教育资质及教学条件较差，但是整体收费水平偏低、离家近、对父母及儿童的户籍所在地几乎没有限制，能够满足流动家长最基本的托幼服务需求。另外，此类幼儿园的交费方式相对灵活，可以按月交，也可以按季度或者学期交，有时候也允许拖欠学费，很大程度上缓解了流动家庭的资金压力，因此成为绝大多数流动家庭的首选。这一现象彰显了"山寨"幼儿园的存在价值（尹静，2019）。

非正规幼儿园的建立在某种程度上缓解了进城务工人员的教育、托幼顾虑，保障了学前流动儿童接受教育的权利。调查发现，在"山寨"幼儿园就读的儿童中，学前流动儿童所占比例高达95%，这充分说明"山寨"幼儿园已成为学前流动儿童接受教育的主要渠道。但这并非意味着学前流动儿童在教育方面能够得到最基本的权益保障，因为这类幼儿园的教学环境、师资力量、办学力量、教学资源等各方面整体比较薄弱。

本部分在文献分析和实地调研的基础上，分别对非正规幼儿园的师资队伍建设、语言资源分布、幼儿教师的语言使用及教学理念、语言教学活动等进行了深入了解。

（一）非正规幼儿园师资队伍的准入与构建

高素质、高水平师资队伍紧缺一直是我国学前教育行业面临的突出问题，然而对非正规幼儿园来说，这一问题更为突出。根据调查，流动幼儿园的园长和管理人员多数不是教育者出身，有的是小商贩或者其他行业小老板，对幼儿园教育并没有多少认识，创建幼儿园主要是以营利为目的。他们本身学历不高，普通话使用能力一般。

从流动幼儿教师的构成来看，她（他）们同样是外来流动人员，流动性很大。普遍存在年龄断层，过于年轻化或过于老龄化，学历低等现象，并且受知识水平低、落后的教育理念和教学能力限制，流动幼儿教师对语言教育的敏感度不高、领悟力差，整体语言教育水平较为低下。虽然也有一些教师毕业于技校或职高，但他们在入园执教前并未接受过任何培训，缺乏基本的保教知识，驾驭课堂和学生的能力也比较差。通过走访得知，参与调查的人员中，除个别幼儿园的园长和主要管理者是京籍人员以外，高达95%的幼儿教师都是非京籍外来人员，并且这些幼儿教师的受教育背景参差不齐。

在幼儿教师聘用方面，门槛较低，没有成型的制度约束。课题组在后续暗访中得知，这些幼儿园的管理者普遍打着"做教育"的旗号，从中牟取高额利润。他们在招聘幼儿教师时尽可能地压缩、节约人力成本，只考虑应聘者脾气秉性是否适合"带孩子"、能否善于与人沟通交流、是否有从教的意愿等，却忽视了她（他）们是否可以讲普通话、是否适合当教师、具不具备当老师的资质与能力。此外，还有许多流动学前幼儿园采取"传帮带式"，通过亲朋好友介绍老师来工作，幼儿园管理者聘用她（他）们的原因只是因为她（他）们对于待遇没有过高要求，容易管理，并不考虑对他们专业度的考察与衡量。经过与相关幼儿园管理者和教师的进一步访谈我们了解到，她（他）们对于国家各级各类语言政策和语言教育方法几乎一无所知。

非正规幼儿园的师生比通常分布不合理。较之正规幼儿园"课任教师：保育老师"（2∶2或者2∶1）的专业人员配比而言，非正规幼儿园的教师通常一人担当数职，授课之余还要照顾孩子的吃喝拉撒，不仅照管的孩子数量多、任务重，而且她（他）们将重点放在完成看护任务上，无法顾及儿童的教育与培养。加之园区语言教育资源短缺，教辅资料缺少针对性，外出学习交流频率低等问题，非正规幼儿园教师的备课和上课环节都缺乏科学性和系统性，缺乏专业人士指导，甚至很少有人会想到应当拿出专门时间去备课、写教案、准备教学材料，教学过程更是缺乏组织性和目标性，操控课堂语言活动的能力不足。

整体来看，非正规幼儿园教师普遍文化水平低，专业素质不过硬，对儿童语言习得规律的认知程度不够，且缺乏专业的、科学的语言教学方式，语言教学过程随意性和任意性过多，这十分不利于学前流动儿童语言能力的发展。

（二）语言教育资源分布

非正规幼儿园游离于国家管控之外，没有任何国家投入，各项支出均来自对学生收取的费用，且办园者和管理者多以营利为目的，缺乏对教育的情怀,不可能将过多资金投放到如何提高教育教学质量上来,所以在园所环境创设、活动空间设置、教学设施配备、各种适龄玩具的投放、幼儿读物和游戏材料的投放,以及幼儿教材的选择等方面也远不能达到文件精神的各项要求。

课题组实地调研发现,非正规幼儿园整体环境创设不能体现出与特色活动、主题活动等方面的有机整合。第一,建筑物内走廊区域狭窄阴暗,各班级门前的区域设计与物品摆放较为凌乱、各成体系,没有体现任何与语言学习或者学习相关的元素,有的仅仅堆砌了孩子们的物品,如喝水杯子、书包,或其他杂物。第二,班级内空间狭窄或缺乏相关理念,通常未能设置儿童活动的专门区角,如语言区、科学区等;设置语言区角的园区有两所,也都存在着诸多问题,如区角玩具的质量不达标,存在安全隐患,材料的选取不能遵循儿童成长规律,不能激发儿童语言学习的兴趣与积极性;语言区角活动流于形式,缺乏教师专业指导;区角内图书数量缺乏,而且书籍陈旧破损,不能及时更换等。这既不能有效促进儿童早期阅读能力的培养,也不能为儿童提供良好的语言沟通环境。儿童只有在轻松欢快的环境中,在自己喜欢的氛围内,才能提高说的欲望,更好地发展同伴关系。非正规幼儿园走廊和班级空间的环境布置,不能迎合儿童的心理需求,因而不利于激发儿童的好奇心和求知热情,对其积累语言知识、建立沟通习惯、培养自主表达和讲故事的能力,以及早期阅读习惯的养成会产生消极影响,同时还会阻碍儿童进行人际交往活动的意愿,对儿童语言、情感等各方面的发展都会带来不利影响。

幼儿活动室的人均面积不达标。根据北京市的规定,幼儿园寝室和活动室面积不能少于54平方米,然而实地调研发现,有些非正规幼儿园除了因生源不足而导致的班额较小以外,小班和中班幼儿的数量一般都在35人以上,大班(学前班)甚至超过了40人,也有因生源不足而出现的混龄班级,但是他们的活动室面积仅为20—35平方米,人均占用面积远远达不到国家对幼儿园标准空间设置的要求。为了提高容纳率,孩子们只得挤坐在一起,几乎没有任何可以活动的空间,这完全不能满足幼儿各种语言游戏活动和语言教育活动的需要。

园内教学设施贫乏,教师信息化教学素养差。由于国家不能对众多"山寨"幼儿园采取任何财政和政策倾斜,它们完全处于自生自灭、自负盈亏的状态。这种情况下，办园者不愿将更多的收入投放到幼儿园建设上，所以园内户外玩具简陋，适合儿童阅读的书籍屈指可数，有利于儿童语言发展的电子设施更是无从谈起。教学条件同样十分落后，这些幼儿园除了使用电视机或教师手机作为教学辅助工具以外，其他现代化教学设施几近一无所有，远不能满足儿童语言课堂的需要。现代化的语言教学活动应当适时利用多媒体教学资源，如投影、动画等，动画交互、图文并茂、童趣盎然，摆脱传统的"以知识传授为重点"的教学方式，致力于激发和培养儿童语言学习的兴趣与积极性。受"互联网+"教育潮流的影响，大多数正规幼儿园均配备有电视机、电脑、电子白板等多媒体设施。相比而言，非正规幼儿园的信息化硬件设备配备不足，教师队伍信息化素养与意识不强，对多媒体使用的方法与作用没有很好的认知。

不能配备符合儿童年龄和心理发展特征的语言教育材料。语言教育工作的正常开展离不开教材的选用，适当的教材能够帮助幼教工作者高效开展班级语言教育工作。非正规幼儿园语言教育教材的选用不符合儿童语言习得特点，教学内容小学化倾向明显，课题组在有些幼儿园的课表上甚至看到了汉语拼音课和识字课。"山寨"幼儿园已经成为学前流动儿童接受教育的主要渠道，但语言教材使用良莠不齐、语言教育内容不够丰富，趣味性不够强的现实状况，的确引人深思（尹静和郭鲁江，2014）。

(三) 教师语言使用及教学理念

流动幼儿园教师驾驭普通话的能力欠佳，语言问题处处存在。对入园儿童来说，每天与教师相处的时间几乎超过与父母相处的时间。因此，教师的言行举止对他们产生的潜移默化的影响特别大，教师所使用的语言也会直接影响儿童在学习和生活中的语言使用。1989年国家教育委员会发布的《幼儿园管理条例》[1]第三章第十五条强调："幼儿园应当使用全国通用的普通话。"

调查发现，参与调研的流动幼儿园教师均为非科班出身，不了解语言教育教学的规律。她（他）们未曾接受过专业的语言学和学前教育学学习，不了解儿童语言发展规律，对语言教学知之甚少，不能根据幼儿的年龄和心理发展特点合理安排语言教学活动，没有现代化的教育理念支持。有的大班教

---

[1] 幼儿园管理条例［EB/OL］. 中华人民共和国教育部政府门户网站，1990-02-01.

师仍然在讲适合3岁儿童的故事，不仅句子简单，而且书本内容浅显，完全满足不了该年龄段儿童的语言发展要求和对知识的渴望，也有的教师在大班的课堂上以教孩子识字、写字为主。

大多流动幼儿教师未接受过高等教育，驾驭语言的能力较差。她（他）们在课堂上不能准确使用规范的普通话与儿童交流，有的因受到老家话影响，仍在使用方言土语，或者带"土"味儿的普通话；有的教师语言不够简洁，很难清晰明了地讲明白一件事情，所以教授课程内容更是无从说起，也有的说话语速过快或者过慢。总之，在自身的语言表达方面，她（他）们不具备职业教师的基本素质。

对语言教学的理解仍旧停留在传统的领读和背诵层面。课堂教授照本宣科，或者局限于讲故事、唱歌曲、学拼音、学字母等活动。有时候为了方便教学会悬挂教学挂图或借助课本图片，但并没有体现出边玩边学、寓教于乐的教学理念。流动幼儿教师的专业化程度低，对工作的奉献精神欠佳，加之自身文化水平有限，不能给孩子提供很好的语言示范，也不能很好地启发孩子们之间的有效交流互动，这很大程度上影响了学前流动儿童同伴间的社会性学习，以及获取一手语言学习资源的概率，阻碍了语言能力发展。

总之，就语言能力而言，流动幼儿教师主要存在以下五方面的问题：一是表述不清楚；二是语速不协调；三是语言不简洁；四是发音不准确；五是语言质量不高。这都在一定程度上影响语言教学活动的组织和开展，并进一步影响儿童语言的发展。

流动幼儿教师对自己的语言使用情况不了解，但对普通话的认同度较高。流动幼儿教师大多来自经济欠发达的农村地区，从小未得到良好的语言环境熏陶，语言输入比较贫乏，大多数在过了语言学习关键期以后才学说普通话，语言使用会受到原住地文化的影响，普通话的使用也不可避免地刻上了方言的烙印。因此，园区和班级环境中时有方言充斥。教师普通话能力不仅关系到个人形象的建立，而且对儿童能否准确理解授课内容、能否养成使用文明用语进行对话的良好习惯等都会产生直接或间接影响。根据访谈得知，参与调查的流动幼儿教师中90%以上人认为自己"能讲流利的普通话"，而实际上，她（他）们中有相当一部分带有浓重的方言口音，而且在年龄越长的教师身上这类情况越明显。这充分说明，流动幼儿教师不能清楚地判断自己语言的实际使用情况，自身认知与实际语言使用情况存在较大差异。此外，访谈还显示，这些教师普遍能够认识到普通话的重要性，认为作为一名幼儿教师必须得讲标准普通话。个别老师也承认自身基础薄弱、语言能力差、受教育程度低，不能很好地在教学过程中使用普通话。

（四）语言教学活动

儿童的语言发展和学习应当主要通过游戏活动来实现，在与看护者或者同伴交流互动的过程中完成，这就要求幼儿教师为儿童语言发展创设更加优良的活动、场所和素材。但实地调研结果显示，大多流动幼儿教师不了解上级教育政策，不能根据各项教育建议完成设定的教育目标，不能贯彻执行相关政策和文件的精神，语言教学活动质量低下。

非正规幼儿园语言教学活动的设置与实施呈现小学化、知识化倾向。《教育部关于规范幼儿园保育教育工作防止和纠正"小学化"现象的通知》[1] 中明确指出："遵循幼儿身心发展规律，纠正'小学化'教育内容和教育方式"，"严禁幼儿园提前教授小学内容。幼儿园不得以举办兴趣班、特长班和实验班为名进行各种提前学习和强化训练活动"。但是通过走访北京市部分非正规幼儿园的教育情况发现，这些幼儿园中旧式"学前班"现象普遍存在，语言教学表现出严重的小学化倾向。幼儿每日的学习和活动安排往往按照课表上的既定程序进行，多采用灌输、机械练习与记忆的方式进行语言知识教学，如拼读拼音、识字和写字等，全部教学活动以教师为主导，未能很好地突出趣味性与游戏性相结合的教学活动特点。为了迎合家长和市场环境的需求，以提前教授小学课本内容为主，过于重视知识学习，缺少对语言教学活动的创新。有些幼儿园甚至不惜违背教育规律和儿童身心发展的规律，不考虑内容难易度和幼儿喜好，举办各种形式的兴趣班、特长班和实验班，吸引家长的注意力，以达到创收的目的。此外，学前流动儿童很少有机会在教师的指导下在幼儿园参与各式各样的阅读活动，这十分不利于儿童阅读能力的发展（宋茂蕾和尹静，2018）。

许多非正规幼儿园打着"双语"特色的旗号吸引生源，实际却开展以识

---

[1] 教育部．教育部关于规范幼儿园保育教育工作 防止和纠正"小学化"现象的通知［EB/OL］．中华人民共和国教育部政府门户网站，2011-12-28．

字为主的基础语言教学活动。经前期调研可知，非正规幼儿园的教师不具备儿童英语教学的基本常识和基本能力，对第二语言习得和学习规律一无所知，所谓的英语教学仅仅停留在利用录音机播放英文歌曲和教授简单的字母和词汇上。此外，由于这些教师本身英语学的不扎实，并且受到方言影响，她（他）们不但发音不准确，甚至存在单词读错的情况。流动幼儿园的管理者和教师更为关注的是如何吸引家长目光、如何让班级满额、如何使自己的利润最大化，而非双语教学搞得好坏的问题。与正规幼儿园相比，此类幼儿园的软硬件设施都非常缺乏，双语教学理念落后，教学设施贫乏，不能遵循学前流动儿童语言发展与教育教学的规律，教学活动难以满足儿童语言发展需要。她们以不科学的跟读、重复、记忆的方式向儿童灌输知识，违背了儿童语言发展和教学的规律，完全忽视了儿童语言学习的兴趣，难以让儿童在轻松愉悦的环境中体验语言，甚至极大挫伤了儿童语言学习的积极性，这不仅不能有效促进儿童语言认知水平和语言能力的提高，还会对他们阅读习惯的养成，以及口语表达能力的培养造成负面影响，进而间接影响他们日后的入学准备。

三、城市学前儿童社区语言生态建设情况

伴随城市化进程的加速发展，我国城市人口居住环境较先前来说普遍有了较大改善，社区日益成为与人们生活联系较为密切的社会单元，并成为开展人际交往，从事教育及文化活动的主要场所之一。

我国学者徐大明（2004）曾说，语言只有在社区里才有生命力和活力，离开社区的生态环境，语言学习者便失去了真实的语言互动，语言习得也将难以实现。可见，社区对幼儿的语言发展起着重要作用，其广阔的语言发展空间蕴含着丰富的教育资源。《幼儿园教育指导纲要》（试行）[①] 指出，要"充分调动现有的社区环境，将其最大化利用为儿童学习和生活的教育资源"。社区作为儿童接触社会的主要环境之一，应当将其营造为一个适合儿童年龄特点的成长环境。在社区开展一系列语言文化活动可以为儿童语言表达与练习提供真实情景，还可以成为儿童认识社会，积累生活经验的"教材"，帮助

---

① 教育部. 教育部关于印发《幼儿园教育指导纲要》（试行）的通知 [EB/OL]. 中华人民共和国教育部政府门户网站，2001-07-02.

儿童收获幼儿园中所没有的真实体验。基于此，为了弥补家庭语言教育场区限制，以及幼儿园课堂教育缺乏真实性等缺点，社区应积极发挥在儿童语言教育和语言习得中的角色作用，充分利用社区语言文化活动，促进儿童的语言发展。

城市社区语言文化活动的开展相对丰富且有针对性。具体开展的语言文化活动分为两类：一类由社区自行策划举办，如读书俱乐部、读书交流坊、社区内文化宫、电子阅览室等；另一类由社区与学校交流对接后举办，如春游、传统文化展览学习会、假期快乐实践等。这些活动不仅能够为幼儿提供参与活动的机会，帮助他们积累生活体验，还能丰富幼儿的语言表达，促使他们从实践中得到感悟并且扩大交友圈。

城市儿童大多生活在文化环境良好的社区，无论是硬件设施还是软实力都完好，这样的社区生态环境为城市儿童的成长带来了诸多便利。社区文化建设是城市文化建设的有机组成之一，既代表着政府的一项重要职能，同时又是城市文化建设的基层表现（宋文辉，2013）。以北京市海淀区某一社区为例，因其管辖范围内有众多知名高校，他们便主动与某些学校的工会对接，并委托其帮忙招募研究生志愿者，在社区内定期开展各种亲子课程，分春、秋两学期供家长及其子女选择。同时，还为社区内的儿童开展各种小班课程。以亲子英语课为例，该课程从头到尾由专门研究儿童语言发展与教育的教师全程指导。课程通过趣味英文歌曲引入话题，继而通过游戏活动引导出该话题下的相关表达，包括词汇和句式。一方面，亲子英语有较强的话题性和趣味性，通过英语课的学习，儿童可以学习相关领域的英文表达。另一方面，定义为亲子互助英语课，需要家长与孩子的共同参与，这既加强了亲子间的沟通，又在玩乐中习得了第二语言。亲子互助英语课自开创之日起，就受到了家长的一致好评，也成为本研究中城市儿童社区语言生态建设较好的代表。目前，这一社区语言教育模式已经开始为其他高校，甚至其他地市所效仿。

城市儿童能够较为便捷地接触到社区的优质公共资源，拥有更多接触语言文化的机会。访谈过程中，众多城市家长表示有能力且有意愿带领孩子参加各种社会文化活动，以帮助孩子在实践中学习，在活动中成长。但实际上，由于社区儿童教育的公益性较强，需要社区主管部门和家长两方面的共同努力，因此并非所有的社区文化活动都能顺利无阻地开展。也有的因涉及很多方面的问题，如社区方与家长方对儿童语言发展认识的不一致、社区人员有限、经费与场地缺乏等而半途而废。

四、学前流动儿童社区语言生态建设情况

流动人口一般居住于"城中村"或城乡接合部，其外部环境和条件较差，道路狭窄脏乱、环境喧闹嘈杂、卫生条件堪忧；社区内各种设施破损程度严重，有些存在安全隐患。

对学龄前儿童来说，依托社区资源展开的社区教育活动能够很好地补充幼儿园和家庭教育的不足，为社区儿童及其家长提供更加多元化的幼教服务。不仅如此，社区教育可突破户籍管理制度的限制，为居住于社区内的学前流动儿童创造良好的学习环境，提供更多的受教育机会，以解决他们入园机会少、幼儿园质量差的问题，从最大程度上缓解入学准备的压力。尤其对于尚未入园学习的流动儿童来说，他们接受教育的机会比较有限，提高社区内的文化生活质量，加强家庭与社区的联系，实现两者携手并进，可以在最大程度上弥补幼儿园文化生活的不足。此外，流动儿童在从农村向城市或城郊接合部融入的过程中会接触到新环境、新社区，因其年龄等原因可能会出现不适应的情况，这对他们的健康成长非常不利。如果家庭能够和社区携手，多维度对新入城流动儿童的生活进行引导和调节，将对其带来较大帮助。

学前流动儿童接受社区教育的重要性普遍未能得到广泛关注。由于社会意识等多种原因，社区工作人员往往缺乏对流动幼儿教育问题的重视。因此，即便有时社区有多种语言文化活动备受冷落，也不能想到应当鼓励流动人口去参加。以北京市为例，流动人口居住的"城中村"或"地下室"往往被忽视，即便有些地下室和城市儿童同属于某一社区，工作人员也往往缺乏对流动家庭教育生活现状、教育需求等方面的关注，没有配套的管理条例和应有的服务意识。因此，社区文化教育资源不能得以充分利用。

社区内流动父母早期语言教育意识普遍淡薄，缺乏实施早教的方法和途径。流动家长的教育方式单一粗暴，甚至在遇到困惑时不知道主动向外界寻求支持，其子女也相应呈现出社会交往能力欠缺、学习和生活习惯较差等特点。社区可以通过整合社区教育资源，组织亲子早教课堂、家长课堂、亲子运动会等活动，有效帮助改善社区内流动父母的早教观念、流动家庭的教养环境等，以提升亲子关系。因此，积极探索和充分利用社区的学前教育实践，发挥社区工作的作用，对学前流动儿童早期语言教育进行介入具有重要意义。根据广州深圳的一项调研（彭佳慧，2016），流动儿童在进入城市后常会出现心理压力、学习环境、人际关系等多重负担，这引起了相关社区工作者的注意。社工小组对家庭及社区层面教育的实施开展了深度思考，并针对流动儿童社区融入问题，创设了一种新型的小组工作模式，即"个人+朋辈+家庭+社区"四位一体模式，大幅提升了流动儿童对社区文化的认可度，对帮助其更好地融入社区教育，并逐步融入城市生存环境起了积极的推动作用。

  与语言相关的社区教育活动主要为非正规游戏活动和阅读。学前儿童的认知发展尚未成熟，其学习通常以直接经验为主，通过游戏和日常生活进行的教育活动对其非常有益。因此，以游戏和日常生活为主要途径，为儿童创建丰富的教学环境，并对其进行引导是非常必要的。学前流动儿童因年龄和心理原因，对新融入的环境会感到陌生。这需要特定的社区服务人员、志愿者，或者社会工作者带领幼儿在游戏的过程中渗透语言知识、加强语言交流，引导儿童主动与他人沟通，并进行自我表达（刘茜，2020）。笔者观察发现，学前流动儿童在与社区服务人员或同龄人交往的过程中，可以很好地发展沟通能力，这对于帮助他们融入社区大环境起了很好的作用。另有两个较成功的非正规游戏活动的案例为北京的"四环游戏小组"和"南三环GAME小分队"，前者的成功在于通过引导学前流动儿童参与游戏活动，愉悦身心，获得一定的教育，其家长通过参与活动提升了教育观念（吕萍，2007）；后者主要通过业余时间以游戏的方式教授儿童汉语和英语知识，同时教育家长提高对儿童早期母语和英语教育的重要性认识（尹静，2019）。

  我国社区教育起步较晚，目前仍处于起步阶段，从宏观政策到微观行为都存在较大提升空间。目前为止，还没有非常系统的优秀社区教育案例，而国外已经有较为完善的社区教育体系可以为我们所借鉴。比如，美国的免费社区教育服务，有专人安排专门的行政管理部门来支持社区对3—5岁儿童的教育（杨畅和王涪蓉，2008）；英国的"早期教育协会"和"社区玩具图书馆"，以及公共图书馆和教会等都为学前儿童提供社区教育服务等（曾莉，2008），这非常值得我国社区教育学习借鉴。英国的"阅读起跑线计划"以及美国的"出生即阅读"（born to read）项目也是发展较早且较为完善的社区教育系统。以社区为单位组织阅读计划，利用公共图书馆或社区图书馆资源，面向流动家庭提供免费图书阅读和借阅服务，推动亲子阅读，是推动学前流动儿童早期语言教育的另一有效途径（杨丹琴和苗春凤，2019），可以有效解决一些流动家长的高教育期望同低教育投资之间的矛盾（赵慧君和母远珍，2010）。

流动家庭的教育存在一些较为突出的共性问题，主要包括家庭学习氛围缺乏、家庭阅读环境较差、亲子共读机会较少、亲子阅读不得法、亲子沟通障碍等。为了给学前流动儿童创造一个良好的课外语言习得环境，可以通过社区为他们提供一些有针对性的服务，如帮助他们制订阅读计划，定期组织开展亲子阅读活动，邀请志愿者进行阅读指导，开放图书流动站，或提供专业的学前儿童托管服务等。

五、园长、教师、社区、家长访谈情况

（一）针对幼儿园园长的访谈

关于"您是否了解上级关于学前儿童的教育政策？"一项，参与调查的正规幼儿园园长普遍表示了解《中华人民共和国教育法》《幼儿园管理条例》《幼儿园指导纲要》《国务院关于当前学前教育的若干意见》，而且北京市政府每年都会定期组织学习上级文件精神，并督导执行，但是流动幼儿园的园长对于这些政策法规表示仅仅"听说过""不了解具体内容"。

关于"您是否了解上级关于学前儿童语言教育的政策？""您认为语言教育重要吗？"两项，参与调查的正规幼儿园园长纷纷表示，学前儿童语言教育很重要，关于语言教育的指导意见在《幼儿指导纲要》里面有所提及，但是并没有单独的语言教育方面的政策法规。再进一步问及"您了解小班、中班、大班的语言教育要求吗？"则无人能够回答。在参与访谈的 8 位流动幼儿园的园长中，有 5 位表示学前儿童的语言教育很重要，但是不清楚国家是否有这方面的政策，另外 3 位表示"孩子语言不用教""用不着教"。

关于"您认为语言教育包括哪些内容？"一项，参与调查的正规幼儿园园长认为语言教育的内容概括起来主要包括语音、词汇、会话、阅读、讲故事、儿歌、识字七方面。5 位流动幼儿园园长认为包括说话、阅读、讲故事、识字四方面。在"您为本园幼儿语言教育都做了哪些工作?"这一项,参与调查的城市幼儿园园长表示她们做的工作有组织老师备课、组织老师比赛(讲课比赛、讲故事比赛)、为幼儿园选购图书等。5位流动幼儿园园长表示会给幼儿园选购图书,并组织教师带孩子看书,给幼儿播放故事等。

(二)针对幼儿教师的访谈

关于"您是否了解上级关于学前儿童的教育政策?"一项,参与调研的16名正规幼儿教师纷纷表示大体知道一些,但不是非常清楚,非正规幼儿园的教师表示不知道。在继续问及"您是否了解上级关于学前儿童的语言教育政策?"一项时,16名正规幼儿园教师中有11位表示知道《幼儿指导纲要》中会有相应内容,另外5名表示不知道。然而,8名幼儿教师中没有人对相关政策有印象,不知道有关幼儿语言教育的政策。

关于"您认为幼儿语言教育重要吗?"一项,正规幼儿园教师全部认为幼儿语言教育很重要,必须重视;参与调查的非正规幼儿园教师也全部认为幼儿园语言教育很重要,需要引起重视。在进一步问及"您认为幼儿语言教育包括哪些内容?"时,正规幼儿园的老师认为幼儿语言教育应重点包括语音、词汇、会话、阅读、讲故事、儿歌六方面;而非正规幼儿园老师认为包括说话、阅读、讲故事、识字四方面。在进一步问及"您平时是怎样教儿童学语言的?"正规幼儿园教师的回答涉及这几个方面:组织集体游戏、组织角色扮演、带领儿童阅读、播放故事、组织儿歌诵演等;非正规幼儿园教师的回答概括起来包括读/听故事、背古诗、阅读、识字。

关于"您通常在课堂上采用哪些方式引导幼儿说话的?"一项,正规幼儿园的教师一般会采用"提问、创设情景对话活动、复述故事、讲故事、指导幼儿园阅读、组织幼儿会话表演"等方式;而非正规幼儿园老师的回答多数是采用"提问"的方式来引导幼儿说话。

(三)针对社区人员的访谈

由于研究者没有联系走访流动人口聚居区的社区工作人员,本部分只汇报针对城市社区人员的访谈结果。

在问及"您是否了解上级关于学前儿童的教育政策?"和"您是否了解上级关于学前儿童的语言教育政策?"两项时,所有人员都表示不知道。

"教育属于'市民文化活动中心',他们应该会学习一些教育方面的政策。我们一般主要根据上级要求组织家长学校和未成年人活动站建设,一般都是一个月一次,上面会来定期检查。我们组织过'元宵节猜灯谜''免费看电影''给孩子的好书'等活动。我们有专门的公众号,社区成员只要关注我们就能定期收到我们的各种活动安排。"

可见北京城市社区比较重视儿童的语言发展,会根据上级政策合理安排一些有助于儿童语言教育的活动。

(四)针对家长访谈

关于"您是否了解上级关于学前儿童的教育政策?"和"您是否了解上级关于学前儿童的语言教育政策?"两项,无论是城市家长还是流动家长普遍都表示不知道、不清楚。

在"您认为学前儿童的语言教育重要吗?"一项中,全部城市家长都认为很重要,只有4位流动家长认为不重要,占参与调查的流动家长的50%;在对4位流动家长进一步询问"您为什么感觉不重要?"时,一位流动家长说:"孩子说话不用教,我们从来不管孩子,这不都会说话了?大人会说孩子就会说。"还有一位家长说:"学习语言是小孩的本能,只要有人和他说话,慢慢地就学会了,不用教。"

在问及"您所在的社区是否开展过一些相关教育活动?有哪些?"时,城市家长有10人说"不知道",另外有人表示"有可能开展过,但是自己不知道",也有人说"社区有很多活动,但是具体哪些不太知道,因为没怎么关注"。

第五节 中观语言政策调研结果分析与讨论

儿童早期语言发展是社会多方力量、多种因素共同作用的结果。除家庭外,幼儿园是儿童踏入集体生活,接受语言教育,融入社会的第一步。社区则是家庭与社会的纽带,社区生活是儿童成长离不开的一个基本环节,需要两者发挥协同育人的作用。

一、两类幼儿园对上级有关语言政策的了解与实施情况

通过对园长、教师、社区、家长、幼儿语言生态建设等方面的全面调研，发现正规幼儿园在各个方面都具有流动幼儿园不可比拟的优越性，但是双方在政策的了解与执行方面都存在许多不尽如人意的问题。

（一）幼儿园园长：正规幼儿园园长普遍对我国现有的教育政策和语言教育政策都比较了解，不仅熟知具体文件名称，而且对内容把握也比较深入，甚至能够了解到哪个文件里面涉及语言教育的相关描述，她（他）们能够在实际工作中，根据文件精神的指示，带领教师参与各种教育教学工作，包括加强园内语言文化建设、教室内区角建设、教研会议、组织备课等，从而保证教育工作保质、保量顺利进行。但是流动幼儿园园长对此则不了解，所以在实际工作中不能对相关精神贯彻执行。

在对幼儿园语言教育重要性这方面的认识上，参与调研的正规幼儿园园长全部都对早期语言教育的重要性持认可态度，而非正规幼儿园则只有部分园长对此认可，还有小部分认为早期语言教育不重要。体现在幼儿园语言教育资源建设上，因为正规幼儿园园长对语言教育重要性持有认可态度，所以她（他）们能够指导和带领全园教师充分开发和利用环境资源，为儿童创造语言学习的各种机会。参与调研的北京市16所正规幼儿园基本都能够对园内空间进行文化设计，以调动幼儿感官，激发其语言表达愿望。不仅如此，正规幼儿园的教室内都设有专项区角，如阅读区角等，为儿童创造得天独厚的交流和互动场所。在教材选用方面，虽然受没有统一教材等现实情况的约束，但是各园都能在园长的带领下积极选用各种优质教学素材，以最大程度上为儿童语言发展提供便利。但是流动幼儿园因多种因素，包括园长对早期语言教育重要性认识的差异，所以在幼儿园的投入和建设方面的表现不尽如人意。

在对语言教育内容一项的认识上，正规幼儿园园长有着较为科学和全面的认识，并且为加强儿童的语言教育做了很多工作。可见，正规幼儿园重视儿童早期语言教育，从提高教师教学基本功抓起，通过多种方式把多样化的教学内容和先进的教育教学理念传递给教师，引导教师在日常生活和实际教学中加以落实。而流动幼儿园园长的认识则十分局限，片面地认为语言教育就是带领幼儿"听故事、背诵诗歌、识字、阅读"，他们除了会召开会议讲一讲近期政策方面"吃紧",政府开始查无证幼儿园等事宜,很少会组织各种有利于提高教师教学技能的比赛、观摩等活动。

(二)幼儿教师:从正规幼儿园教师的角度说,她们能够在园长的带领下参与园内各种语言资源建设工作,积极参与各种教研活动,认真完成各项基本的教育教学任务;流动幼儿教师因为园长对政策的解读差,没有领会相关精神,所以在教育教学实践中不能践行上级的教育精神。

(三)存在问题:有些正规幼儿园的区角建设流于形式。正规幼儿园园长能够领会上级的各种政策精神,紧跟国家教育政策,理念新颖,行动力强,在环境资源建设、课程设置、区角建设、教材选择方面都做了很大努力,但许多工作只是表面文章,多家正规幼儿园的区角设置流于形式,教师并没有按计划有条理地指导幼儿进行区角活动,相反这些区角有的成为幼儿自娱自乐的场所,有的成为儿童的"禁区",成为应付上级检查的工具,其功能并没有很好地得以体现。教材选择方面,有时无能为力,因为国家没有统一的教材,幼儿园的教学素材均来自园内多年的积累,选材自由度大,有时不能很好地满足幼儿需要。流动幼儿园园长不仅学历低、专业化程度低、教育理念落后、对上级政策的认识和执行力差,而且所有工作都以营利为目的,为了迎合市场,不顾幼儿的年龄和心理特征,导致流动幼儿园教学的"小学化"倾向和灌输式"说教"教学模式严重。

广大幼儿教师虽然能够在园长的指导下完成教育工作,但由于对上级教育政策缺乏显性认识,对精神内涵的把握也差强人意,这既不利于教师自身的成长,也不利于教育工作的高质量进行。流动幼儿教师对上级政策缺乏显性和隐性认识,只能承担对流动儿童进行看护的任务,不能很好地利用日常生活语言和课堂教学工作为幼儿提供好的语言教育。

二、两类幼儿园教师队伍的配备情况

(一)幼儿园园长:参与调研的16所正规幼儿园园长学历相对较高,90%以上拥有本科教育背景,经验丰富、年富力强、敬业爱岗、素质过硬,有着较强的领导力。她(他)们大都毕业于高等院校学前教育专业,多年从事幼教工作,深谙幼儿早期发展规律,具有较强的科研意识,能够带领广大教师开展教研工作。

（二）幼儿教师：正规幼儿园的幼儿教师都接受过专业化学习，学历水平相对较高，除了具备国家要求的幼师资质外，均持有国家颁发的普通话能力等级证书，普通话能力一般不低于二级乙等。她们听从领导、服从安排，能够"以儿童为中心"设计教学方案，并根据课程计划认真上好每一堂课，并做好相关保育工作。正规幼儿园的教师入园前都经过严格选拔，园内对她（他）们的教学质量和教学能力有严格的把控和监督，并通过各种活动对其进行培养，能够有效完成基本的教育教学工作。

相比之下，流动教师的学历低、教学经验不足、缺乏适当的培训、教育教学理念较为落后，但是她（他）们能够在现有的教学条件下完成园所要求的任务，满足了流动家长急于找地方寄养孩子的要求。

（三）存在问题：正规幼儿园教师整体待遇较低、流动性较大、职业规划差、高学历者（硕士以上）者较少、数量供给缺口巨大、师资流失严重。虽然正规幼儿园的教师大都教育专业毕业，但具备学前教育经历的并不多；虽然能够根据园长指示开展各种教育教学活动，但对上级的各种教育政策并不了解，仅仅停留在教学层面，研究意识薄弱。

流动幼儿教师待遇低、学历低、专业化差，教学能力和教学理念都远不及正规幼儿园的教师，不仅对上级政策一无所知，对语言教学内容也是知之甚少。她们年龄断层现象明显，呈过于年轻或者年老趋势，对语言教育的敏感度不高、领悟力弱，并且自身的语言能力较弱，存在语言表达不清晰、语速不协调、语言不简洁、普通话发音不准确、语言质量低等问题。她们多以流动幼儿教师为跳板，没有长期从事教师职业的打算。

三、两类儿童居住社区的语言生态状况

（一）城市人口居住社区：在国家政策的引领下，城市社区大力开展各种语言文化活动，为城市儿童提供了良好的社区语言文化氛围，与幼儿园和家庭的语言文化生活形成了优势互补，为城市儿童提供了更多接触社会文化、增进体验的机会，从而对其语言交际能力的发展起到助推作用。

（二）流动人口居住社区：流动人口一般居住于"城中村"或城乡接合部。这些社区内的文化设施和文化条件较差，没有什么社区服务活动，有些社区活动中心只是流于形式，没有实质性的功能，对流动人口帮助不大。

部分流动人口居住于城市居民楼的地下室内，他们与城市居民共同分享社区内的各种文化服务。由于社区融入性不足，有时会被社区工作人员忽视，导致相关活动通知发放不到位。再者，流动家长的早期语言教育意识不足，对社区组织的多种语言文化活动支持不够，以致错失流动儿童参与更多语言体验的机会。

（三）存在问题：社区的语言文化活动针对性不强，很多并不适合学龄前儿童参加，也有一些活动内容和形式单一，不能引起学龄前儿童的兴趣。再者，我国社区工作起步晚，尚未走入人心。社区工作的影响力不够强大，家长对社区组织的语言文化活动不够信任或者不感兴趣，或者置若罔闻，导致社区人员煞费一番苦心，参与者人数寥寥。

流动人口居住的城乡接合部位于"三不管"地段，没有相应的社区服务。流动儿童在家庭之外不能体验其他渠道提供的各种语言文化活动。居住于"城中村"和"地下室"的流动人口，往往会被社区工作忽视，也有众多流动人口对社区的服务不认可，不愿带领孩子参加社区组织的语言文化活动。

四、社区工作者和家长对语言政策的了解和执行情况

（一）社区工作者：作为基层的政府部门和政策执行部门，相关科室的社区工作人员对上级各种政策有比较深入的了解，并且能够因地制宜创造条件，在力所能及的范围内以开展活动的方式对其加以贯彻落实。但是，参与调查的社区工作人员对学前儿童的教育政策和语言教育政策则知之甚少，这说明社区工作没有与学前儿童教育很好地结合。

（二）家长：城市家长对学前儿童的语言教育工作普遍比较重视，认为学前儿童的语言能力发展十分重要，但是对上级的各项政策却不了解。流动家长则有一半的人认为语言不用教，孩子自然而然就能学会语言，对儿童学习语言的要求比较低，对所居住的社区会组织相关教育活动的事宜也是一知半解。

（三）存在问题：国家对学前儿童的教育政策和语言教育政策宣传力度不够，社区和居民对早期语言教育重要性的认识不足，社区没有很好地与幼儿园以及家庭做好沟通联系，并针对性地开展服务学前儿童语言教育的工作。

对流动家庭来说，因社会经济地位低下，难以选择和城市本地人一样的社区居住。虽然基于社区资源展开的社区教育活动，可以为社区内的儿童及其家长提供更加多元化的幼教服务，并补充幼儿园和家庭教育的不足，但是对流动家庭来说，他们租住的城市边缘地区或城乡接合部，生活居住条件普遍较为恶劣，居住区周边有关健康、教育和文化的基础设施配备不够齐全，没有基本的社区服务。居住于"城中村"或"地下室"的流动人口，因社区融入度差，容易被社区服务忽视。

第六节　中观语言政策调研总结与建议

本部分研究主要采用文献法，以及民族志田野调查的观察和访谈相结合的研究方法，从中观层面入手，对城市儿童与流动儿童生存和成长的两方面语言生态建设情况（幼儿园、社区），以及相关语言政策的实施情况进行深入探究，旨在详细了解影响学前流动儿童语言发展的因素，为解释学前流动儿童语言发展的相关问题提供解释，为相关政策和建议的提出提供参考。现将本部分研究结果总结如下。

一、中观语言政策中不利于学前流动儿童早期语言发展的因素

首先，从入托入园角度来看，虽然城市儿童和流动儿童均面临"入园难""入园贵"的现实问题，但是受到户籍制度和家庭经济条件的影响，学前流动儿童入园难度要远远高于城市儿童。为满足基本保育需求，流动父母只得为其随迁子女选择非正规幼儿园或收费低廉的看护点就读，随迁的流动儿童享受良好的、正规园区教育的机会十分渺茫。通过对正规幼儿园及非正规幼儿园内学前儿童语言生态环境建设情况进行调研和对比，可知正规幼儿园对教师队伍的准入要求要比流动幼儿园高得多，她（他）们通常毕业于正规大中专院校，对儿童身心、认知、语言等各大发展规律均有着相对充分地理解，在入职前会接受正规的岗前培训和实习，专业水平较高。非正规幼儿园的管理者为减少财政支出，在招聘幼师时会尽可能压缩、节约人力成本，倾向于选择那些待遇要求不高、容易管理的应聘者。但是她（他）们通常学历层次较低、流动性强，在入园执教前并未接受过良好的专业教育与锻炼，缺乏最

基本的儿童保育知识及教养经验，不具备早期语言教育的知识和方法，不利于学前儿童语言及其他各项能力的发展。

此外，正规幼儿园拥有的语言教育资源更加丰富，园区内可为儿童提供相对自由宽松的语言学习环境和精心创设的阅读区角环境、提供丰富多样的语言学习教材与内容，还可利用多媒体信息设备进一步拓展儿童的语言学习渠道。而非正规幼儿园通常人多空间小，环境较为拥挤，缺少最基本的语言区角创设，同时为儿童提供适龄儿童的阅读书籍及语言教材也尤为缺乏，其他有利于儿童语言发展的多媒体电子设施更是无从谈起。语言环境的恶劣以及教育资源的匮乏难以满足儿童进行各种语言游戏活动及语言教育的需要，非正规幼儿园语言生态现状令人忧心。

其次，正规幼儿园的管理者和教师通常对国家语言文字政策及语言教育政策有较为深刻的认知，她（他）们在入职前需考取相关水平的普通话等级证书，并将普通话作为工作及教学语言；入职后，教师还有机会接受专业且系统的普通话指导，语言使用能力较强及教学理念比较新颖，园区内语言交际环境良好。而非正规幼儿园的教师通常来自经济欠发达的农村地区，语言较为贫乏，且受方言土语的影响比较严重，方言强势现象普遍存在。她（他）们绝大多数未能接受良好的教育，未曾接受专业的语言学和教育学学习，缺少对儿童语言发展规律和教学方法的了解，难以对儿童进行有效的语言教学指导。

正规幼儿园语言教学活动标准化、多样化，以趣味性、互动性、游戏性为原则，依托班级教育资源开展各种语言游戏、师幼共读、文学经典作品赏读等语言教育活动，儿童前阅读、前书写以及叙事能力均能从中得到有效提升。而非正规幼儿园为了迎合家长和市场环境的需求，其语言教学活动的设置与实施呈现小学化、知识化倾向，教学内容难度偏高，与儿童身心发展和教学规律不相符，缺少教学活动的创新，儿童学习兴趣得不到培养，不利于儿童语言发展。可见，流动幼儿园整体语言教育质量的低劣给学前流动儿童的语言发展带来了很大负面影响，这也会进一步影响他们未来的学业成就。

除幼儿园外，社区是学前儿童主要活动的场所之一，其语言生态建设也影响着学前儿童实际的语言发展。流动儿童与城市儿童所在社区的语言生态建设也呈现出显著差异。国家相关部门文件明确指出社区教育的重要意义，作为协同幼儿园与家庭教育的第三方，社区是文化建设的有机组成部分。但是目前相关工作不尽如人意。尽管某些城市儿童所在社区内的语言活动由于存在诸多干扰因素而难以顺利开展并执行，但其整体状况远远优越于流动儿童所在社区，流动儿童所在的社区对上级语言教育政策的贯彻情况十分糟糕。一方面，学前流动儿童和玩伴间的社会性学习难以促进其语言发展，因为双方的语言能力都尚未发育成熟；另一方面，流动儿童和成年人，即父母的互动较少，缺乏应有的互动与沟通。

造成这种现状的原因有二：其一，流动家长受工作限制，在子女的教育上没有投入足够的时间成本和资金成本，即便社区有公益活动也不能参与。其二，流动儿童所在社区环境复杂，社会教育资源匮乏，加上缺少资金支持，社区语言教育政策贯彻不到位，相应的社区语言活动难以顺利进行。社区语言生态建设本应该是家庭和幼儿园语言建设的补充环节，然而，流动儿童所在社区的语言生态建设现状使得流动儿童与城市儿童的语言早期体验差距变大。这与国家宏观层面提出的针对流动儿童的社区教育不符合，因此，流动儿童居住的社区的语言生态环境建设亟须改善。

二、中观层面实现语言教育公平的策略与建议

（一）进一步加强学前教育和学前语言教育政策的宣传，让全体老师、社区工作人员和家长都明确学前教育的各项指标，认识到语言教育的重要性，并学习掌握促进儿童语言发展的多种方法。

（二）加大对学前教育高学历人才的培养力度，提高幼师教学水平、专业层次与教学质量，提高其收入，帮助做好职业规划。

（三）加强幼儿园园区和班级环境建设、教室内区角设置建设。为儿童创造良好的空间环境，提供丰富的教学资源，以促进幼儿表达能力的发展，提高其交往能力，促进社会情感发展为目的。

（四）完善对幼儿园各项工作的监督和考核制度，确保提高各项政策的落实。根据《北京市幼儿园玩具配备目录（试行）》[1] 要求，监督落实幼儿园

---

[1] 北京市教育委员会关于印发北京市幼儿园玩具配备目录的通知 [EB/OL]. 北京市教育委员会，2010-09-29.

硬件资源的配备，如书籍、绘本、语言类教具或者玩具等，以满足幼儿园教育的需要。

（五）提高社区工作的针对性，加强社区工作宣传的力度，提高社区教育在提高社区整体生活质量和全体居民素质，促进社区发展方面的重要作用。我国社区教育起步较晚，可以借鉴国外一些成功社区语言教育体系的案例，在相关社区试行。

（六）整顿流动幼儿园，在合适的时机将其收编为普惠性幼儿园。

总之，流动儿童与城市儿童的语言环境差异不仅存在于幼儿园和家庭，同样存在于生存的社区。城市本地学前儿童与学前流动儿童享有的不同教育机遇，以及不同的早期语言体验，从某种程度上反映了全社会落实"教育公平"政策面临的巨大挑战。因此，希望通过本项研究，倡导社会将更多的注意力转移到学前流动儿童这一群体，协调动员社会各界力量，帮助这一群体的儿童营造一个优良且美好的成长环境，力求将"教育公平"贯彻到底。

第四章

微观家庭语言政策调查研究

第一节 家庭语言政策研究成为新兴研究热点

如同斯波斯基（2012）所说，语言政策及其构成元素存在于任何可以识别的、有典型参与者的领域；在家庭内部，主要的参与者是父母、孩子，以及重要他人。家庭中的每一个参与者将会有不同的语言实践、语言信仰，并且每人都试图或努力参与他人的语言实践与语言信仰。

家庭语言政策研究已经成为近年来社会语言学研究领域的热点问题，国外研究起步较早，并且已经从多个角度做了大量研究，取得了一系列有价值的科研成果。在国内，此领域的研究目前还停留在对理论引进和介绍，以及研究方法的探讨层面，实证研究方面比较典型的有沈琦（2020）等对我国少数民族家庭语言政策的研究；尹静等（2021）对我国汉族幼儿园儿童的读写规划的研究。近年来，国内有关家庭因素和儿童语言发展关系的研究整体上也呈上升趋势，研究者主要聚焦于移民和少数民族儿童的语言习得环境以及语言认同情况调查。此类研究大都集中在调查或汇报家庭域的语言现象，并从其产生的外部因素加以分析，但结合不同社会经济地位家庭的语言政策或语言生活状况，对儿童语言能力发展的实证性研究甚少，国内具有影响力的实证研究也极为少见，一些研究缺乏实证数据支撑。由此可见，对我国儿童家庭语言政策维度及对儿童相关语言能力发展进行系统而全面的实证研究与分析已经十分迫切。研究人员应当通过相关研究，描绘我国目前广大家庭的语言生活现状，通过大数据相关性分析，寻找家庭语言政策中促进儿童语言能力发展的因素，从而为广大儿童创造更为和谐健康的家庭语言环境，克服他们语言发展道路上的障碍。

儿童的教育集家庭、社会和学校于一体，三者密不可分，缺一不可，而家庭则是这项浩瀚系统的根基。正如教育家苏霍姆林斯基所说："家庭教育好比植物的根苗，根苗茁壮才能枝繁叶茂，开花结果。"2019年1月18日，时任教育部部长陈宝生在全国教育工作会议上对家庭教育提出了要求，"家庭教育不到位，不仅会抵消学校教育的效果，还会给孩子发展造成一定的消极影响"。由此可见，父母在儿童家庭教育过程中肩负着重大的责任，要改变更多孩子的命运，改变我们这个民族的命运，需要发挥父母的智慧。

教育要回归家庭，父母语言开发要先行。家庭是儿童成长的摇篮，它不仅是人生的第一个课堂，更是儿童前期成长的主要场所。父母作为儿童的主要监护人，是孩子成长所依赖的最便捷最直接的资源。家庭教育是存在于每个家庭的一种显性和隐性相结合的教育，家长在家庭生活实践中，以言传身教的方式影响孩子的生活习惯、性格修养、言行举止、道德品质等。为了深入探究家庭教育对儿童语言发展的影响，本部分研究通过民族志田野调查的问卷、观察和访谈相结合的方法，全面掌握城市儿童与流动儿童家庭语言生态建设的基本情况，为后续研究提供背景支撑，随后从家庭语言政策出发探讨家庭内部的语言教育政策对儿童语言能力发展的影响。

第二节 相关家庭语言政策涉及的具体研究问题

家庭是儿童学习与使用语言的出发站，它易受宏观和中观语言政策的影响，既能从微观层面反映国家和社会宏观和中观层面的语言政策，也能为宏观层面语言政策的制定提供依据。为了全面了解城市儿童的家庭语言生态环境建设情况，以便从微观层面阐释影响其语言发展的外部因素，本部分研究探讨流动儿童和城市本地儿童的家庭语言生态建设情况，以通过对比分析流动家庭与城市家庭在家庭语言生态方面存在的差距，为流动家庭的语言生态环境建设提出建议，并以此警示全体家长重视家庭内部语言生态的建设。本部分研究包括六个方面的内容：

一、用数学建模的方式证实家庭语言政策理论适用于单语儿童。

二、验证家庭社会经济地位因子对家庭语言政策的影响。

三、了解城市家长和流动家长的语言使用态度。

四、掌握城市家庭和流动家庭内部的日常语言活动。

五、了解城市父母和流动父母对儿童语言教育的内容。

六、掌握城市家长和流动家长对儿童的语言教育观念。

第三节 家庭语言政策调研方法

一、问卷与访谈

（一）问卷调查：通过自行设计问卷的方式，对两类家庭的家长开展问卷调查，获取两类儿童家庭语言生活基本状况的一手数据。

（二）访谈：对两类家长进行面对面访谈，并到其家进行实地走访，以获取家庭内部真实的语言生态环境建设情况。

二、问卷发放和访谈数据收集

（一）问卷发放：问卷使用的语言为汉语普通话，内容包括两部分。第一部分是参与者相关信息，包括社会经济地位因子（采用了霍林斯海德Hollingshead指数标度，根据中国国情做了修订）、家长的语言选择、与孩子日间相处的时长、家庭藏书量、每周与孩子阅读的频次等17个问题；第二部分是家庭语言生态建设相关的问题，主要围绕家庭语言政策的三个维度，即家长的语言意识形态（语言信仰、语言态度）、语言管理和语言具体实践，按照里克特5级量表的形式，设计了相应的题目。家庭语言活动形式和家庭语言教育两部分内容根据前期访谈总结得出（见附录Ⅰ）。问卷设计在语言管理与规划专家和资深学前儿童教育专家的指导下进行，在确定问卷最终版之前，我们选取了30个当地幼儿园不同情况的家庭做了前测。问卷信度为7.52，说明比较可信。问卷通过问卷之星发放和收取,这是一款专业化的在线调查、评价和投票的平台,为研究者收集数据广泛采用。

问卷于2018年7月17日—10月25日,通过网络平台,选择目标人群集中发放。目标人群选择：南三环花卉市场、大红门服装市场、新发地生鲜市场、新发地果蔬市场等流动人口集中地区的流动幼儿园和正规幼儿园,以及交大嘉园小区、万年花城小区、光大名筑、莱镇香格里等城市居民较为集中的小区幼儿园等。共收集问卷727份,剔除无效问卷（数据缺失或者答题时间小于1分钟）共得到有效问卷664份。其中包括城市家庭问卷437份,占比65.81%；流动家庭问卷227份,占比34.19%；567份由母亲完成,占比85.4%；97份由父亲完成,占比14.7%。问卷的全部参与者都为汉族,他们的母语是汉语,有些外地进京的流动人口也能勉强使用普通话,尽管有的家长和孩子普通话说得并不好,但是普通话是他们公共场合必须选择使用的语言。

（二）面对面受访人员信息

本部分参与访谈的家长与家庭与第三章中观语言政策调查研究中的信息完全一致。受访总人数为24人,城市家长16人（父亲7人,母亲9人）,流动家长8名（均为母亲）。从学历构成来看,城市家长具有研究生学历者占12.5%,本科学历者占5.68%；流动家长具有本科学历者占1.14%,高中学历者占3.41%,初中学历者占4.55%（参见表3受访人员信息表）。

（三）访谈提纲

> 您来北京前会说普通话吗？
> 您在家中和孩子交流时使用普通话还是方言？为什么？
> 您感觉自己的普通话水平如何？是熟练还是一般？
> 您对孩子的普通话有要求吗？
> 您对孩子的方言有要求吗？
> 您的孩子在家中实践的语言活动有哪些？您感觉孩子语言发展是否从中受益？

第四节　单语环境下家庭语言政策模型验证

一、围绕家庭语言政策和家庭社会经济地位的研究假设

为了回答研究问题（1）用数学建模的方式证实家庭语言政策理论适用于单语儿童，和研究问题（2）验证家庭社会经济地位因子对家庭语言政策的影响。我们在文献分析的基础上，提出了以下 8 个研究假设：关于家庭语言政策的三个构成部分之间的关系，以及社会经济地位因素与家庭语言政策的关系。关于家庭社会经济地位，我们主要关注了父母的受教育水平、父母职业和家庭的经济收入等以往研究中常用的指标（Hoff et al.，2012；麦克罗伊德，1998）。

（一）父亲的工作对家庭语言意识形态影响显著。

（二）母亲的工作对家庭语言意识形态影响显著。

（三）父亲受教育水平影响家庭语言意识形态。

（四）母亲受教育水平影响家庭语言意识形态。

（五）家庭收入影响家庭语言意识形态。

（六）语言意识形态影响语言管理。

（七）语言意识形态影响语言实践。

（八）语言管理影响语言实践。

我们进一步建构了假设的模型（见图 1）。父亲教育是指参与者父亲的受教育情况，父亲职业是指参与者父亲的工作类型，以此类推，母亲教育是指母亲的受教育情况，母亲职业是指母亲的工作类型。

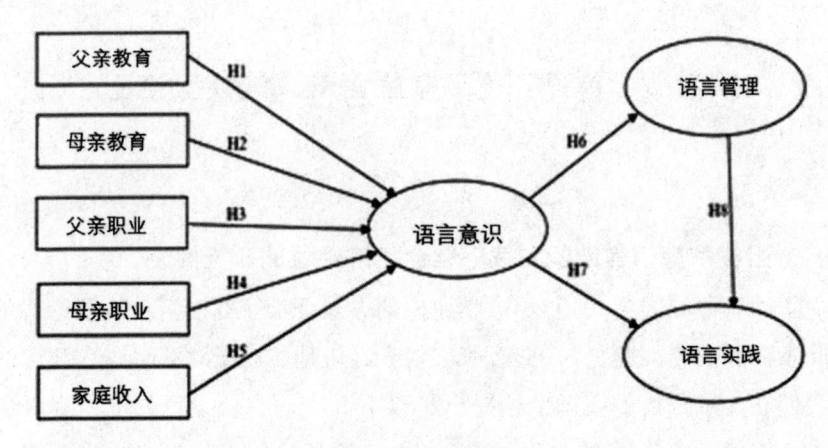

图1 假设模型

二、变量测评的具体做法

为了测评父亲和母亲的受教育水平，要求被调查者从以下8个选项中做出选择，分别是硕士或者以上学历、本科学历、专科学历、完成高中/技校、未完成高中/技校、完成初中、未完成初中、小学或者以下。选项根据以上顺序分别赋以8—1分。选项设计参考了霍林斯海德（1957）的教育分类指标，为了保证有效性，根据中国的实际情况做了相应调整。

为了测评父母的职业，要求被调查人员从以下5个选项做出选择，分别是政府官员/军官/企业高层管理人员，职业人员，工业、农业、商业雇主，其他领域雇员或者私营业主，无职业者。选项根据以上顺序分别赋5—1分。选项设计基于霍林斯海德（1957），并且为了适应中国国情做了相应修改。

为了检测家庭收入，要求被调查人员从以下7个选项中标注他们的月家庭收入，分别是低于3000元；3000—7000元；7000—13000元；13000—20000元；20000—30000元；30000—50000元；多于50000元。选项根据以上顺序被赋1—7分。选项设计以调查当年北京市政府公布的贫困线和平均收入为基础，根据霍林斯海德（1957），这一般被看作设计收入标度的基础。

为了测量语言意识形态，研究人员根据里克特五级量表设计了问卷，要求被调查人员填写他们对3个命题的同意度。1表示"非常不同意"，5表示"非常同意"。这三个命题是：

LIa：早期阅读非常重要。
LIb：父母参与孩子的语言活动很重要。
LIc：父母的阅读习惯对孩子的阅读习惯培养很重要。

为了测量语言管理，研究人员根据里克特五级量表设计了问卷，要求参与调查者根据实际情况填写对三个描述的态度。1表示"完全不正确"，5表示"完全正确"。三个描述是：

LMa：我有意识的给孩子看图书和卡通片。
LMb：我对孩子的语言发展做了计划。
LMc：我对孩子的阅读方法有要求。

为了测量语言实践，要求参与调查的人员根据实际情况选择对3个描述的态度。1表示"完全不正确"，5表示"完全正确"。这三个描述是：

LPa：我经常为孩子购买语言学习资料，如书本和图书等。
LPb：我经常给孩子讲故事。
LPc：我每周给孩子读书3次以上。

三、结构方程模型估算方法

为了检验模型我们采用了结构方程模型。首先，评估数据的正态性。所有变量的偏度和峰度的绝对值分别不超过2和7，这表明没有违反正态性假设（Westfall and Henning，2013）。然后使用Amos 22.0进行模型评估。允许5个与SES相关的因素具有相关性，估算方法采用最大可能值。此外，使用2000个引导程序及其95%的置信区间来测试语言管理在语言意识形态和语言实践之间的中介作用。

四、家庭语言政策与家庭社会经济地位调研结果

（一）描述性数据

表4为被调查者的一般信息，包括学历、职业、家庭收入，分析得知，父母的受教育水平最低为1（小学及以下），最高为8（硕士研究生或以上）；父母职业最低为1（未被雇佣），最高为5（国家干部/军人/企业高管）；家庭

收入最低 1（低于 3000 元），最高（多于 5 万元）。

表 4 被调查者的受教育、职业和家庭收入情况

	最低值	最高值	均值	众数	标准差
父亲教育	2	8	5.9759	7	1.27016
母亲教育	1	8	5.7530	7	1.38484
父亲职业	1	5	3.4006	3	0.97281
母亲职业	1	5	2.8901	3	1.22010
家庭收入	1	6	3.2289	3	0.88664

表 5 为被调查者对 9 个选项的选择情况，主要是关于他们的语言意识形态、语言管理和语言实践。一个主要的发现是语言意识形态得分最高，其次是语言实践，语言管理得分最低。LMb（i.e.，我对孩子的语言发展有规划）一项，得分最低。

表 5 被调查者的得分情况

	最低值	最高值	均值	众数	标准差
LIa	1	5	4.5617	5	0.72185
LIb	1	5	4.6355	5	0.62839
LIc	1	5	4.5904	5	0.65053
LMa	1	5	3.4367	4	1.22526
LMb	1	5	2.8193	2	1.12312
LMc	1	5	3.4699	4	1.12921
LPa	1	5	3.9518	4	1.02933
LPb	1	5	3.8825	4	1.02078
LPc	1	5	3.5286	4	1.20548

表 6 展示了 5 个社会经济地位因子的相关性。通过图表分析得知，父亲的受教育水平和母亲的受教育水平高度相关（r>0.6）。母亲受教育水平与母亲职业，父亲受教育水平与父亲职业，父亲职业与母亲职业，父亲受教育水平与母亲职业都相关（0.3<r<0.6）。父亲和母亲的受教育水平和所从事职业

都与家庭收入无关（r<0.3）。

表6 社会经济地位各因子之间的相关性

			相关系数
母亲职业	<-->	家庭收入	-0.094
父亲职业	<-->	家庭收入	-0.016
母亲学历	<-->	家庭收入	0.030
家庭收入	<-->	父亲学历	0.044
父亲职业	<-->	母亲职业	0.374
母亲学历	<-->	母亲职业	0.403
母亲职业	<-->	父亲学历	0.318
母亲学历	<-->	父亲职业	0.220
父亲职业	<-->	父亲学历	0.323
母亲学历	<-->	父亲学历	0.636

五、结构方程模型评估

表7模型拟合度总结，从中可以看出，主要模型拟合指数均落在简易的范围之内，这表明拟合度良好（Hu and Bentler 1999；Wen, Hau and Herbert 2004）。

表7 模型拟合指数

	CMIN/DF	CFI	IFI	SRMR	RMSEA
Cut-off criteria	1-3	>0.95	>0.95	<0.08	<0.06
实际值	2.766	0.953	0.952	0.0599	0.052

图2显示了模型中每个路径的标准化回归权重，其中 * 表示该路径很重要（$p<0.01$）。在测量模型中，九个因子加载值均高于0.5，这表明所构建模型的有效性相当好。

六、单语环境下家庭语言政策模型适用性验证

通过结构方程模型可以得知，从母亲受教育水平到语言意识形态，从语

言意识形态到语言管理，从语言意识形态到语言实践，从语言管理到语言实践都具有显著性。然而，从父亲教育水平到语言意识形态，从父亲职业到语言意识形态，从母亲职业到语言意识形态，从家庭收入到语言意识形态都不具有显著性。换言之，8个假设中的3个：（2）母亲的受教育情况显著影响家庭的语言意识形态。（6）语言意识形态显著影响语言实践。（7）语言意识形态显著影响语言管理。（8）语言管理显著影响语言实践得以证实。然而，另外的5条：假设（1）父亲职业对家庭的语言意识形态有显著影响。（3）父亲受教育水平对家庭语言意识形态有显著影响。（4）母亲受教育水平对语言意识形态有显著影响。（5）家庭收入对语言意识形态有显著影响，并没有得到证实。

由于标准化回归权重（在结构模型中也可称作标准化路径系数）表明了一个变量对另一个变量的影响程度，因此图2显示，语言意识形态对语言实践的影响要大于对语言管理的影响。调解测试表明，语言意识形态对语言实践的直接和间接影响都非常显著（$p<0.01$）。这表明，语言管理只是部分的影响语言意识形态和语言实践。

换言之，研究结果表明调查的5个社会经济地位指标（即父亲的受教育情况、母亲的受教育情况、父亲的职业、母亲的职业、家庭经济收入）中，母亲的受教育程度对家庭的语言意识形态影响最大，其次是家庭经济收入。然而，只有母亲受教育情况是语言意识形态的显著指标。此外，语言意识形态对语言管理影响显著，语言意识形态依次对语言实践影响显著。语言意识形态还通过语言管理在某种程度上影响语言实践。

家庭是母语学习、使用和维持最为常见，最不可或缺的基础（Fishman，1991：94），是研究语言政策最为重要的领域之一，它在建构儿童语言习得的家庭语言生态环境中起着关键性作用。本项研究全面展示了深置于以汉语为母语的单语家庭的家庭语言政策，验证了家庭语言政策模型的适用性，阐明了家庭社会经济地位与家庭语言政策的关系。

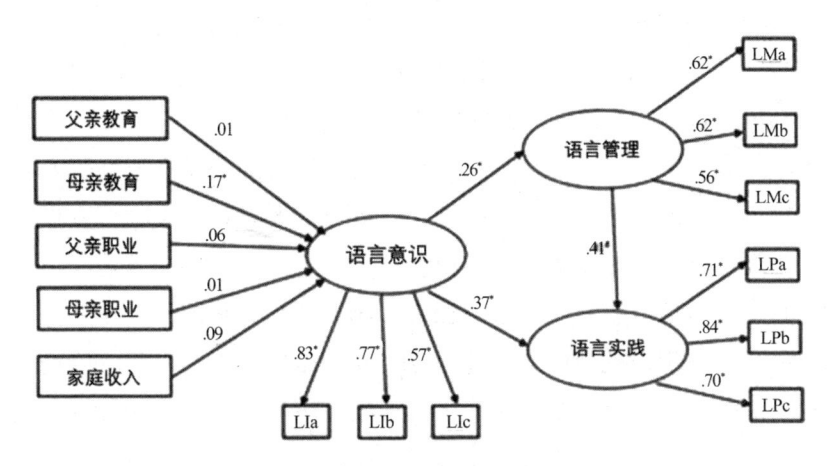

图 2 SES 因子与家庭语言政策的关系

（一）斯波斯基提出的家庭语言政策概念得以进一步证实。

本项研究重点关注了处于语言政策研究领域最底部的，微观层面的幼儿园儿童家庭的语言政策，揭示了家庭语言政策三个维度（家庭语言信仰、语言管理、语言实践）之间最为原始的关系，证实了典型中国幼儿园家庭中的家庭语言政策模式。如同图 2 所示，代表家庭语言政策三要素之间关系的三角形框架得以建立和证实，语言信仰居于最为中心的位置，影响着语言管理与语言实践，并且语言信仰经由语言管理对语言实践产生显著影响。这为后续单语母语家庭的家庭语言政策研究提供了理论基础。

处于幼儿园阶段的儿童是家庭之外社会化程度最低的人群。首先，家庭为孩子们建立起了一个最坚实的堡垒，它将每个家庭与外部世界隔绝，以更好地抵御外来压力（Fishman，1991）。家庭先天具有亲情和隐私性质，这使得他们能够有力对抗外界的竞争和干扰。第二，处于幼儿园阶段的孩子认知上没有达到成熟状态，他们的行为不足以改变家长的思维模式和行为方式，相反，他们的行为主要由父母的观念来塑造。因此，他们的家庭语言政策在很大程度上由父母主导，他们的家庭语言信仰，语言管理和语言实践也主要受制于家庭社会经济地位。

（二）家庭内部母亲受教育水平的重要性进一步得以证实。

从现有文献分析来看，父母的受教育水平与儿童学业成绩的关系并不一致。有些研究者发现，母亲的受教育水平对儿童学业成绩好坏关系重大

(Sirin, 2005; White, 1982), 另有研究表明, 父亲的受教育水平对儿童发展的影响较大 (厄米施和普龙扎拖, 2010), 还有研究认为, 父母的受教育程度会对孩子的学业水平带来同样的影响 (Marks, 2008)。

本项研究显示, 三个与父亲社会经济地位相关的因子和家庭收入与家庭语言意识形态并不相关。由于家庭语言政策影响儿童的早期语言发展, 这可以进一步预测孩子的学业成绩。本项研究支持了以往研究的发现, 证实了母亲的受教育水平对孩子学业成绩的积极影响。更为有趣的是, 在参与问卷调查的所有人员中85.4%是母亲, 只有14.6%的是父亲, 参与问卷调查者的性别分布不平衡。本研究的结果表明, 大多数中国家庭遵循男主外、女主内的家庭生活模式。中国人一般认为女人在家协助丈夫照顾孩子是传统美德, 因此主要是母亲照顾孩子的日常生活和学习。由此可以进一步推知, 母亲的受教育水平越高, 为孩子的成长提供的支持就越大。因此, 应当采取措施提高母亲的受教育水平, 因为她们能够为孩子的认知发展和学业发展带来最为直接的影响 (Magnuson, 2007)。

家庭经济收入, 仅次于母亲的受教育水平, 对家庭语言政策的影响居于第二位, 其显著性为 0.05 ($p=0.06$)。一个可能的原因是, 收入高的人群在为孩子购买与语言发展相关的材料 (如书籍) 时享有更大的自由, 并且他们为孩子选择书籍或者为提高自己的育儿技能而参加学习班的意识更高 (Chiu and Khoo, 2005; Sirin, 2005)。因此, 她们会比低收入家庭的母亲有更好的家庭语言管理与规划。

(三) 家庭内部的语言管理意识非常薄弱。

任何通过语言干预、语言规划或者语言管理 (人们做的与语言有关的事) 而对语言实践产生影响的活动都可以被称为语言管理 (斯波斯基, 2004: 5)。从这种意义来说, 所有参与问卷调查的人员都在某种程度上为孩子做了一定的语言管理工作, 比如带他们去书店阅读的时候引导他们自己看图等。然而, 如同双语家庭的父母, 他们一般没有为了孩子的语言发展而做出显性的决定, 不知道什么是语言管理, 也没有这方面的意识 (Schwartz, 2010)。有时, 父母会在不与任何人商量的情况下自发做出一些决定, 他们的做事风格比较随意, 并未体现出相应的规划意识。这说明他们还不是专业的语言学家 (Okita, 2002), 或者家庭语言政策的研究者。这一问题的解决需要家长接受专门语言教育知识的培训,或者阅读一些专门性的关于抚养孩子的书籍。

(四)父母的受教育程度和职业在组内和组间表现出强烈的或者一定的相关性,尽管父母的受教育水平和职业与家庭收入并没有关系。

根据描述性数据分析,父亲的受教育水平和母亲的受教育水平相关性很大($r>0.6$),并且父亲的职业和母亲的职业呈弱相关($0.3<r<0.6$)。父母亲的受教育程度和职业之间的相关性表明,在选择配偶的时候,中国人很在意对方的学历层次和职业是否与自己匹配。这一发现与中国婚姻人口研究取得的结果一致(Zhang,2000;Shi,2020),这同时还表明母亲受教育水平和母亲职业,父亲受教育水平和父亲职业呈弱相关($0.3<r<0.6$)。父母受教育水平与他们职业之间的相关性证实了中国目前诸多职业广泛存在的"学历门槛"(Xian,2018)。

根据描述性数据分析,我们发现无论是父母职业还是父母学历都与家庭经济收入无关。一种可能的原因是收入属于个人隐私,参与调查者更倾向于在受教育水平和职业背景方面提供真实信息(Bornstein and Bradley,2003;Noble,2007)。此外,从事低等职业、受教育水平低的工人,如建筑工人、快递员等确实可能比有些受教育程度高的人收入要高(Sun,2014)。

第五节 两类家庭(城市与流动)的语言政策调研

家庭语言规划对个人和国家的发展均有重要作用。从个人语言发展角度来看,家庭是母语习得和外语规划的起点,也是个人多语能力培养的重点。个人语言能力的培养不仅可以增强学习者的语言素养,还能够极大提高个人未来求职、就业的竞争力。从国家安全和发展角度来看,公民个人语言能力是国家语言能力的重要组成部分,并且国家语言能力对国家安全和发展能够起到一定的战略作用(戴曼纯,2011;李宇明,2011;沈骑和夏天,2014;魏晖,2015;赵世举,2015;张天伟,2015;文秋芳,2016),是保障国家安全,推动国家发展的基础。李宇明先生(2011)提出国家语言能力的外延涵盖5个方面:国家语言生活管理水平、语种能力、公民语言能力、国家主要语言的国内外地位、拥有现代语言技术的能力。其中,国家的语种能力涵盖

111

了一个国家能够掌握多少种语言，每一种语言有多少人才，语种和人才的布局是否合理等（李宇明，2011）。国家语言能力的两个方面，语种能力与公民语言能力与家庭语言规划息息相关，因为家庭语言规划"最终决定着语言保持和语言消亡"（许静荣，2017）。因此，家庭语言的使用在很大程度上影响儿童的语言发展，进而影响儿童未来的工作和生活。

斯波斯基的语言政策架构将家庭域划定为一个重要的研究领域，家庭语言政策由此引起了研究者的关注。家庭语言政策主要包括三个维度：家庭语言信仰或语言理念（language ideology），家庭语言实践（language practice）和家庭语言管理（language management）。家庭语言信仰是家庭语言管理的内部驱动力，是每个语言政策背后的语言意识形态；语言实践强调在不同情境中因不同原因而实际使用的语言；语言管理是为了对语言实践所做出的努力进行干预，比如为孩子提供语言学习资源，带孩子旅行，让孩子参加语言课程等以促进其语言发展。家庭语言政策能够最直接地体现父母的语言意识，社会对语言能力培养的要求和态度，可以为研究亲子互动和儿童语言发展提供理论基础。

以下主将重点汇报基于家庭语言政策理论三个纬度，对城市和学前流动儿童家庭语言生态调查得到的结果。

一、两类家庭的语言生态建设情况

（1）城市家长和流动家长的语言使用态度如何？有无异同？表现在哪些方面？

（2）城市家庭和流动家庭内部的语言选择以及语言实践状况如何？有无异同？表现在哪些方面？

（3）城市家长和流动家长对儿童语言教育的观念如何？

（4）城市父母和流动父母对儿童的语言教育主要涉及哪些内容？有无差异？具体表现在哪些方面？

二、对比分析方法

本部分主要使用 Spss 25.0 对问卷调查搜集的数据进行分析，辅以访谈和观察得到的结果,以便更全面系统地回答研究问题。同时,通过对城市儿童和流动儿童的家庭语言生态建设情况进行对比,了解两类儿童早期语言体验存在的差异,从而提出建议。

三、两类家庭的语言生态建设情况调研结果

(一)城市学前儿童家庭语言生态建设情况

1. 城市家长的语言态度

在中国,汉族家长主要使用的语言为普通话、方言(母言、工作地方言)和英语,家长对这三类语言使用的情况不同也会在一定程度上影响儿童的语言发展。在学前儿童的家庭语言政策中,语言态度就是指家长对不同语言的价值、作用、地位的主观认识,它位于语言政策模型的顶部,决定着语言的使用和语言的选择(参见图 2 模型)。我们在调查中使用了里克特五级量表(从"完全符合"到"完全不符合"),通过四个指标对家长的语言态度进行了调查和评价,以普通话为例,主要是:我认为普通话好听、我认为普通话亲切、我认为普通话有用、我认为普通话体现身份等。5 分代表最高分,1 分代表最低,用平均值来比较参与调查的家长对普通话、当地方言、英语和家乡话的态度。详见表 8:

表 8 城市家长的语言态度

语言态度	普通话	当地方言(北京土话)	英语	家乡话(母言)
好听	4.21	2.01	3.45	3.78
亲切	4.17	1.12	3.02	4.19
有用	4.62	2.53	4.57	2.62
体现社会身份	4.43	1.05	4.65	2.02

调查显示,城市家长对普通话和英语的评价都非常高,"有用"一项的平均值分别为 4.62 和 4.57;"体现社会身份"这项的平均值分别为 4.43 和 4.65,均高于其他两项的平均值。可见,普通话和英语在城市生活中起着重要作用,城市家长对两者非常重视。

在"好听"一项的调查结果中,城市家长最认可的是普通话,均值为

4.21；位于第二的是家乡话，均值为3.78；位于第三的是英语，均值为3.45；处于最后一位的是当地方言（北京话），均值为2.01。在"亲切"一项的调查结果中，城市家长最认可的是家乡话（母言），均值为4.19；仅次之的是普通话，均值为4.17；对当地方言（北京土话）和英语的认可度都较低，分别为1.12和3.02。比较来看，城市家长对当地方言（北京土话）的认可度最低。

根据访谈和观察结果，城市家长一般认为普通话就是他们的家庭语言，他们与孩子的日常交流也主要使用普通话。因为他们认为普通话是国家通用语，单位的同事来自全国各地，工作语言必须是普通话，否则不能满足与他人顺利交流的要求。此外，城市的公共场所，如商场、医院等也全部使用普通话，大环境决定了必须使用普通话。城市家长同时还表示，英语在他们的生活中非常重要，他们还会在日常生活中用英语与孩子交流。这说明，除了汉语普通话以外，英语在城市家长心目中的地位很高。访谈显示，很多家长的工作语言是英语，比如有海外留学经历的高校教师，或者在外企工作的职员。这些家长的学历层次和收入都比较高，他们不仅自己英语说得很好，也希望孩子说好，他们认为英语是通向世界的桥梁，未来孩子出国深造必须会说英语，所以认为英语"有用"和"体现社会身份"。与此同时，访谈还显示，城市家长75%以上认为如果条件允许会对孩子的英语学习进行管理，并从态度和实际行动上支持孩子学好英语。可见，在北上广这样的国家化大城市，普通话已经成为人们交流的主要工具，英语不仅在日常生活中扮演重要角色，而且被看作公认的通往世界的桥梁。

城市家长对北京本地土话的认可度不高，所调查的四个指标均分普遍较低。这一方面是因为参与调查的城市家长中北京本地人过少，再者北京土话已经处于濒危状态，人们已经普遍对北京土话的认可度不高。

城市家长对家乡话"有用"和"体现社会地位"两项的认可度不高，但是对家乡话"好听"和"亲切"两项持有较高的认可度，仅次于普通话。访谈结果显示，城市家长和同乡在一起或者同学聚会时，偶尔会说家乡话，因为大家都已经习惯说普通话，一般很难变回家乡话，他们认为家乡话"好听""亲切"是出于一种情怀。此外，参与访谈的城市家长中接近50%表示，如果家中有老人说方言，不会进行干预或管理，只要家人听得懂就可以；也有

23.7%的家长表示，如果老人来自和普通话发音差异较大的方言区，无须对其加以强调，他们自己会自觉在公共场合尽量说普通话，虽然说得很少，说的也不好，但都会尽力说。

2. 城市家长的语言教育态度

家长的语言教育态度在很大程度上决定了儿童早期语言能力的发展。城市家长的语言教育态度调查主要围绕对子女学习普通话、当地方言、家乡话和英语四个方面展开。我们在调查中使用了里克特五级量表，从"完全不符合"到"完全符合"共设5个等级，1分代表认为不重要，5分代表非常重要。通过四个指标对家长的语言教育态度进行了调查和评价，主要是：我认为对孩子的普通话教育很重要、我认为对孩子的北京土话教育很重要、我认为对孩子的家乡话教育很重要、我认为对孩子的英语教育很重要等。通过比较每个等级的人数和占比，分析城市家长对语言教育的不同态度，详见下表9。

表9　城市家长语言教育态度

指标	1 完全不符合	占比%	2 不太符合	占比%	3 不确定	占比%	4 基本符合	占比%	5 完全符合
普通话教育重要	0	0	45	10.30	41	9.38	9	2.06	332
北京土话教育重要	382	87.41	30	6.86	25	5.72	0	0	0
家乡话教育重要	279	67.96	113	25.86	15	3.43	30	6.86	0
英语教育重要	0	0	32	7.32	0	0	8	1.83	397

从上表可见，332名城市家长在"我认为对孩子的普通话教育很重要"一项选择"完全符合"，占比75.97%；选择不太符合的有45人，占比10.30%；选择不确定的有41人，占比9.38%。在"我认为北京土话教育很重要"一项，选择"完全不符合"和"不太符合"两项的总人数为412人，占比94.28%。在"我认为家乡话教育很重要"一项，选择"完全不符合"

和"不太符合"两项的总人数为392人，占比93.82%。在"我认为英语教育很重要"一项，选择完全符合的人数为397人，占比90.95%。

简单对比可见，绝大多数城市家长认为对孩子的普通话和英语教育很重要，并且认为英语教育的重要性甚至超过普通话教育，而且，他们普遍认为北京土话和家乡话（母言）教育都不重要，选择"完全不符合"和"不太符合"两项的人数和占比相差不大。

访谈得知，有的家长认为普通话教育不重要，是因为孩子生在北京，长在北京，周围的人都说普通话，孩子自然而然就能说好。城市家长认为北京土话的教育不重要，是因为目前会说北京土话的人少之又少，普通话的使用在北京占绝对优势，学了没啥用处。在问及"您认为对孩子家乡话教育重要吗？"时，有个家长说：

> 我认为不重要，虽然我们第一代在城市安家立业的人对家乡话还有一定的情怀，但是让孩子学家乡话在北京没啥用处……

另一位家长说：

> 我们和老人生活在一起，孩子从小能听懂家乡话，但是不会说。能听懂老人说话，顺利交流就足够了，没必要会说，会说普通话就行了……

还有一位家长说：

> 我觉得不重要，……，即便是这一代孩子学会了，到下一代也会丢失，环境因素决定了家乡话在北京这个大环境不可能一代一代传下去……

可见，城市家长认为家乡话不重要的原因主要有三个：第一，在北京的用处不大；第二，在家能听懂老人说话，顺利交流就足够了；第三，在北京希望家乡话能够代代相传是不可能的，早晚会丢失。

3. 城市家庭的语言活动形式

国内外大量研究表明，父母教养行为和亲子互动模式对儿童的语言发展具有显著且综合性影响（Hoff，2010；陈敏等，2009）。家长平时为促进孩子的语言发展采取的方式包括购买相关报刊书籍、网上资料、学习软件，报培训班，请私人家教，收看收听该语种的电视、广播、电影、音乐等影音资料，与孩子用语言进行日常交流等。

课题组围绕家庭中常见的、家长乐于使用的、较为方便且能够有效促进孩子语言发展的四类活动，即"亲子阅读、看电视、亲子沟通聊天、亲子游戏"进行了问卷调查。要求家长从四个指标中选出家长帮助孩子学习"普通话、英语、北京土话、家乡话（母言）"四种语言分别使用最多的语言活动形式。（参见下表10）

表 10 城市家庭的语言活动形式

	亲子阅读	占比%	看电视/视频	占比%	亲子沟通聊天	占比%	亲子游戏
普通话	140	32.04	87	19.91	132	30.31	78
英语	157	35.93	231	52.86	36	8.24	13
北京土话	0		0		0		0
家乡话（母言）	0		0		67	15.33	54

结果显示，城市儿童在汉语普通话学习的过程中，以亲子阅读为主要活动形式的有 140 人，占比最高（32.04%）；以亲子沟通聊天为主要活动形式的有 132 人，居于第二（30.31%）；选择看电视/视频和亲子游戏为主要活动形式的分别为 87 和 78 人，占比 19.91%和 17.85%。

选择在学习英语的过程中以"看电视/视频"为主要活动形式的人数为 231 人，占比 52.85%，居于第一位；选择以亲子阅读为主要活动形式的人数居于第二位，占比 35.93%；亲子沟通聊天和亲子游戏分别占第三和第四位，占比较低，仅有 8.24%和 2.97%。

在学习家乡话（母言）过程中使用最多的活动形式为亲子沟通聊天和亲子游戏，分别占比为 15.33%和 12.36%。在访谈中得知，这些城市家庭一般与老人共住，使用方言与孩子交流和玩耍的主要是家中老人。

4. 城市家庭的语言教育内容

语言教育内容是语言教育顺利开展的前提和基础。学前儿童家庭语言教育的内容主要包括语音、词汇、会话、阅读、听故事、唱儿歌、背诵古诗、识字教育、学英语等几个方面。虽然问卷显示家长就以上内容进行亲子语言教育的频率存在很大差异，但每个家庭都有相应的语言教育活动。（参见下表11）

表11 城市家庭的语言教育内容

	偶尔	占比%	0次/周	占比%	2—3次/周	占比%	4—5次/周	占比%	每天1次	占比%
语音	51	11.76	297	67.96	53	12.13	27	6.18	9	2.06
词汇	46	10.53	173	39.59	25	5.72	24	5.49	169	38.67
会话	15	3.43	12	0.23	21	4.81	11	2.52	379	86.73
阅读	59	13.5	28	6.41	95	21.74	121	27.69	134	30.66
听故事	10	2.29	27	6.18	41	9.38	82	18.76	277	63.39
唱儿歌	313	71.62	43	9.84	34	7.78	23	5.26	24	5.49
背诵古诗	143	32.72	44	10.07	58	13.27	102	23.34	90	20.59
识字	27	6.18	107	24.49	110	25.17	115	26.32	78	17.85
学英语	12	2.75	21	4.81	78	17.85	127	29.62	199	45.54

从上表分析可见，在语音一项有297人选择每周0次，占比67.96%；选择每天1次的只有9人，占比2.06%。词汇一项有173人选择每周0次，占比39.59%；有169人选择每天一次，占比38.67%。会话一项379人选择每天一次，占比86.73%。

阅读一项有134人选择每天一次，占比最高，达到30.66%；选择每周2—3次和每周4—5次的分别有95和121人，占比分别是21.74%和27.69%；选择偶尔和每周0次的分别是50人和28人，占比分别是13.5%和6.41%。

听故事一项有277人选择每天一次，占比最高，达到63.39%；选择每周4—5次的有82人，占比18.76%，居于第二；选择每周2—3次的有41人，占比9.38%，居于第三；选择每周0次和偶尔的分别占比6.18%和2.29%。

唱儿歌一项有313人选择偶尔，占比71.62%；有43人选择每周0次，占比9.84%；有34人选择每周2—3次，占比7.78%；有23人选择每周4—5次，占比5.26%；有24人选择每天1次，占比5.49%。

背诵古诗一项有143人选择偶尔，占比32.72%；有102人选择每周4—5次，占比23.34%；有90人选择每天一次，占比20.59%；有44人选择每周0次，58人选择每周2—3次，分别占比10.07%和13.27%。

识字一项有115人选择每周4—5次，占比26.32%，排第一；有110人选择每周2—3次，占比25.17%，排名第二；有107人选择每周0次，占比24.49%，排名第三；有78人选择每天一次，占比17.85%，排名第四；有27人选择偶尔，占比6.18%，排名第五。

学英语一项，有199人选择每天一次，占比45.54%，排名第一；127人选择每周4—5次，占比29.62%，排名第二；78人选择每周2—3次，占比17.85%，排名第三；21人选择每周0次，占比4.81%，排名第四；12人选择偶尔，占比2.75%，排名第五。

在"您认为最重要的前三项家庭语言教育内容有哪些"一项中，城市家长普遍认为儿童的"英语"学习很重要。访谈得知，家长对儿童学习英语有着清晰的规划，并且投入很大，参与调查的家庭中多达93%的城市孩子都接受过英语语言训练，有的请家教，有的通过在线学习平台，有的父母自己教授，形式非常多样。

在问及"您认为影响您选择儿童语言教育内容的因素有哪些?"时，接受访谈的家长回答"日常生活中耳濡目染的一般性常识""凭借个人生活经验""幼儿园教师的影响""社会发展对人才的需求""身边朋友和长辈的育儿经验""网络等媒体的影响"等都会影响到他们的选择。进一步访谈后得知，生活中重要他人的影响，以及家长个人对语言发展的一般认知和个人生活经验，对语言教育内容的影响最大；幼儿园的影响次之；社会和其他网络媒体的影响作用也不可忽视。

(二) 学前流动儿童家庭语言生态建设情况

家庭作为社会最基本、最普遍的组织形式，是儿童成长的重要场所之一，也是开展早期教育的重要领地。家庭教育是终身教育的基石和出发点，是儿童认识世界、与社会沟通的桥梁和纽带，好的家庭教育能让儿童的身心健康、性格养成等多方面受益，为更好地过渡到日后的学习生活和社会交往打下良好的基础。

家庭教育是流动人口家庭化城乡迁移过程中面临的一个突出问题。流动人口的"外来性"特征，使得这个群体的语言同时具有输入地和输出地两方语言的特征。这对学前流动儿童的语言发展也带来潜移默化的影响。流动父母通常受教育水平及教育观念的限制，对家庭教育的重要性缺少充分了解，对儿童语言发展更是缺少最基本的认知与教育方法。他们普遍承认进城务工最重要的原因之一就是给孩子提供更加优良的学习和生活保障，但常常因为忙于工作而忽视了对孩子的陪伴及管教。学前流动儿童的物质需求虽然能够得到些许保障，但是精神层面的需求却经常被家长忽视。综合来看，流动父母缺少最基本的早期家庭语言环境创设意识，家庭语言环境创设远远逊色于城市家庭，家庭语言生态构建常处于断层状态，这些因素不利于学前流动儿童语言能力的正常发展与提升。从流动家长的语言使用态度、语言教育态度、语言活动的形式、语言教育资源几个方面着手分析，可以较为全面地了解其家庭的语言生态现状。

1. 流动家长的语言使用态度

父母的语言态度可以影响家庭的语言管理和语言实践，并进而潜移默化地影响子女语言的发展。我国幅员辽阔，文化底蕴深厚，方言复杂多样，流动人口入城后最先面临的便是语言和文化适应的问题。中国人民大学人口与发展中心杨菊华教授（2008）曾指出，流动人口入城后将面临一系列挑战与适应，对文化接纳与适应的程度能够在很大程度上影响其在城市中的身份建构与认同程度。对于流动家庭及其子女来说，入城后语言的选择与使用一直是备受关注的议题。本部分研究，从"好听、亲切、有用、体现社会身份"四个方面对从外地进京的流动家长进行了问卷调查，调查使用了里克特五级量表，对流动家长的语言态度进行了调查和评价，以普通话为例，主要是：我认为普通话好听，我认为普通话亲切、我认为普通话有用、我认为普通话体现身份等。5分代表最高分，1分代表最低，用平均值来比较参与调查的家长对普通话、当地方言、英语和家乡话的态度。详见下表12：

表 12 流动家长的语言使用态度

语言态度	普通话	当地方言（北京土话）	英语	家乡话（母言）
好听	4.11	1.02	3.15	4.65
亲切	3.17	1.12	3.21	4.17
有用	4.56	1.31	4.34	2.71
体现社会身份	4.37	1.01	4.53	1.98

调查显示，流动家长对普通话和英语的评价都非常高，"有用"一项的平均值分别为 4.56 和 4.34；"体现社会身份"这项的平均值分别为 4.37 和 4.53 均高于其他两项的平均值。可见，流动家长对普通话和英语两项都非常重视。

在"好听"一项的调查结果中，流动家长最认可的是家乡话（母言），均值为 4.65；位于第二位的是普通话，均值为 4.11；位于第三位的是英语，均值为 3.15；处于最后一位的是当地方言（北京话），均值为 1.02。在"亲切"一项的调查结果中，流动家长最认可的是家乡话，均值为 4.17；位于第二位的英语，均值为 3.21；居于第三位的是普通话，均值为 3.17；居于第四位的是北京土话，均值为 1.12。可见，流动家长对北京土话的认可度比较低。

流动人口普遍认为家乡话"好听""亲切"。根据观察和访谈结果，流动家庭中普遍存在"方言强势"的现象，并且在接受访谈的流动人口中，接近 23% 的人表示有家乡话惯性，尽管他们对普通话的重要性有着深刻的认识，但交际中仍然改不了使用家乡话。因此，与他们一同进入城市的子女的语言发展也不可避免地会受家乡方言的影响。对这一部分流动人口来说，说家乡话既是一种言语习惯，同时也是对家乡文化的传承与挂牵，他们虽然离开了家乡，但是乡音难改。

根据访谈还得知，流动家庭通常会选择居住在流动人口较为聚集的地区，在此环境下，使用家乡话容易在言语行为上拉近与同乡的距离，彼此间更容易产生亲切感、认同感和安全感。此外，流动家庭普遍存在隔代教育的现象，儿童的日间照顾者主要为老人。中国有句古话，"妈在哪儿家就在哪儿"。因此，与老人同住，自然会使用家乡话。再者，参与调查的家长大约 45.7% 表示会使用普通话与子女交流,希望子女像城里人一样说一口流利的普通话,原因是他们通过亲身经历已经意识到在普通话语境下使用家乡话会给自身造成一定的心理负担,甚至影响到自信心的培养,而且影响找工作和工资水平。

此外,流动家长对英文的重要性特别认可,"体现社会身份"这项的平均值最高,"有用"这项的平均值仅次于普通话。这说明,流动家长已经普遍认识到了语言作为一种资源的重要性,知道掌握更多的语言就意味着掌握更多的资源,就能够在未来得到更高的红利,包括更高的收入,更多的机会等。

对于北京土话的态度,流动人口在四个选项的平均值都较低,说明认可度不高。访谈得知,他们不知道北京还有"土话",他们以为"北京话"就是"普通话",公共场合听到的就是"北京话",而且认为说普通话的就是北京人,所以对普通话有着较高的认同,因为这代表"社会身份"。所以,提到北京土话,他们普遍不是很认可,认为没啥用处,也不能体现社会地位。

此外,因流动家庭普遍存在隔代教育的现象,儿童的日间照顾者主要为老人,这也直接导致家庭语言环境中方言的使用频率较高。因此,他们会有意识在子女面前使用普通话,或者鼓励子女学习普通方言,以更好地融入当地生活。也有20%左右的家长对家庭和子女的语言选择持无所谓的态度。

流动父母通常因工作辛劳,无暇顾及随迁子女的学业发展问题,对子女的语言教育投入更是十分有限。根据课题组的调查结果,流动父母缺少对儿童语言发展规律的把握与基本认知,他们认为儿童学会说话是自然而然的过程,对其子女的语言学习与发展常持顺其自然的态度,对早期母语发展的重视度不够,认为语言不用教,因此语言使用也较为随意,忽视了家庭语言环境的构建。

2. 流动家长的语言教育态度

流动父母受教育水平低,家庭社会经济地位低下,为了求得生存,家长们养成了屈尊、服从于权威和不善或者不愿意表达的习惯。他们在生活中把这些习惯不自觉地传递给了下一代,在子女教育过程中倾向于严厉和专制。对流动家长语言教育态度的调查主要围绕子女学习普通话、当地方言、家乡话和英语四个方面展开。调查中使用了里克特五级量表,从"完全不符合"到"完全符合"共设5个等级,1分代表认为不重要,5分代表非常重要。通过四个指标对家长的语言教育态度进行了调查和评价,主要是:我认为对孩子的普通话教育很重要、我认为对孩子的北京土话教育很重要、我认为对孩子的家乡话教育很重要、我认为对孩子的英语教育很重要等。通过比较每个等级的人数和占比，分析城市家长对语言教育的不同态度，详见下表13。

表13 流动家长的语言教育态度

指标	1 完全不符合	占比%	2 不太符合	占比%	3 不确定	占比%	4 基本符合	占比%	5 完全符合	占比%
普通话教育重要	0	0	0	0	0	0	22	9.69	205	90.31
北京土话教育重要	137	60.35	47	20.75	43	18.94	0	0	0	0
家乡话教育重要	53	23.35	88	38.77	55	24.23	28	12.34	31	13.66
英语教育重要	0	0	0	0	0	0	25	11.01	202	88.99

从上表可见，227名流动家长中有205名在"普通话教育重要"一项选择"完全符合"，占比90.31%；22名选择"基本符合"，占比9.69%。在"北京土话教育重要"一项，选择"完全不符合"和"不太符合"两项的总人数为184，总占比81.1%；选择"不确定"的人数为43，占比18.94%。在"家乡话教育重要"一项，选择"基本符合"和"完全符合"的总人数为59人，占比26%；选择"完全不符合"和"不太符合"两项的总人数为141人，总占比为71.12%；选择"不确定"的人数为55人，占比24.23%。在"英语教育重要"一项，选择"完全符合"的人数为202人，占88.99%；选择"基本符合"的人数为25人，占11.01%。在"英语教育重要"一项，全部参与人员都选了"基本符合"与"完全符合"两项。

简单对比可见，流动家长对子女的普通话和英语教育持有高度认可态度，全部选择了"基本符合"与"完全符合"两项，总占比100%，而且，他们普遍认为北京土话教育不重要，选择"完全不符合"和"完全符合"两项的人数总占比为81%，占绝大多数。访谈得知，流动家长对北京当地文化了解不多，不知道北京土话的存在，也没有机会接触到，并且感觉普通话是主流语言，在北京使用人数最多，应用范围最广，所以对北京土话的教育持不支持态度。

流动家长在"家乡话教育重要"一项，选择"基本符合"和"完全符合"的总人数为59人，总占比26%。访谈得知，虽然有部分流动家长有家乡情怀，认为家乡话不能忘，但是阻止不了新一代子女学习普通话的要求。有位家长在访谈中说：

> 小孩学习和适应能力强，只要生活在普通话环境中很快就能学会普通话，回到老家说普通话周围的人也基本能听得懂，所以学不学家乡话无所谓。

调查还显示，流动家长与孩子沟通较少，语言简单粗暴，很少向孩子表示温情，并且还经常使用打骂教育。因为流动家庭入城后承受着来自各个方面的压力，使得流动父母不得不为了生计而每日奔忙，无暇关注孩子的发展，不了解早期语言教育的重要性，不知道怎样教孩子学习语言，从而阻碍了孩子的语言发展。

研究人员在问及"您认为语言教育重要吗？"和"您认为语言教育应当包括哪些方面？"这两个问题的时候，虽然只有近35%的家长认为很重要，但是在所有选项中占比却最高，另有33%的家长认为语言不用教。参与调查的家长普遍认为语言教育就是教孩子学说话、识字。这表明，流动家长对语言教育的认识只是停留在教会孩子说话的层面，并不知道语言与认知的深层次关系。在回答"您认为阅读图书对孩子的语言发展有用吗？"这一问题时，60.6%的家长认为很重要，但实际走访过程中，经常带领孩子进行亲子阅读的却寥寥无几，甚至有的家庭中连一本适合孩子阅读的图书、绘本都没有。

幼儿的语言能力是在不断与周围环境进行语言交际的过程中逐渐培养起来的。互动交流是人类学习语言的根本方法，流动家长应当充分认识家庭语言教育的重要性，充足的交流互动空间、适合儿童年龄段的幼儿读物、有效的亲子共读不仅能够丰富孩子的语言表达能力，培养孩子阅读方面的兴趣和习惯，更能在生活情境和阅读活动中引导孩子自然而然地对文字产生兴趣。以上调查显示，流动家庭在早期语言教育、早期语言环境创设方面意识薄弱，没有充分认识到早期语言教育对学前儿童情感、态度和价值观形成的重要性。

3. 流动家庭的语言活动形式

受现有受教育水平、语言能力、语言教育意识等客观条件的限制，流动家庭内部的语言活动意识远不及城市父母，因此语言活动的形式也较为单一。课题组围绕家庭中常见的、家长乐于使用的、较为方便且能够有效促进孩子语言发展的四类活动，即亲子阅读、看电视、亲子沟通聊天、亲子游戏开展问卷调查。要求家长从四个指标中选出家长帮助孩子学习普通话、英语、北京土话、家乡话（母言）四种语言分别使用最多的语言活动形式，详见表14。

表14 流动家庭的语言活动形式

	亲子阅读	占比%	看电视/视频	占比%	亲子沟通聊天	占比%	亲子游戏
普通话	48	21.15	149	65.64	17	7.49	13
英语	0	0	115	50.66	0	0	0
北京土话	0		0		0		0
家乡话（母言）	0		0		47	20.70	69

从上表分析可见，流动儿童在汉语普通话的学习过程中，以"看电视/视频"为主要活动的有149人，占比为65.64%；居于第二位的是"亲子阅读"，占比为21.15%；居于第三位的是"亲子聊天"，仅有7.49%；居于最后一位的是"亲子游戏"，占比为5.73%。

调查显示，没有人选择通过列举的语言活动进行北京土话学习，这说明北京土话的学习者极少或者没有。但是，通过看电视或者视频学习英文的孩子达到50.66%，已经超过一半。这说明，入京的流动家长重视孩子早期英语学习。进一步访谈得知，这些孩子主要是通过网络平台学习英文，平台价格不贵，教学质量很高，为广大流动人口家庭所接受，也为流动儿童提供了学习英语的好机会。

在学习家乡话（母言）过程中使用最多的活动形式为"亲子游戏"，占比为30.40%；居于第二位的是"亲子沟通聊天"，占比为20.70%。访谈进一步得知，在方言学习这一项选择"亲子游戏"和"亲子沟通聊天"的较多，

125

是因为流动家庭存在三代共居的情况，家中老人在照看孩子的过程中会使用家乡话与孩子沟通，并带领孩子玩耍。

在访谈中问及"您每周陪孩子一起阅读会有几天？"和"您每次陪孩子一起阅读多久？"两个问题时，超过一半的家长表示并没有与孩子进行"亲子阅读"。再进一步问及原因时，家长的解释是"因为家中没有阅读习惯、没有给孩子买书、没有精力和孩子阅读，或者让孩子听故事就足够了"等。当被问及"您是否经常给孩子买书，带孩子逛书店？"时，有个家长说：

"我从来没给孩子买过书籍，也没有带他去过书店，这里也没有书店，再说孩子太小，不认识字，买了也没多大用处。"

有家长说："小孩书太贵了，上网一搜动辄十几块钱或几十块钱，而且也不知道买哪本好。"

还有家长说："小孩书都是图画，没有什么字，买了他也不看，浪费钱还学不到东西。"

总结起来，主要原因有：第一，附近没书店。第二，价格贵，不知道如何选择。第三，买了也不会看，学不到东西。

研究人员同时调查了流动家庭购买和阅读书籍的习惯，发现90%以上的家庭没有什么读书看报的习惯，其中一个原因是他们下班回来已经很累，吃完晚饭喜欢看看电视放松一下，或者直接上床睡觉。在问及"您是否给孩子购买有声读物？"时，大部分家长说会使用自己的手机给孩子播放故事，并没有给孩子购买专门的故事机等设备。然而，在进一步问及是否每天都用手机或其他有声设备给孩子播放故事或者歌曲时，不到10%的人回答"是"。

调查还显示，流动家庭的亲子沟通模式基本分为"讨好型"和"责备型"两种。讨好型亲子沟通可能会发展为宠溺地育儿模式，在讨好型亲子关系中，父母会有意识、较为频繁地使用儿向语，导致儿童的语言能力无法与相应年龄段的语言发展水平相匹配；而责备型亲子沟通则容易致使子女在无意识中模仿，或者习得一些不文明、不规范的用语或者粗话，从而对儿童的语言发展产生消极影响。

4. 流动家庭的语言教育内容

家庭语言环境的创设与家长语言教育的态度和意识密切相关，而家长的语言教育态度和意识又决定着语言教育内容的选择。本部分从语音、词汇、会话、阅读、听故事、唱儿歌、背诵古诗、识字教育、学英语等几个方面，对流动儿童的语言教育内容进行调研。

表 15　流动家庭的语言教育内容

	偶尔	占比%	0次/周	占比%	2-3次/周	占比%	4—5次/周	占比%	每天1次	占比%
语音	33	14.53	51	22.47	0	0	0	0	0	0
词汇	22	9.69	45	19.82	75	33.04	18	7.91	67	29.52
会话	11	4.85	20	8.81	42	18.50	23	10.13	131	57.71
阅读	54	23.79	81	35.68	27	11.89	19	8.37	46	17.62
听故事	31	13.66	19	8.37	87	38.33	32	14.10	37	16.30
唱儿歌	134	59.03	43	18.94	27	11.89	4	1.76	19	8.37
背诵古诗	131	57.71	45	19.82	30	13.22	7	3.01	14	6.17
识字	119	52.42	50	22.03	21	9.25	19	8.37	18	7.93
学英语	47	20.70	67	29.52	23	10.13	32	14.10	58	25.55

从上表分析可见，在语音一项有51人选择"每周0次"，占比22.47%；选择"每天1次"的0人；选择"偶尔"的33人，占比14.53%。词汇一项有22人选择"偶尔"，占比9.69%；45人选择"每周0次"，占比19.82%；选择"每天1次"的67人，占比29.52%；选择"每周2—3次"和"每周4—5次"的分别占比为33.04%和7.91%。会话一项有131人选择"每天1次"，占比最高（55.71%）；有11人选择"偶尔"，占比4.85%；选择"每周0次"的20人，占比8.81%；选择"每周2—3次"和"每周4—5次"的分别为42和23人，占比18.50%和10.13%。

阅读一项有54人选择"偶尔"，占比23.79%，选择"每周0次"的81人，占比35.68%；选择"每周2—3次"和"每周4—5次"的分别是27人和19人，占比分别是11.89%和8.37%；选择"每天1次"的有46人，占比17.72%。

听故事一项有87人选择"每周2—3次",占比11.89%;选择"每周4—5次"的有19人,占比8.37%;选择"每天1次"的有37人,占比16.30%;选择"每周0次"和"偶尔"的分别81人和54人,占比35.68%和23.79%。

唱儿歌一项有134人选择"偶尔",占比59.03%;有43人选择"每周0次",占比18.94%;有27人选择"每周2—3次",占比11.89%;有4人选择"每周4—5次",占比1.76%;有19人选择"每天1次",占比8.37%。

背诵古诗一项有131人选择"偶尔",占比57.71%;有45人选择"每周0次",占比19.82%;有30人选择"每周2—3次",占比13.22%;有7人选择"每周4—5次",14人选择"每天1次",占比7.93%。

识字一项有119人选择"偶尔",占比52.42%,排第一;有50人选择"每周0次",占比22.03%,排名第二;有21人选择"每周2—3次",占比9.25%,排名第三;有19人选择"每周4—5次",占比8.37%,排名第四;有18人选择"每天一次",占比7.93%,排名第五。

学英语一项,有7人选择"偶尔",占比3.08%;17人选择"每周0次",占比7.49%;23人选择"每周2—3次",占比10.13%;82人选择"每周4—5次",占比36.12%,排名第二;98人选择"每天1次",占比43.17%,排名第一。

在"您认为最重要的前三项家庭语言教育内容有哪些?"一项中,流动家长普遍认为儿童的"英语"学习很重要。访谈得知,流动家长对儿童学习英语并没有清晰的规划,参与调查的家庭中多达70%以上的城市孩子都接受过英语语言训练,主要是通过在线学习平台进行学习。

在问及"您认为影响您选择儿童语言教育内容的因素有哪些?"时,接受访谈的流动家长认为"日常生活的一般性常识""身边朋友和长辈的育儿经验""网络等媒体的影响"等都会影响到他们的选择。进一步访谈得知,身边朋友的影响,以及家长个人对孩子语言发展的期望,对语言教育内容的影响最大;社会和其他网络媒体也具有重要的影响作用。

四、两类家庭语言生态环境建设的差异与存在的问题

(一) 城市家长与流动家长的语言态度异同

1. 城市家长:城市家长对普通话和英语的评价都非常高,认为普通话有用,能够体现社会身份,是他们的家庭语言,无论是与孩子还是周围的人都会使用普通话。城市家长认为普通话最好听,对普通话的认同度最高,其次是家乡话和英语。

城市家长认为英语很重要,有条件的甚至在家中使用英语与孩子交流。普遍希望孩子能够英语学得好,以便将来出国或者有更多的机会。在城市家庭中普通话和英语都扮演着重要的角色,家长普遍非常重视。

城市家长对北京土话的认同度比较低,四个指标的均值都不高,尤其是"亲切"和"体现社会身份"两项特别低,主要因为北京土话的应用范围小,用处小。此外,城市家长对自己的家乡话有情怀,认同度较高,认为家乡话"亲切""好听",但是自己并不经常使用,对家长老人使用家乡话也并不干涉,并且,来自方言区的老人在公共场合也会尽量说普通话。这说明,在公共场合使用普通话交流已经深入民心。

2. 流动家长:同城市家长一样,流动家长对普通话和英语的评价都非常高。普遍认为两者"有用"和"体现社会身份"。不一样的是,流动家长认为家乡话最"好听",其次是普通话,表现出对家乡话的情怀要浓于普通话,甚至有的会乡音不改,或者讲普通话带有浓重的乡音色彩。在与自己熟悉的老乡或者认为对方会说家乡话的人交流时,会自然而然说家乡话。他们对普通话的用处和地位有较为深刻的认识,希望子女会像城里人一样说流利的普通话,但并不是所有的人和子女交流的时候都使用普通话。

更值得一提的是,在"亲切"一项,流动家长最为认可的是家乡话,其次是英语,然后是普通话。进一步访谈得知,在家中使用英语与孩子交流和阅读的人少而又少,并不是因为熟悉英文才感到亲切,但是从另一方面说明了他们对普通话的重视。

很多人不知道北京土话的存在,将普通话与北京土话视为一体。这也可能是导致选对北京土话认同的人数比较少的一个原因。

3. 存在问题：家乡话在二代移民中的维持问题应引起注意，学界应当加大对此现象的探讨，是否需要提倡二代移民学说家乡话？如果需要，应该怎么做为宜？如果不需要，二代移民回乡后会不会面临因语言差异而被家乡人视作"外来人"，从而产生心理上的隔阂？

北京土话的保护和维持问题。北京土话具有独特的词汇和句法特征，承载着厚重的社会文化。然而，目前知道的人越来越少，会说的人更是寥寥无几。虽然北京作为中国的首都具有特殊地位，并且外来人口的语言使用极具复杂性，需要大力推广普通话，以保证正常的交流，但是独具京味色彩的北京土话是否需要引起更多重视？

无论是城市家长还是流动家长，对早期教育的规律都不够了解，对早期语言教育的重视度不够，甚至很多人认为语言不用教，忽视了家庭语言环境的建设。

（二）城市家庭与流动家庭的语言选择与语言实践异同

根据课题组的调查，在促进儿童普通话发展方面，城市家长选择的活动形式按照喜好程度依次为：亲子阅读>亲子沟通聊天>看电视/视频>亲子游戏；流动家长选择的活动形式按照喜好程度依次为：看电视/视频>亲子阅读>亲子沟通聊天>亲子游戏。在促进儿童英语学习方面，城市家长选择的活动形式按照喜好程度依次为：看电视/视频>亲子阅读>亲子沟通聊天>亲子游戏；流动家长选择的活动形式主要是看电视或者看视频。在促进家乡话学习方面，城市家长选择的活动形式按照喜好程度依次为亲子沟通聊天>亲子游戏；流动家长的选择喜好依次为：亲子游戏>亲子沟通聊天。以下是按照喜好排序列表：

表16 城市家庭与流动家庭的语言选择与语言实践

语言	家长	亲子阅读	亲子沟通聊天	看电视	亲子游戏
普通话	城市家长	1	2	3	4
	流动家长	2	3	1	4
英语	城市家长	2	3	1	4
	流动家长	无	1	2	无
家乡话	城市家长	无	1	无	2
	流动家长	无	2	无	1

1. 亲子阅读：亲子阅读对儿童的语言发展起着不可替代的重要作用，深受家长与孩子们的喜爱。课题组在调查北京市本地城市家庭亲子阅读情况时发现，59.4%的家长认为培养孩子爱阅读的习惯比学习知识更重要；69.7%的家长认为亲子共读有利于培养孩子热爱读书的习惯；也有近40%的家长对亲子阅读的目的存在理解上的误区。心理学研究发现，3—8岁可看作人类基本阅读能力获得的关键期（周兢和程晓樵，1995），并且儿童未来的学业造诣和工作成就与儿童的早期阅读能力、语言发展状况高度相关。本部分调查说明，大部分城市家长了解亲子阅读的重要性，也有很大一部分不理解或者忽略了早期阅读兴趣的培养对儿童成长的作用。

在亲子阅读策略方面，一半左右的城市家长在阅读前、阅读中和阅读后都会运用一定的阅读策略吸引孩子的注意力，激发孩子阅读兴趣，并引导开展有效亲子阅读。调查发现，有接近50%的家长会在阅读前有一定的指导和策划，比如先行设计一些游戏带领幼儿参与，然后在游戏过程中提出问题，引导幼儿进入阅读；有60.1%的家长会根据孩子的年龄或者喜好挑选一些有趣的读物，从视觉上吸引孩子，然后引导孩子阅读；也有35%左右的家长会制订家庭亲子阅读计划并认真执行。课题组通过走访发现，城市家长对亲子阅读重要性的看法较为正确，也知道如何具体操作，但具体开展情况却受幼儿年龄、家长年龄，以及父母受教育程度等多方面因素的影响，实施情况并不令人满意。并且，研究还发现，幼儿就读的幼儿园性质对家庭亲子阅读的开展也有着重要影响。

与城市父母比较而言，流动父母带领孩子开展阅读活动的占比较少，大都缺少科学的阅读指导方法，不懂得如何在阅读前、阅读中和阅读后采取系列措施启发和引导孩子，使其变成积极的阅读和学习者。在共读中，很多流动家长通常只顾阅读，不知道适时提出问题，所以很难激发并保持孩子兴趣，不能吸引孩子集中注意力进入故事情境。正因如此，孩子难以享受亲子共读为语言发展带来的福利，独立思考问题的能力得不到培养，使用言语进行表达的机会较少，这十分不利于他们语言能力的培养与促进。

2. 亲子沟通聊天：城市家长普遍认为，在针对汉语普通话发展的活动中，亲子沟通聊天这一活动方式对家长而言经济有效，因为该方式无须占据父母的额外时间，父母只需要充分利用自己的语言，通过日常交流就能达到促进儿童语言发展的目的。但外语的学习情况则恰恰相反，由于英语为非母语，大部分父母不能熟练掌握并运用这种语言，因此，家庭中用英语进行亲子沟通聊天的占比低，这也解释了为什么在促进孩子英语发展中，使用亲子阅读和看电视/视频占比高的原因。

在家乡话学习方面，城市家庭主要的活动形式是亲子沟通聊天和亲子游戏，但是占比均比较低，而且主要由家中老人带领完成。根据访谈，因为父母说普通话，幼儿园老师和小朋友说普通话，孩子生活的环境中普通话为强势方言，所以家中老人带领完成的亲子沟通聊天和亲子游戏基本对儿童的家乡话学习不起什么作用。

但调查显示，流动家庭亲子沟通存在频率较少、时间较短、主动性较低的问题，并且流动家庭亲子关系的亲密程度也远低于城市家庭。不理想的亲子关系可能会影响亲子沟通的模式与状态，对儿童的语言发展十分不利。

3. 看电视或者视频：电视等现代媒体深受城市儿童喜爱，并且在儿童家庭生活中发挥了重要作用。尤其在英语学习中，超过50%的家长通过电视和视频引导儿童学习。家长们还说，电视的信息量大、有吸引力，看电视可以减轻家长负担，家长可以借机做些其他工作。儿童在看电视的同时常伴随着动作、自言自语转述电视播报内容或与家人交流沟通等活动。尤其是英语的学习，通过电视和视频等便捷资源，可以提高英语输入的量，提高儿童的习得效果。

看电视节目和视频在流动家庭也占有一席之地。但很多流动父母由于教育观念较为落后，通常将动画片作为哄孩子安静，或者让孩子放松的工具，意识不到该类节目背后蕴藏的教育意义与价值。虽然有些家长知道电视节目的教育指导意义，但调查显示，让孩子独自观看节目的家庭多达75%。家长与孩子一同看电视节目可以针对某个环节引发亲子互动，或者看完电视节目之后可以围绕某个内容展开讨论，让孩子独自看电视或者视频不能充分发挥电视节目的指导作用。

4. 亲子游戏：家庭亲子游戏是家庭中最为常见也是出现最早的游戏形式，但在子女最喜欢的语言教育活动形式中，无论是城市家庭还是流动家庭，对游戏一项的选择都最少。良好的亲子游戏是亲子沟通的桥梁，家庭氛围的"润滑剂"，更是一种重要的促进儿童语言发展的家庭教育资源。根据课题组调研结果，97.2%的城市家长认识到游戏对儿童发展的重要性，且持有较为积极的态度，但接近50%的家长不了解亲子游戏的真正内涵，因此亲子游戏在孩子成长过程中的作用并未得到很好的发挥。

在亲子游戏条件的创设方面，游戏场地以及游戏时间的选择较为灵活，不拘一格，有的家长在客厅开展游戏，有的在卧室，有的在阳台等，只要不是孩子的睡眠时间，随时都可能开展亲子游戏。在游戏材料的选择方面，各个家庭呈现出百花齐放的态势，家长们都在不同程度发挥自己的聪明才智为孩子选择专门的玩具，有的甚至独出心裁与孩子一起制作玩具。亲子游戏的类型也是丰富多样，主要采取的类型包括"体育游戏、绘画游戏（包括涂色）、表演游戏、音乐游戏、角色游戏、智力游戏"等，其中最受欢迎的为绘画游戏和体育游戏。

流动家长把游戏理解为玩耍，认为让孩子自行玩耍才是游戏，不知道与孩子一起玩游戏的快乐和好处，所以注意不到游戏在孩子成长中的重要性，也不知道去开发利用游戏。

总体来看，两类家长对这四类家庭语言活动都比较喜欢，并且使用的频率较高。这四类活动都能引导孩子参与交际活动，提高使用语言的机会，在一定程度上促进儿童的语言发展。此外，调查还显示，活动类型和活动频率也受家长的工作性质、空余时间、学历、活动范围、家庭经济条件等多种因素的影响。

5. 存在问题：家长对早期阅读重要性的认识仍然不足，缺乏国家层面制度化的指导和约束。由于没有政策方面的约束和指导，很多家长即便知道阅读的重要性，也知道如何带领孩子阅读，但往往因为各种主客观原因不能带领孩子进行阅读。

家长对阅读策略的认识不足，缺乏专业化指导。家长不了解阅读的作用，不知道通过阅读可以提高孩子语言表达、思考问题、解决问题的能力。家长对指导孩子进行阅读的策略掌握不足，不知道阅读前、阅读中和阅读后应当做的事情，不能有效发挥阅读在促进儿童语言发展过程中的作用。

市面上供适龄学前儿童阅读的读物参差不齐，汉语分级读物缺乏，为家长选择带来困难。目前市场上充斥着各种汉语读物，不仅语言、内容、图片等方面的质量参差不齐，而且没有进行分级，这为家长选择适合孩子年龄和心理发展的读物带来很多困难。没有合适的读物,家长无法带领孩子高效阅读。

家长不知道充分利用自己的语言资源,亲子沟通聊天的作用未得到充分发挥。语言是最便捷的资源,家长不知道自己掌握的语言就是教育孩子学习语言的最佳武器,不知道如何利用好自己的语言为孩子创造优秀的语言学习环境,也不懂如何为孩子创造质量高、数量大的语言输入。

电视或者视频的作用未得到充分发挥。电视或者视频已经与现代人的生活息息相关,成为人们了解世界的一扇窗户。目前了解到,很多家长只是将看电视和视频当作哄孩子安静的工具,让孩子独自一人观看,没有发挥电视和视频节目的引领作用,并且孩子观看的时长和观看方式也有待进一步了解掌握。

对亲子游戏的认识不够,将游戏与"游玩"混作一谈。游戏和语言能力均源于早期的潜在认知能力,儿童的游戏行为和语言能力发展特点趋于一致。充分利用语言游戏或者游戏中的语言对于促进儿童语言发展大有裨益。目前众多家长对亲子游戏的认识不够,认为让孩子游戏就是让孩子游玩。这种认识不利于充分利用游戏的优势,助力儿童的语言发展。

(三)两类家庭的语言管理和语言教育内容

1. 语音、词汇、会话教育:语音是语言的物质外壳,是口头表达的唯一媒介,关系着口头表达效果的好坏。调查显示,多数城市家长偶尔或者没有对孩子进行过语音教育,主要原因是没有发现孩子有发音方面的问题,也有的是因为对这一问题没有在意。个别家长表示,因为家中祖父母说方言,有的词汇和普通话发音不一致,比如,坏了(huai4 le0)会说成(hai3 le0),尺子(chi3 zi0)会说成(chi1 zi0),孩子在说话的过程中会不自觉地说成后者,所以会进行纠正,而且只要遇到就会纠正,担心将来语文课上出错。对流动家长来说,除了仅有占比很低的家庭选择了会对子女偶尔进行语音教育,其他大多数都没有开展这方面教育。进一步访谈显示,流动家长对语音二字并不熟悉,通过举例解释后,很多家长表示发音准确很重要,如果不准确别人会听不懂,但是在教育孩子学说话的过程中很少有人表示对发音是否准确给予过指导。

在词汇教育方面，一半以上的城市家长会给孩子开展词汇教育，并且选择"每天1次"的家长占比为38.67%。可见，城市家长对儿童词汇教育非常重视。在问及如何开展词汇教育时，很多家长表示会为孩子讲解阅读中遇到的生词，日常生活中如果遇到生词，如看电视新闻，也会给孩子讲。流动家长选择"每天1次""每周2—3次""以及每周4—5次"的总占比达到70.47%，说明他们也很重视词汇教育。在进一步问及如何进行词汇教育的时候，很多流动家长表示在说话的时候一起教，没有专门教，也有的家长说遇到新的事物时会教。

在会话教育方面，城市家长选择"每天1次"这个维度的最多，占比最高，达到86.37%。访谈得知，城市家长普遍认为每天和孩子在一起，生活中的语言对孩子就是最好的教育。而流动家长选择"每天1次"的也占比最高，达到57.71%。访谈得知，很多流动家长认为每天和孩子说话对孩子语言促进很大，但是因为工作忙，每天早出晚归，和孩子的作息时间不一致，错过了和孩子说话的机会。

2. 阅读教育：城市家庭普遍较为重视阅读，一周内带孩子参与阅读的家庭达到80%，不带孩子阅读或者偶尔带孩子阅读的不足20%。访谈得知，很多城市家长无论工作多么繁忙，都会拿出固定的时间带孩子阅读，也有些家长确实是因为工作忙没有时间和精力，但是他们普遍了解阅读的重要性，会利用周末或者其他不忙的时间带孩子阅读；而流动家长很少有人会克服繁忙的工作，专门拿出时间带领孩子阅读。

3. 听故事：超过90%的城市家庭会为孩子播放故事。访谈得知，他们以播放睡前故事和醒后故事居多，播放工具非常多样，包括手机软件、牛听听、智能蛋等。听故事是城市孩子童年生活的重要组成部分，父母忙的时候，听故事、玩玩具是很多家长管理孩子的有效办法。用家长的话说，"听故事既可以哄孩子自己玩乐，又可以帮孩子学习知识，孩子很多话都是从里面学的"。而流动家庭让孩子听故事的却少得多，主要原因是家长并不注重早期语言教育，经常忘记给孩子播放故事，孩子也没有形成听故事的习惯。

4. 儿歌教育：儿歌是儿童初年最早接触的语言艺术，是对儿童进行情感、心智教育，以及训练儿童语言的重要手段。城市家庭选择"偶尔"教孩子"唱儿歌"的多达71.62%，占绝大多数，加上"不教孩子唱儿歌"的，总数超过90%。由此可知,城市家长并不重视儿歌教育。访谈得知,这一方面是因为家长自己并不会唱儿歌,无从对孩子进行儿歌教育;一方面是他们并不知道儿歌对儿童语言发展的助推作用;还有一方面是他们认为儿歌一般在孩子不会说话或者刚刚学会说话的时候听得多,稍微大一点的孩子主要是听故事。流动家长对此持有的观点基本一致。

5. 古诗词教育:参与调查的城市家庭中有多于30%的儿童偶尔或者并未接受过古诗词教育,每天或者每周4—5天都背古诗词的儿童占大约41%。这说明,城市家庭对儿童进行古诗词教育的差异很大。访谈得知,每天或者每周4—5天都在背古诗词的儿童主要是因为他们了解到进入小学以后需要背诵大量故事,提前让孩子背诵故事是为了进入小学做准备,也有一些是因为选择了某些学习平台,古诗词教育是平台的教育内容之一。在问及孩子们背诵古诗是否同时也了解了作者或者写作背景时,仅有部分家长做了正面回答。不经常教孩子学古诗词的家庭主要是因为家长对古诗词不感兴趣,感觉背诵古诗词比较枯燥,孩子不能理解意思,会增加记忆负担,从而在未来失去学习的兴趣。流动家庭偶尔或者不教儿童学习古诗的接近80%,主要原因是自己对古诗了解不多,也没时间教孩子。

6. 识字教育:城市家庭每天都教孩子识字的占17.85%,每周教孩子2—3次或者4—5次的超过50%,占大多数。在问及如何教孩子识字时,有的家长回答"不管在哪儿,见到生字就会教,比如幼儿园放学回家的路上见到的商店名称、路标等,都会教孩子认读,久而久之全都认识了"。有的家长回答"带领孩子阅读时遇到的生字、生词都会有意识强调一下,希望引起孩子注意,孩子记忆力强,有时一下就记住了"。也有的家长回答"家中买了专门的教汉字的书籍,会在幼儿园放学回家后教孩子认读"。总之,大部分城市家长对孩子的识字有明确的规划,并付诸行动。与之相比,流动家长选择"偶尔"或者"每周0次"教孩子识字的占比75%以上,说明教孩子识字的意识不如城市家长高。

7. 英语教育:在英语教育方面,参与调研的城市儿童偶尔或者未接触英语的占比不到10%,而每天都会学习英语的人达到45.54%。可见,城市家长为儿童的英语学习所付出的努力。访谈得知,城市家长多数选择英语学习的平台让孩子学习英语,目前受欢迎的语言学习平台包括斑马英语、洪恩英语、趣趣ABC等。此外，很多城市家长表示，"英语学习需要一个环境，孩子需要每天都接触英语才行"；也有家长表示，"孩子在中国学英语缺乏母语的环境，所以也就启蒙一下，培养培养学习兴趣"；还有家长说，"孩子在国外待过一段时间，英文说得很好，需要找老师每天练习，否则就会忘了"。参与调查的流动家长虽然知道学习英语很重要，但是实际让孩子学习英语的仅有一半左右，多数选择的都是网络平台的授课资源，没有任何家庭请外教，主要原因是"太贵了"。

8. 存在问题：整体观之，城市学前与学前流动儿童的早期语言体验呈现出一些差距，这必然会导致语言发展各方面的重大差异。城市家长一般学历水平较高、语言能力较好、教育意识较强，因此对儿童的早期语言发展也十分重视，能够采取较为合理的措施，促进儿童语言发展。

对语音教育的意识不足。语音教育有利于培养儿童的语音意识，而语音意识对于帮助儿童感知和了解自己所听到和发出的语音具有重要作用。语音意识是阅读的基础，被认为是阅读能力高低的重要预测，因为80%以上的现代汉字是形声字，其中能够提供可靠的整字读音信息的占36%（舒华，1998）。大量研究表明，语音意识发展程度和速度与儿童未来的阅读能力高度相关。汉语语音意识水平能够有效预测儿童未来的阅读能力，语音意识发展较快、较好的儿童可以被预测未来有更好的阅读能力（刘铎，2007）。根据目前的调研结果，城市家长的语音教育意识相对较好，会对孩子错误的发音进行纠正，但也主要是因为担心上学以后出现发音错误，并没有意识到语音意识与阅读的关系。流动儿童理应面临的发音问题会更多，但多数流动家长并未采取行动进行干预。

对词汇教育的知识欠缺。词汇是构成语言的重要部分，是口语交际和书面表达的基础，对儿童的语言发展起着不可替代的作用。家长应当重视在阅读中进行词汇教育，注意采取循序渐进的方法，以提升孩子的兴趣爱好为主，不要采取填鸭的方式，不仅要帮助孩子增加词汇量，还要增加对词汇的理解。

会话教育的知识不全面。会话教育并不是单纯的教孩子说话，而是教孩子在与他人对话过程中应当遵循的原则。比如，话轮转换原则，也就是听别人把话说完了，自己在说，要求孩子养成倾听的习惯等。目前，两类家长都认为会话教育就是如何与孩子交流，如何教会孩子说话，对会话教育的了解不够全面。

对亲子阅读的方式认识不足，频次过少。亲子阅读对孩子语言发展的重要性众所周知。因此，无论工作多么繁忙都应当尽量抽时间陪伴孩子进行亲子阅读，不一定固定在某个时间，也不用考虑每次阅读时间的长短，随时都可以尽情阅读。

对听故事的重要性认识不足，让孩子听故事的方式不对。曾经有教育家说过："很少有一项活动能像听故事一样，涵盖了儿童发展过程中所有的学习要素，从生理、心理到人际发展等，都能囊括其中。"故事是儿童学习语言的最佳素材，通过听故事，孩子可以学习正确的发音，扩大词汇量，学习并掌握语言运用技巧。但调查显示，大多数家庭是通过播放软件或者故事机让孩子听语音故事，这与家长和孩子进行亲子共读不是一回事儿。因为这样的听故事方式缺乏亲子间的互动，与亲子共读比起来少了给孩子讲故事时的语言，甚至肢体和眼神交流，不利于激发孩子深入思考，并加深孩子对故事内容的理解。再者，与故事机中陌生的声音相比，父母的声音尤其是妈妈的声音，对激活大脑的相关区域作用更大。

儿歌教育没有引起重视。儿歌题材广泛、内容丰富、短小精悍、语言浅显易懂、节奏感强、朗朗上口，长期诵读既可以增加儿童对语言学习的兴趣，锻炼其记忆力，又可以提高其认知水平，激发他们的想象力。但调查数据显示，两类家长对儿歌教育的重视度严重不足，由于各种原因，超过90%的家长基本没有对孩子进行儿歌教育。没有认识到儿歌对早期语言教育的重要性，不知道利用儿歌帮助孩子提高语言能力。

古诗词教育重视度不够，方法欠佳。古诗词教育是阅读教育的重要组成部分。中国古代教育家孔子曾说："不学诗，无以言。"诗言志，诗传情。带领孩子背诵古诗不仅可以丰富儿童的知识，提高其语言和思维能力，还能提高欣赏品位与审美情趣。但根据调查结果分析，很多家长并没有对儿童进行古诗词教育，进行过古诗词教育的家长多半是因为小学阶段对古诗词要求很高，希望提前让孩子做好入学准备，但是这些家庭的教育模式多半采取网络平台或者填鸭记忆式，并没有对古诗词的作者生平或者写作背景做一定介绍，有的甚至打击了孩子学习古诗词的热情。

识字教育认识有误，启蒙工作不到位。幼儿园阶段对儿童进行识字启蒙是必要的，但是要尊重孩子的认知发展规律，以培养兴趣为主，顺其自然。从调查结果来看，接近70%的城市家长对孩子开展识字教育，大多采取了循序渐进、顺其自然的态度，但是很少有家长将汉字教育与阅读相结合。参与调查的流动家长有75%以上选择了"偶尔"或者"每周0次"，这与城市家长的做法基本相反，早期汉字启蒙做得不够好。

第六节 微观家庭语言政策调研总结与建议

儿童习得语言是一个复杂的过程，离不开环境的影响。由于阅读是儿童语言能力发展的一个重要渠道，家庭读写规划在很大程度上可以解释不同儿童语言发展的差异。

前人关于家庭读写规划的研究主要关注独立场景下（如家庭或实验室）父母与孩子的语言实践与语言活动，以及父母为了促进儿童的语言发展所做的努力（如学业安排），很少有研究关注家庭语言政策，即父母对儿童语言学习设定的目标、持有的态度和目的、管理手段等，而这些对儿童语言发展有着不可或缺的重要作用。此外，已有研究大多以西方儿童为观察对象，对中国同龄儿童的观察微乎其微。已有研究大多关注双语和多语环境中的语言发展问题。但家庭语言政策存在于任何家庭内部，应当适用于不同语言和不同年龄的语言使用者，而不仅仅局限于双语和多语环境中的儿童。本部分为微观家庭语言政策研究，采用文献、问卷、访谈等方法获取一手数据，然后通过结构方程模型和SPSS进行数据分析。研究分为两个部分，现将研究结果做以下总结，并将政策建议介绍如下。

一、家庭语言政策在单语环境中的适用性得以验证

第一，本部分研究首先全面调研了北京市幼儿园家庭早期读写规划情况及其与家庭社会经济地位各维度的关系，证实了家庭语言政策在单语环境中的适用性，并以斯波斯基的家庭语言政策理论为分析框架，对北京市幼儿园进行大规模问卷调查，并通过结构方程建模得出家庭语言政策的三个维度"家庭语言意识""家庭语言实践""家庭语言管理"和家庭社会经济地位的五个维度"父亲受教育程度""母亲受教育程度""父亲职业""母亲职业"以及"家庭经济收入"之间的关系。

　　研究结果表明：（1）我国幼儿园家庭的家庭语言意识和家庭语言实践情况较好，但在家庭语言管理方面较为薄弱。（2）斯波斯基的家庭语言政策三个维度相互作用，即家庭语言意识显著影响家庭语言管理和实践，同时家庭语言管理显著影响家庭语言实践。（3）在家庭社会经济地位的五个维度中，母亲的受教育程度显著影响家庭语言政策。

　　本部分研究对家庭语言政策理论进行了有效拓展，为研究单语母语环境下家庭语言政策及相关问题提供了理论依据。此外，本部分研究第一次有力证实了社会经济地位对家庭语言政策的影响，特别是证实了家庭社会经济地位各维度中女性的受教育水平要比家庭收入、父母职业等因素对家庭语言政策的影响大。这为我国乃至世界同等情况下的教育扶贫，或者语言扶贫工作政策的制定提供了重要依据。

　　第二，本部分研究围绕家庭语言政策理论框架，调研了城市儿童和流动儿童的家庭语言生态环境建设情况，主要包括城市家长和流动家长的语言使用态度，两类家庭内部的语言选择及语言实践状况，两类儿童的语言教育观念，以及两类家长对儿童进行语言教育的主要内容，笔者在分析其异同的基础上，指出了存在的问题。

　　（1）在语言态度方面，主要调查了两类家长对"普通话""英语""家乡话""北京土话"四种语言的态度，包括"亲切""体现社会身份""好听""有用"等维度。城市家长和大多数流动家长认为普通话就是孩子的母语，更为看中孩子的普通话能力，并把培养孩子的普通话放在第一位。对于方言，虽然家中祖父母使用方言，但是父母对孩子学习方言持中立态度，并且不会积极主动为孩子创造学习方言的有利环境。这是因为，普通话与英语的语言资本价值高于方言的认同价值，父母会认为普通话和英语能够给孩子将来发展带来更大的经济效益，能够体现社会身份，因此支持学习。有些城市家庭由于上一辈老人已经惯用方言，无法纠正，因此家长对孩子学习方言并不阻拦，不是因为认识到方言也是一种资源的问题。众多流动家长之所以在家庭内部使用方言，主要是出于语言身份与文化情感。在城市家庭中，家长普遍支持孩子普通话和外语的学习，对方言的学习更多采取不支持也不反对的态度,方言在家庭中的使用呈现出代际差异。两类家长对北京土话的认同度都较低。不同的是,流动家长认为"家乡话"亲切,对家乡话表现出深厚的情怀,虽然希望子女会像城里人一样说流利的普通话,但是在和子女交流的时候并不一定使用普通话;他们甚至不知道北京还有土话,很多人认为普通话就是北京土话,将两者视为一体。

(2)在语言选择与语言实践方面,主要调查了"亲子阅读""亲子沟通聊天""看电视/视频""亲子游戏"四个方面。两类家庭在促进普通话和英语学习方面喜好的活动形式不同。在儿童普通话学习方面,城市家长更加注重亲子阅读和亲子沟通聊天,而流动家长更加注重看电视;在儿童英语学习方面,城市家长重视看电视/视频和亲子阅读,而流动家庭一般只选择看电视。

在亲子阅读方面,一半左右的城市家长会使用正确的阅读策略带领孩子阅读,但流动家长因为自己不具备阅读习惯,很少带领孩子进行亲子阅读,对早期阅读的重要性认识不足,对阅读策略的掌握不够,缺乏自上而下的指导,并且阅读材料的参差不齐也为家长选择带来了困难。

在普通话亲子沟通聊天方面,城市父母能够认识到语言资源的重要性,能够利用聊天帮助儿童学习说话,但是城市家长因各种原因与孩子进行沟通聊天的频率较少,亲子沟通聊天的作用未得到充分发挥,家长与孩子的亲密度也低于城市儿童,这对儿童的语言发展不利。两类家庭在看电视或者视频方面的频率都较高,但是城市家长能够利用电视节目引导孩子学习,流动家长则多数让孩子独自看电视,没有充分发挥电视或者视频的作用。在亲子游戏方面两类家长的重视度都不够,流动家长将游戏与"游玩"混作一谈,喜欢对孩子进行"散养"。

(3)在语言管理和语言教育内容方面,主要考察了语音、词汇、会话、阅读、听故事、儿歌、古诗词、识字、英语教育等几个方面。两类家长对孩子进行语音教育的意识都不够,不了解语音教育与阅读能力培养之间的关系。城市家长对语音教育的理解仅仅停留在对孩子错误的发音进行纠正的层面,而流动家长很少对孩子的语音进行干预。在词汇教育方面,城市家长和流动家长都表示非常重视词汇教育。城市家长能够在阅读中对孩子进行词汇教育,并且对生活中遇到的生词进行随时讲解,对词汇教育持有循序渐进和顺其自然的态度；而流动家长则主要在说话或者遇到新事物的时候教，可见对词汇教育的方法掌握并不多。在会话教育方面，两类家长都能认识到和孩子多说话能够促进他们的语言发展，城市家长对此问题认识较为深刻，认为生活中的语言就是对孩子最好的教育，但是两类家长对孩子进行的会话教育并未涉及会话原则，如"话轮转换""话轮维持"和会话技巧等知识。

在阅读教育方面，城市家庭普遍能够认识到阅读的重要性，无论工作多么繁忙都会拿出时间指导孩子阅读，而流动家长情况则恰恰相反。在听故事教育方面，城市家长较为重视，以睡前和醒后语音故事居多，使用的播放器种类比较多样；流动家长经常会忘记为孩子播放故事，流动儿童难以形成听故事的习惯。但是两类家长都不知道让孩子听语音故事和亲子故事的差别，都没有注意采取措施克服听语音故事的缺点。

在儿歌教育方面，两类家长的做法基本一致，都没有多加重视。这一方面是因为，自己不会唱儿歌，不方便教；另一方面是因为，家长认为儿歌应当在孩子不会说话，或者刚学会说话时教。在古诗词教育方面，城市家庭对儿童进行古诗词教育的差异比较大，主要根据家长喜好和孩子入小学的准备而定。此外，众多语言学习平台会对儿童进行古诗词教学，但是家长表示孩子目前的古诗词学习并未涉及作者背景等知识。流动家长因为自身能力和工作性质、时间等问题很少对孩子进行古诗词教育。

在识字教育方面，城市家长对孩子的识字教育有明确的规划，并能够采取相应的措施不失时机对孩子进行识字教育，收到了不错的效果。流动家长教孩子识字的意识并不高，没有明确的做法。

在英语教育方面，两类家长都非常重视孩子英语的学习。城市家长通过线上线下、中教外教多种方式对孩子进行英语教育，但是流动家长在为孩子选择英语学习方式方面受到"资金"的限制。

二、提高社会和家庭对家庭语言政策重视度的策略

（一）出台国家层面的早期语言教育政策，并做好宣传和推进工作，提高全体家长对早期语言教育的重视度。在家庭语言教育方面，多数城市家长非常关注儿童的普通话与外语的发展情况，并且他们的家庭语言理念、家庭语言实践和家庭语言管理无不体现出对孩子语言发展的良苦用心与深思熟虑。

相较于城市家长，参与调查的大多数流动家长都没有认识到早期语言教育的重要性，对幼儿早期语言教育没有深入的认识，并且认为幼儿说话不用教就能会，而且只要会说话即可。流动父母语言意识低下使得他们对孩子的早期语言进行启蒙的动力不足，这不仅阻碍了流动儿童接受良好的早期家庭语言教育，更不利于他们语言能力的形成。家庭语言教育的缺失使得流动儿童的语言学习较慢，这会进一步影响他们未来的学业成就。

（二）出台相关政策，提高低社会经济地位家庭（流动家庭）中母亲的受教育水平，为低社会经济地位家庭增收减负。数据显示，在绝大多数家庭中，母亲扮演育儿的主要角色，这在低社会经济地位家庭中尤为突显。由于父亲在育儿活动中的参与度较低，家庭语言活动参与的主体较为单一，要改变家庭语言教育现状首先需要提高母亲的受教育水平。国家层面应当以制度的形式将育儿母亲的受教育问题纳入国民终身教育的内容，并组织专人编写培训材料，汇总育儿知识和其他必备知识，同时充分利用现代教育技术的力量制作便捷的课程，供广大家庭学习使用。此外，低社会经济地位的家庭收入低，导致父母在对儿童的语言投入方面不足，虽然研究表明学前流动儿童家庭物质文化资源水平（如书籍存量）较先前来说有了较大的改善，但家中供儿童语言学习使用的教具和用品（如书籍、音像资料和益智类玩具）的数量不够充裕、种类较为单一。

（三）出台相关政策，强化家庭语言政策概念，加强家庭内部语言管理。家庭语言政策的三个维度可以为父母创设家庭语言环境提供一个框架，可以将其作为评价家庭语言环境的参考，因此应当将家庭语言政策相关概念写入国家政策，细化三个维度涉及的内容，以帮助家长学习使用。

（四）加强相关研究，寻找家乡话在二代移民中的维持方法与策略，帮助家长树立科学的语言资源观。语言是一种资源，掌握这种资源越多就意味着未来得到更多的红利，包括更多的机会、更高的收入等。当前，无论是城市家长还是流动家长都没有树立起很好的语言资源观，不知道语言资源的重要性，不了解是否有必要对下一代进行"家乡话"教育，以及如何做好对下一代的"家乡话"教育。这需要学界加强对此问题的探讨和论证，同时寻找好的解决办法做好二代移民"家乡话"的维持工作。

（五）出台相关政策加强北京土话的保护和维持，以维护语言和文化的多

143

样性。北京话也被称为"胡同儿的话",诙谐幽默,有明显的地区特色。北京话是我国传统文化的重要组成部分,与其他汉语方言一样,北京话拥有丰富的地方性词汇,有的具有灵巧、俏皮、诙谐的语义特征,或者表示幽默、随意、亲切等的风格特点。几个世纪以来,北京特殊的政治、经济、文化地位,及其民族、风土人情等都赋予了北京话特殊的地位。语言是文明和文化的载体,北京土话作为北京地区的方言,蕴含着深厚的"京味儿"文化元素,无论在语音、词汇还是语法方面都蕴含着文化的印迹(田鑫,2014),承载着厚重的历史记忆。加强北京土话的维持和保护工作,对于弘扬和传承北京传统文化具有重要意义。

(六)出台相关政策,倡导开展家庭亲子共读,组织专人帮助有困难的家庭制订亲子阅读计划,并充分利用现代教育技术开发系列课程对家长进行阅读策略指导。阅读能力是儿童早期语言发展的关键技能之一,基于绘本等媒介展开的亲子共读是一种有效的家庭语言活动及教育形式,应当提倡和改善亲子阅读质量。亲子共读是基于亲子互动过程,由家长发起并引导孩子进行对话式、互动式的阅读,对孩子在阅读中发出的信号做出及时反馈,引导孩子进行独立思考并进行表达,为其搭建语言和批判性思维的支架,从而达到一个"输入—加工—表达"完整的语言学习链条。已有研究表明,亲子共读过程中,父母的提问与互动会吸引儿童对图画、字词及故事情节等的关注,从而将儿童吸引到对故事内容的讨论过程中(曹轶娟和李甦,2016),促进儿童口语叙事、阅读能力等方面的发展。从调研结果来看,城市家长亲子共读频率和策略相对较好,但是流动家庭存在很大差距,需要给予政策支持。

(七)出台相关政策,加强对少儿电视节目和各种视频等电子教育资源的管理,引导家长正确使用,趋利避害,为孩子创造良好的家庭语言环境。随着互联网和少儿电视节目的普及,各类电子类绘本、益智类动画片或儿童语言教育APP层出不穷,已经逐步成为家庭语言活动的重要形式。比起传统的纸质书籍,生动活泼的动画特效对流动儿童来说更加具有吸引力,动画情节也较为符合儿童的认知水平,能够刺激儿童的兴趣和自主表达的欲望(奚雯婷,2017);动画中精心设计的台词,不仅生动有趣,且标准的配音可以帮助儿童扩充词汇量,学习规范的语言表达,为儿童创造良好的语言习得情境。同时,通过观看教育类电视节目,家长可以借助动画片的关键情节内容对儿童实施教育。但是家长在使用以上电子资源的时候要注意甄别，并且主要控制学习的时长。

（八）出台相关政策，保证家长了解早期语音、词汇、会话教育的重要性，帮助全体家长培养相关意识，学会利用自己的语言资源为孩子提供高质量的语言习得环境。语音是阅读的基础，词汇是语言的基础，会话是语言学习的目的，也是语言学习的重要渠道，所以必须加强儿童早期语音、词汇和会话教育，并创造条件为家长提供教育的内容，以及恰当的方式方法。

（九）出台相关政策，帮助家长巧用语音故事，善用儿歌教育，活用古诗词教育。随着科技的进步，语音故事已经步入人们的日常生活，为家长教育孩子带来了极大的便利。单纯的听语音故事不同于亲子阅读，会带来一些弊端，应当教育家长巧妙利用语音故事，在孩子听故事的过程中或者在听完一个故事之后，选择适当时机进行提问，或者针对某个环节进行讨论。儿歌中蕴含的传统思想、伦理道德等元素，可以熏陶、美化心灵，帮助儿童养成良好的品性和习惯，儿歌中形象生动的语言对增强儿童的表达能力非常重要。可以教育家长先通过让孩子多听儿歌的方式对孩子加以引导，然后逐步让其记诵，还可以添加一些肢体语言配合记诵，增加孩子的参与感。诗歌是语言的艺术，可以传递感情和内容。在进行古诗词教育的时候不仅应当让孩子体味诗歌的美，还要通过古诗让孩子了解古诗词中的语言离不开作者的千锤百炼，例如，唐代贾岛有"两句三年得，一吟双泪流"，卢延的"吟安一个字，捻断数根须"等，借机帮助孩子培养精益求精的学习和做事态度。进行古诗词教育可以提高儿童的阅读能力和表达能力，在对儿童进行古诗词教育的时候可以讲解诗人的语言风格，给孩子提供丰富的词汇，比如清新自然、朴实无华、华美绚丽、明白晓畅、委婉含蓄、雄浑豪放、笔调婉约、简练生动等，让孩子体会诗歌语言的无穷魅力。

（十）出台相关政策，确保儿童早期识字教育的健康进行，培养孩子识字兴趣是一个循序渐进的过程，不可急于求成。首先，为孩子创造一个识字读书的氛围，让孩子多接触汉字，并对汉字有一定意识。第二，以识字卡片的形式让孩子体会汉字与读音，以及意义之间的联系，开启孩子智慧，比如在玩具娃娃或者玩具汽车上贴上相应的汉字，玩识字卡迷藏，将识字卡摆在地面让孩子认读，然后悄悄拿走其中一张，让孩子来回忆等。第三，在阅读中引导孩子看图片的同时，让孩子体会识字的乐趣，家长可以发挥聪明才智，充分利用阅读材料为孩子提供认读的机会。幼儿识字教育同样是语言发展的重要环节，应当做到寓教于乐，让孩子在轻松快乐的环境里参与学习。

第五章

三组四类儿童语言发展四因子调查研究

第一节 流动学前儿童生活环境中的"软""硬"件欠缺

儿童学习说话看似不用花费多大力气，自然而然便能学会。然而他们说出第一个单词，如同学会走第一步路，是在无数次尝试和失败之后实现的。儿童的语言习得实际上是一个极为复杂的庞大工程，儿童如何在如此短的时间内成功习得语言？为何成长于不同家庭的儿童语言发展差异如此之大？有关此类问题的探讨对于我们了解儿童语言发展的规律，从而为语言教育政策提供建议将具有重要的意义。

个人语言同样是家庭语言政策的重要组成部分，关于儿童语言习得的研究一直为心理学界、教育界、语言学界等领域所关注。国内外关于儿童语言发展的研究取得了丰硕的成果，研究者使用多种方法，从多个角度对儿童的语言发展规律做出了充分的描写。儿童听、说能力的形成离不开儿童语言神经中枢和发音器官的成熟；儿童听、说能力的发展同时也是语言中枢神经发育的外在表现。李宇明先生曾经说，影响儿童语言发展的因素是环境，而这些因素中最主要的是人的因素（尹静，2012）。所谓人的因素，主要是指儿童成长过程中由重要他人（主要是家长）创造的语言生活环境，这种生活环境主要受到重要他人的性格特点、说话方式、说话内容等"语言软件"和他们提供的居住环境、学习资料、书籍用品等"语言硬件"的影响，而这些"软硬件"同时受制于家庭的社会经济地位。

流动儿童因个人家庭的社会经济地位和国家政策两方面因素带来的先天不足和后天缺失的情况，造成了他们所处的日常语言教育活动和基本语言教育条件的欠缺，这非常不利于他们早期语言能力的形成和发展。本项研究从体现儿童口头表达能力差异的四个方面：词汇、语法、语音、语用来逐项分析三组四类儿童的语言发展情况，找出差异并分析其原因，为儿童早期语言教育政策的制定提供借鉴。

第二节　国内学前儿童词汇、语法、语音、语用研究的现状

一、学前儿童汉语词汇发展研究

从教育实施的角度出发，有必要从口语和读写准备两个方面了解儿童语言发展的现状，并通过教育实践促进儿童语言发展。

词汇是语音语义的结合体，是最小的能够独立运用的语言单位。词汇是人类成功学习语言的基础，儿童早期词汇数量的增长速度表现出不均衡性，一般在16—20个月进入"词汇激增期"，此时的儿童突然能够说出非常多的词汇。3—6岁汉语儿童的词汇发展在词汇量、单词类型、词次和使用频率等方面都随年龄的增长表现出自己特有的规律。

儿童早期词汇习得类型占比存在差异，最早出现的词汇是名词，随年龄的增长，动词习得占比提高，其他各类词汇也大幅增加。

名词是表示人或事物名称的词，是汉语儿童掌握最早、数量最大、最能反映他们生活环境和认知发展的一类词（Twila Tardif，2005）。我国学者张廷祥（2010）和潘伟斌（2017）分别研究了3—6岁儿童汉语词汇习得的发展，发现名词分别占54.5%和56%，虽然基数较大，但词类出现频率最低，其中代表人和物的名词所占比例最大，高频词汇为称谓名词和代表具体事物的名词。周兢、张莉、李传江（2017）对3—6岁儿童词汇和语义习得发展的规律性特征进行了研究，发现3—6岁儿童的名词发展迅速，名词总量远远超过其

他类型词汇，如动词、形容词的发展。同时，儿童对表达性名词的习得也表现出优势。随着儿童年龄的增长，有关自然的名词，包括各种动物、植物、人体器官、时间等名词的习得速度要比职业名词、交通工具、服装名词、日用品等社会认知名词快。其中，儿童生活中直接体验到的词汇，如"手""鼻子""发""床""车""船""苹果"等要比"工程师""角膜""电脑""煮水壶"等远离儿童生活经验的抽象词汇习得更准确（张鸿昌，2020）。

在词汇量和使用频率方面居于汉语名词之后的是动词。动词在儿童词汇发展中起着非常重要的作用。随年龄的增长，动词的使用类型和频率逐渐增加，从高频词的类型来看，3—6岁儿童最常使用的动词是存在动词"有"，其次是"看""吃"和"玩"（张鸿昌，2020）。在高频词的统计中，发现儿童动词主要是单音节动词，而双音节动词则较少。在儿童使用的高频动词中，它们主要是动作动词，例如"玩""拿"和"吃"等，其次是趋向动词、心理动词和存在动词。随着年龄的增长，3—6岁儿童的动词类型从具体动作扩展到抽象动作，从简单操作扩展到复杂的心理和认知活动（张廷香，2010；潘超，2012；潘伟斌，2017）。在高频词统计中发现，儿童的动词主要是单音节动词，双音节动词较少。

学龄前儿童单词数量排名第三的是形容词，形容词与名词和动词相比，一般较为抽象。在形容词习得方面，3—6岁儿童习得的形容词数量、种类，以及形容词使用频率等都随儿童年龄的增长而增长。单音节形容词的使用数量占优势，双音节形容词的使用较少，它们主要用于描述事物的外部特征，表示空间，如大、小、高、矮、短、长等；表示形状扁、方、尖、圆、椭圆等，以及一些颜色词（潘伟斌，2017）。其中，"小"比"大"更常用。儿童喜欢用"小"来修饰他们在日常生活中接触到的许多东西，如"小车车""小娃娃""小杯杯"等。儿童在5—6岁时便能够开始频繁地使用形容词来描述自己的感受，例如"凉""热"等。另有多项研究均已证实，儿童按照一定的顺序习得形容词：外部特征，性质评价，身体感觉>行为举止，事件情况>情绪情感>社会生活（田鑫，2009；孔令达，2004；潘超，2012；彭小红和陈坤田，2016；潘伟斌，2017）。

量词是汉语中广为使用的一种特殊语言构成。量词习得遵循一定的顺序，除个体因素外，量词的习得特征还与家庭和环境背景的影响密切相关（田鑫，

2009），首先是个体量词的发展，其次是临时量词和集体量词的发展。量词"个"的使用具有普遍性，在 3—6 岁儿童中超过了所使用量词频率的一半以上，并且存在"个"的泛化现象（孔令达，2004；潘超，2012）。

副词是汉语中一个比较独特的组成部分，虽然它的使用频率很高，但一般不能独立使用，必须与动词和形容词一起使用。根据张廷香（2010），3—6岁儿童的副词掌握数量并没有随年龄增长而增长，但其使用频率却随年龄增长有显著增加。最经常被使用，而且使用频率最高的副词有三类，分别是否定副词、重复副词和范围副词；较之其他两类副词，否定副词"不"的使用频率最高；其他高频副词包括"就""还""都""也""是""很"和"再"等（张廷香，2010；张鸿昌，2020）。

综上，3—6 岁汉语儿童的词汇发展在词汇量、单词种类、词次和使用频率等方面均随着年龄的增长表现出上升趋势，规律性比较强，但是在所习得的词类之间存在明显差异，并且词类的发展也表现出不平衡。经常在儿童周围出现，比较具体，且简单的词发展较快，相对抽象的单词习得较为滞后，这与 3—6 岁儿童的认知发展表现出一致性。

二、学前儿童汉语句法发展研究

语法是人们将单词组成句子的一种法则，目的是顺利表达思想。学界衡量儿童语法发展的情况通常包括两个方面，一是平均句长（MLU），二是句子结构的完整性和复杂性。人类健康儿童一般在 18 个月后开始将单词连接成"句子"（张鸿昌，2020）。20—36 个月的儿童语言发育迅速，随词汇量的日益增加，语法结构也变得复杂化。许政援、李宇明、周兢等根据句子长度将儿童语言发展分为不同阶段。许政援（1994，1996）在观察记录 0—3 岁汉语儿童语言发展的基础上，将儿童句子的发展分为独词句、简单句和复合句三个阶段。李宇明（1995）根据对自己女儿冬冬语言发展的跟踪记录，将儿童的句子发展分为四个阶段独词句阶段，双词句阶段，电报句阶段和语法感形成阶段（李宇明，1995）。周兢（1997）则根据自己的研究将儿童语言发展分为四个阶段：前结构阶段（0—2 岁），简单结构阶段（2—4 岁），合成结构阶段（4—6 岁），嵌置结构阶段（6—8 岁），而且根据她的划分，从简单结构这个阶段开始，儿童的句法结构开始出现陈述句，包括肯定句和否定句

(周兢，1997）。

儿童句法的发展是一个较为缓慢的过程。目前，8~30个月汉语普通话儿童语言发展的有力工具是《汉语普通话儿童发展量表》，但在中国还没有适合于3—6岁学龄前儿童语言发展评估的量表。语言是一个完整的系统，语法（词法和句法）的发展不仅是学前儿童语言发展的重要组成部分，也是语言发展水平的重要指标。除使用量表外，目前国际上评价儿童句法发展的手段主要有动词的使用和平均句子长度（mean length of utterance，MLU），国内大部分语言研究也采用了这一方法。MLU的测评有不同的方式，有的以词为单位进行研究，有的以字为单位进行研究。

1981年儿童口头语言研究协会开展了一项基于词汇的儿童简单陈述句长度（MLU）的研究，发现2—6岁儿童的平均句长为：2—2.905；2.5—3.756；3—4.613；3.5—5.219；4—5.765；5—7.868；6—8.385（武进之，1981）。另有学者以字为单位研究了北京地区汉语儿童早期语言发展中的句法发展和句子长度。根据梁卫兰（2004）的研究，大约60%的19—21个月大的儿童能造句，而且其中16%能造6个单词以上的句子；在25个月大的儿童中，90%以上能够造句，且25个月龄儿童中有70%以上的句子长度大于6个单词。根据上海市的一项3—6岁儿童平均句子长度（MLU）的调查，3岁儿童的平均句子长度为3.80，4岁儿童的平均句子长度为3.99，5岁儿童的平均句子长度为4.38，6岁儿童的平均句子长度为4.55（金志娟和金星明，2009）。此外，张廷祥（2010）也对3—6岁儿童的句子长度进行了研究，结果显示，3岁儿童的句子长度为4.39，4岁儿童的句子长度为4.87，5岁儿童的句子长度为5.26，6岁儿童为5.71。虽然由于研究工具或者计量方法等因素，各研究的结果不太一致，但是总体而言，儿童的句法发展呈现出随年龄增长而增加的趋势。

从单词句，到双词句，到电报句，这个过程中，儿童的语言只是简单的单词组合，不能反映句法规则的结构。儿童使用的句子结构是逐步发展的，从松散到严谨。在3.5岁以前，孩子在说话时总是会漏掉一些主要的单词，但随着年龄的增长，他们的句子结构越来越复杂，句子的逻辑性越来越强。3.5岁以后，"把"字句等复合句开始出现（朱曼舒、武进之和廖小春，1979）。

研究人员发现，随着儿童句子结构的日益复杂化，修饰语使用逐渐开始变化，3—3.5岁儿童的语言中大多数是简单句，不带修饰语，而4岁儿童的语言中，则超过一半句子出现了修饰语。根据黄宪妹、张璟光（1982）的研究，4—6岁儿童的语言中绝大多数句子已经带有修饰语，而且修饰语的使用也是从一个词，到介词短语，再到多个修饰语。简单的句法规则也出现于这个年龄段，根据周兢（1997），4—6岁年龄段的儿童能够掌握6种简单的句法结构：(1) 事实关系句，如"这是一本书"；(2) 动作关系句，如"小男孩打狗"；(3) 所属关系句，如"她是我妈妈"；(4) 描述关系句，如"花是红的"；(5) 存现关系句，如"这里有好多苹果"；(6) 方位关系句，如"书在桌子上"。其中，使用比例最高的是动作关系句。

在一项关于3—6岁儿童句子发展的研究中，研究者发现这一时期的儿童开始会说各种形式的复杂句，而且并列句出现的比较早，所占比例大，常用的连接词有"还""也""又"等（张义宾，2019）。此外，在这一年龄段，儿童开始了对多种类型复合句的掌握，如因果复句、条件复句、转折复句、递进复句和选择复句等。

三、学前儿童汉语语音发展研究

语音能力是指将单个音节按照特定的顺序或组合连续、清晰、协调地发音，形成有意义的句子的过程。本研究中的语音能力是指说话人清晰准确地说出普通话中由声母、韵母和声调组成的各种连续音节的能力（严舒，2012；李慧敏和邵一鸣，2018）。儿童语音能力的高低直接关系到言语的可理解性，因此有着重要的作用。然而，城市学前流动儿童语音能力的发展却一直没有得到足够重视。

国内对于儿童语音的研究主要包括三个方面：语音意识、语音意识与阅读能力，以及残障儿童语音研究。

根据国内相关研究文献分析，目前关于儿童语音发展方法的研究，主要有两种：日记式追踪调查、语音测试法（昝非和刘春玲，2000）。日记追踪调查通常用于追踪和记录孩子的日常言语。通过这种方法可以获得大量的原始数据，用这种方法来研究儿童的语音发展，比较容易实现，研究人员可以直接观察自己或他人的孩子。研究者吴天敏和许政援就利用该方法，观察记录了儿童从出生到3岁以前的语言发展情况。李宇明等人（1995）还对出生后的儿童进行了为期6年的全天随访观察和记录，以揭示婴儿在早期发育阶段的元音、辅音、音节等方面的发展规律，及其相互之间的关系。此类研究能够获得非常详细和有价值的数据，但这种方法也有比较明显的弱点。由于多为个案研究，研究者的数据收集缺乏一致性，这导致研究结果缺乏普遍性，难以开展不同人群之间的横向对比研究，也很难将结果扩展到其他儿童。目前，这种方法仍然在广泛使用，并且使用了更为先进的电子记录设备，如摄像、录音等。

语音测试法。研究人员采用系统的方法，如图片测试，对儿童开展语言测评，收集原始语音数据，对儿童语音习得的顺序和语言发展中的语音错误进行定量分析。这种研究方法使得大样本语音测评工作成了可能，改变了日记研究中数据不一致的问题（咎飞和刘春玲，2000），研究结果可以提供规范的语言发展常模，有利于开展大样本儿童语音发展的比较。我国学者刘兆吉（1998）最早采用了此类方法，对三岁儿童的语音发展做了详细测评研究。

韦晓宝和王文斌（2018）通过对维吾尔族儿童和汉族儿童的比较分析发现，不同语言经验对儿童语音意识的发展有不同的影响。维吾尔族双语儿童的语音优势主要表现在对不同语言语音结构的敏感性上，语音结构的敏感性受知觉同化、语音结构的凸显和语音发展顺序的影响。李荣宝和陈素梅（2011）采用经典听觉语音知觉测量的方法，分别对讲福州话—普通话、闽南话—普通话，和莆田话—普通话的双语儿童进行了实验。结果表明，早期语言学习体验对二语语音意识的发展存在一定负面影响，但这种影响是有过程性和条件性的，并可能随着学习经验的积累而消失。

然而，语音意识并不仅仅被用来评价儿童的语言发展。通过长期的跟踪调查和实验，越来越多的研究表明，儿童的语音意识可以有效预测其未来的阅读能力，是其早期读写能力的重要组成部分。白丽茹和王立弟（2007）认为，儿童早期语言学习的主要难点和重点在于如何将书面词汇与其发音建立联系，因为语音意识与书面语言习得之间存在着一种互补关系。一方面，语音意识的缺失会导致发展性阅读障碍；另一方面，在与书面语接触之后，儿童在完成音位分离、音位删除等一系列困难任务上的表现会更加突出，进而促进语音意识的提高和发展。此外，王虹和绕夏潍（2009）认为，学龄前儿童如果语音意识较好，会对较小的语音单位更敏感，可以通过语音分割和语素分析，利用已有的知识来推测并建构生词的含义，可有效帮助儿童减少记忆的负担，简化学习任务。这也从侧面证明了良好的语音意识可以促进儿童阅读能力的提高，从而形成一个良性的学习循环。

近年来，国内一些研究人员将研究重点放在特殊儿童的语音发展上。然而，由于此类儿童身份的特殊性，对我们国家来说，其语音发展研究仍然是一个"新领域"。目前此领域的主要代表人有昝飞，尹栋一等人，他们为中国特殊儿童教育事业做出了巨大贡献。特殊儿童可以分为以下两类：一类是身体特殊状况的儿童，例如自闭症、唐氏综合征、听力障碍等；另一类是学习条件特殊的儿童，例如发育障碍。梁晓丽（2019）总结了1998年至2018年十年间听力障碍儿童言语发展研究的四个主题，即语音习得的本质和理论，语音音质音位获得，语音超音质成分获得，以及语音综合能力发展，同时总结了这一时期的研究特点：对听力障碍儿童语音发展的研究目前仍处于基础阶段，存在研究成果较少，理论和实证研究都比较匮乏，研究成果的区域分布较为广泛等问题。昝飞和汤盛钦（1998）研究了听力障碍儿童的语音发展，评估了音段特征和超音段特征。结果表明，大多数听力障碍儿童在发音方面存在问题，并且这些问题不会随年龄和语言经验的增加而消失。他们需要更多的外部力量的帮助提高发音的准确性，例如加强语音训练。语音编码能力是语言短期记忆的基础，如果语音中的信息无法被个人正确识别，则会出现存储和检索错误。以唐氏综合征为例，这是一种最为常见的导致智力低下的染色体疾病，该疾病最常见表现是言语短期记忆障碍。赵航等研究发现唐氏综合征患儿的语音识别能力和短期记忆能力存在缺陷，但语音识别能力低并不是造成其短期记忆能力差的主要原因，而且两者之间没有很强的相关性。

此外，我国学者李慧敏、邵一鸣（2018）调查了安徽省某农村学龄前留守儿童的语音能力，发现典型的农村留守儿童的发声能力最弱，其次是非典型留守儿童和非留守儿童。儿童语言能力的发展受儿童生理、心理、认知能力和家庭语言环境的影响。提高农村学前留守儿童的语音能力，需要家长、幼儿园教师、政府和社会予以重视，共同营造普通话语境。

尹蓓（2019）通过研究大、中、小班儿童语音意识发展与家庭阅读的关系，为家长和教育工作者促进儿童语音意识发展提出了合理建议。研究选取了天津市某幼儿园的 150 名儿童作为研究对象。通过自行设计问卷的方式对他们的家庭阅读环境进行了测试，并运用口语问答法测评了儿童语音意识的发展。在对收集的数据进行整理和分析的过程中发现：（1）儿童的语音意识存在显著年龄差异，这表明随着年龄的增长，语音意识水平不断提高，呈现出稳定的增长趋势。在儿童的语音意识中，第一种是声调意识，第二种是韵母意识，最后一种是声母意识。（2）儿童的初始意识与亲子阅读方式、儿童阅读兴趣和家庭阅读环境中的阅读动机之间存在显著正相关关系。在家庭阅读环境中，儿童最终意识与儿童阅读兴趣和动机之间存在显著正相关性关系。儿童声调意识与家庭阅读环境各维度之间不存在显著相关性。（3）大班、中班、小班儿童语音意识的发展水平受家庭阅读环境中儿童阅读时间长短的影响，但不受儿童阅读年龄、阅读数量和所拥有的书籍数量的影响。儿童阅读时间越长，语音意识的发展水平越高（尹蓓，2019）。

郑娟娟（2020）从当前有代表性且知名度比较高的视频网站中收录的现代网络儿歌（2000 余首），以及以纸质传媒为载体的线下传统儿歌（2000 余首）中，选择了 640 首儿歌自建语料库，并据此分析了儿童语言的形式、句式、押韵特征，并结合儿童语音发展规律和特点，将儿歌与儿童语音特点结合，探索了适合儿童语音发展的儿歌分级原则，发现了儿歌存在的不足，并对未来儿歌的发展提出了建议，以推动儿歌更好地服务于儿童语音发展（郑娟娟，2020）。

四、学前儿童汉语语用发展研究

近年来，关注儿童语言运用能力的发展已经成为国际趋势。语用能力是指交际者在一定场合恰当表达自己，正确理解对方的能力，是人际交往成功的关键（姜占好等，2017）。我国教育部 2001 年颁布的《幼儿园指导纲要（试行）》（以下简称《纲要》），第一次对儿童语言运用能力提出了要求。何为儿童的语用能力？怎样培养幼儿的语言运用能力？周兢（2002）从儿童语言运用能力发展的基本概念开始，介绍了国际上有关汉语儿童语用研究的成果，并就我国儿童语言运用能力的培养提出了建议，包括（1）如何为幼儿提供宽松的语言运用环境；（2）如何为幼儿提供真实而丰富的语言运用情境；（3）如何提供有利于幼儿创造性运用语言的环境。

《纲要》强调"幼儿的语言能力是在运用的过程中发展起来的",因此可以认为"发展幼儿语言的关键不是让幼儿强记大量的词汇",而是要引导幼儿"乐意与人交谈,讲话礼貌;注意倾听对方讲话,能理解日常用语;能清楚地说出自己想说的事,喜欢听故事、看图书;能够听懂和会说普通话"。这种提法明显淡化了纯粹重视语言的交际功能,将学前儿童在使用语言的过程中学习语言推上了重要位置。

2017年姜占好等研究了国外儿童语用研究情况,从研究主题、研究方法和研究发现三个层面,对2000年以来国外的相应文献进行了梳理,发现相关研究呈多维跨域的特点,研究主题涉及语用学的多个传统话题,研究方法多使用混合法。该研究指出,国外研究中有大量对成人语用能力和语用意识的探索,但是关于儿童语用习得研究还存在不足。国外儿童语用习得和语用能力发展研究从数量看要远多于国内,但是专门从事该领域研究的语言学家和语用学家数量并不多;伴随全球化的发展,以英语为通用语背景的儿童语用能力需要重新定义和解读。此外,这一全球化背景对儿童语用习得研究方法和内容的影响目前仍旧空白,这对未来的研究提供了启示。

随着国外发展语用学研究的不断深入,国内幼儿教育理念也由原来的注重语言结构发展,转变为重视儿童口头语言运用能力,即语言表达能力的培养。儿童语言能力的发展来自生活中的语言使用,没有特定的使用环境,即使积累了丰富的词汇,孩子的语言能力也难以得到发展。儿童语用是指儿童在学习语言的过程中,为了达到目标,满足愿望,不断使用语言进行交流互动的现象。语言是儿童表达自己的工具,语言运用能力是儿童在人际交往的过程中逐渐培养起来的,主要表现为儿童如何运用恰当的语言形式表达自己,如何运用恰当的策略与他人交谈,如何根据不同的情境需要运用恰当的方法组织语言表达自己的想法等(Ninio and Snow, 1996,转引自周兢, 2005)。

会话能力是儿童语用能力发展的一个方面,而语用能力则是儿童语言学习和发展的内在驱动力(袁文晗, 2016)。学会与人交往既是儿童必须学习的一项重要内容,又是儿童生存的前提,良好的人际交往能力是幼儿心理健康发展的保证(朱志贤, 1989)。儿童的交流与对话活动是一种社会互动。观察研究发现,为了推进对话交流顺利进行,不同年龄段的儿童可以根据自己掌握的互动知识,或者具备的语言能力,对听者的反应进行判断,并适当调整自己的语言。儿童会话能力的发展一方面是其言语能力发展的外在表现，同时也是其情感和社会能力发展的外在表现。国际上已有研究表明，儿童的语言发展会经历一个活跃期，话语能力表现出突破性发展一般在4岁左右。4岁之前的孩子，会通过非语言行为与他人进行有意识的交流，而在4岁之后，他们的交流互动活动已经完全脱离了借助非语言的行为，从会话活动一开始就使用语言来与他人发起互动。4岁左右的儿童，在语言发展方面处于最有效的创造和参与阶段（Camaioi，1979）。研究还发现，在成人与孩子的互动中，成人总是会对孩子的话语施加控制，总是通过某些会话技巧阻碍或者限制孩子可能的答案，比如提问等。

根据美国学者Ninio和Snow的研究，衡量会话能力的高低一般从话轮转换、话题发起和维护能力、会话修补能力四个方面入手。话轮是会话结构的基本单位和重要特征，也是会话者遵循的一套规则。会话一般由两个以上的参与者共同完成，会话过程中交际的双方为使话语能够顺利进行下去，需要遵循一定的原则。如果某个说话者一个人讲个没完，会话不能在说话者之间交替进行，会话就不能持续，交际任务也会面临失败。会话需要一个有序的衔接过程，才能顺利进展下去。说话者和听者之间身份的不断变化可以促进对话活动的发展和形式转向。话题发起是会话能力的一个重要方面，儿童在发起话题的时候，需要感知情境中正在发生的事情，并具备感知交际双方共同关注的人、事、物的能力。此外，幼儿对人、事、物的关注要足以诱发其交际意图，使幼儿能够主动发起与情景相关的词语或话题。话题维护是儿童必须培养的另一项重要的语用能力。简而言之，就是要在话题开始后及时回应和承接。会话修补能力是指由于多种原因，如对方误解，导致会话受到阻碍或者中断时，儿童能够对已有的信息进行补充、加工或替换，从而解决问题的能力（李欢，2012）。通过对会话能力的考察，可以全面掌握儿童是否能够准确使用语言或非语言行为来表达自己，是否能够准确地识别语境。

我国最早研究儿童语用的学者是周兢（2002），她在研究中首次使用了Ninio和Snow的研究框架，进行了跨文化研究，发现国内汉语普通话儿童的语用发展情况与美国儿童呈现大体一致的规律，但也有独特性。目前，国内已有一些学者开展了相关研究，但是多数研究是关于特殊儿童的语用发展问题，如自闭症儿童的语用分析、智障儿童（包括唐氏综合征）的语用分析、听障儿童的语用分析,以及流动家庭和留守儿童家庭儿童的语用分析等,但是针对汉语儿童会话能力的研究刚刚开始,仍然需要在理论与实践方面做进一步探索。

《3—6岁儿童学习与发展指南》和《幼儿园教育指导纲要》是国家出台的关于幼儿管理和教育的重要文件。两者都明确指出将培养儿童的语用能力作为幼教工作的重点,将幼儿园建设成为一个轻松自在的语言使用环境,可以引导幼儿多说,培养孩子喜欢说、能说、说得好的地方。这说明,国家已经从政策方面加大了对儿童的语言使用能力发展的关注。社会的发展对人与人沟通能力的要求越来越高,儿童的口头表达能力越来越受到重视。人们若想更好地适应现代社会并服务于社会,应当具备的一个重要能力就是能够在不同的时间,根据不同的场合,面对不同的人选择和使用与之相适合的语言来表达自己。

五、儿童语言测评工具

CCDI 是根据 MCDI 的基本格式,按照汉语习得规律修改完成的"中文早期语言与沟通发展量表——普通话版"(Chinese communicative development inventory mandarin version,CCDI)(梁卫兰等,2004)。MCDI 由美国学者 Fenson 等人于 1993 年研发,是一款专门针对说标准美式英语的儿童制定的语言与沟通发展量表,适合年龄范围在 0—30 个月的幼童。CCDI 包括 799 个词,基本涵盖了幼儿时期能够经常用到的 24 类词汇,采用家长汇报的方式对儿童的语言发展情况进行评估。

MRVT(儿童普通话词汇理解测验)包含 98 个词汇,分属于 14 个语义类别,测试时间 10—20 分钟,可以应用于 2—6 岁儿童。14 个语义类别分别是动作词、动物、身体部位、衣物、车辆、食品与饮料、家具、人们、描述性词汇、游戏和日常活动、户外事物、地点、量词和冠词、家用小部件。每次在电脑屏幕展示 4 张图片,要求孩子命名。但是,其在中国儿童中的适用性并未得到证实。

斯坦福-比奈智力等级测试(中国)中的词汇测试部分,让受试看图说出相应的词汇,主要考察年幼被试者看图称名的能力,图片内容涉及动植物、日常用品等,比较符合儿童认识事物的过程。而口语词汇要被试者用自己的话解释所给词语的意义,被试者的反应可以折射他的知识水平和言语表达能力。由于其分测验的标准年龄分按照各因素相加成区域分。标准年龄分相当于韦氏智力量表的量表分,区域分相当于韦氏智力量表的言语量表分和操作量表分(温暖和金瑜,2007),适合2—18岁的儿童,但是,其在中国儿童中的适用性并未得到证实。

皮博迪图画词汇测试(PPVT-Ⅲ:Dunn and Dunn, 1997),主要来评估儿童的接受性词汇发展,在正式研究中采用了此研究工具。该研究工具适用于2.5至18岁儿童,英语版本测评具有良好的信度(分半信度为0.93—0.95,3—6岁儿童的重测信度为0.92—0.95),在中国儿童中的适用性也已经得以证实(Tong, Ting and McBride Chang, 2011;Cheung and Elliott, 2017;Zhu, Wood, coplan and Chen, 2019)。PPVT-Ⅲ包含204个测试项目,每个项目由四张图片组成。在测试过程中,施测者依次向儿童展示由四张小图片组成的每张大图片,并说出目标单词。要求儿童识别四张小图片中哪张代表要评分的目标单词。如果儿童在连续的8个问题中6个问题回答错误,则评估结束。最后,使用最高的项目数减去错误的项目数来获得该测试的分数,并根据使用说明进行赋分。该测试工具操作较为便捷,能够满足大规模调查研究的需要。

第三节 量化与质性研究相结合

本部分研究采用量化研究与质性分析相结合的方式,探讨三组四类儿童四因子的具体情况。本部分主要提出研究问题,描述研究对象、研究方法及研究的具体过程,包括进行了哪些测评活动,具体测评程序如何,如何收集数据,以及如何进行数据分析等。

一、针对三组四类儿童词汇、句法、语音、语用研究的具体问题

本研究以四类学前儿童语言发展中的词汇水平、句法发展水平、语音以及语用的发展为切入点,系统探讨学前流动儿童语言发展四因子的相关特征。通过语言测试的方法收集学前流动儿童和城市儿童的语言数据,探究三组不

同年龄段学前流动儿童与相应年龄段城市儿童的语言发展四因子差异。具体研究问题包括：

（1）流动儿童1、2、3的词汇发展状况如何，与城市儿童相比有何差异？
（2）流动儿童1、2、3的句法发展状况如何，与城市儿童相比有何差异？
（3）流动儿童1、2、3的语音发展状况如何，与城市儿童相比有何差异？（4）流动儿童1、2、3的语用发展状况如何，与城市儿童相比有何差异？

二、三组四类儿童的基本信息

本研究旨在研究北京市城乡接合部不同类型儿童的语言发展状况，语言测评一项的时间跨度为2017年9月至2017年12月。参与儿童200名，分为A、B、C三组，四类分别为：（1）就读于正规幼儿园的流动儿童（简称流动儿童1，或流动1）；（2）就读于流动幼儿园的流动儿童（简称流动儿童2，或流动2）；（3）未就读任何幼儿园的流动儿童（简称流动儿童3，或流动3）；（4）城市儿童，年龄在3—4岁左右的儿童为A组，包括城市儿童（50名）、流动儿童1（10名）、流动儿童2（20名）、流动儿童3（20名）；年龄在4—5岁左右的儿童为B组，包括城市儿童（50名）、流动儿童1（10名）、流动儿童2（20名）、流动儿童3（20名）；年龄在5—6岁左右的儿童为C组，包括城市儿童（50名）、流动儿童1（10名）、流动儿童2（20名）、流动儿童3（20名）。以上儿童均为视觉、听力正常、语言发展正常、无认知、运动和神经心理障碍的适龄幼儿。研究开展之前向家长发放《参与研究知情同意书》，征得家长同意。原计划参与人数详见下图：

表17 原计划参与语言测试的儿童数量

	城市（人）	流动1（人）	流动2（人）	流动3（人）
A组	10	10	10	10
B组	20	20	20	20
C组	20	20	20	20

实际研究过程中，为了满足SPSS对比分析所要达到的最低数量要求，各组人数增加至30人，具体如下表：

第五章 三组四类儿童语言发展四因子调查研究

表 18 实际参与语言测试的儿童数量

	城市（人）	流动1（人）	流动2（人）	流动3（人）
A 组	30	30	30	30
B 组	30	30	30	30
C 组	30	30	30	30

在研究中，分别对各组各类儿童进行了词汇、句法、语音、语用测试。具体测试工具为词汇测试：CCDI（普通话量表短表）、MRVT（接受性词汇）、斯坦福-比奈智力测试对应C组儿童、皮博迪词汇测试；句法测试：MLU（平均句子长度）/UB（最长的句子）/动词的数量；语音测试：命名任务；语用测试：会话能力测评（会话发起、会话维持、会话修补、话轮转换）。

三种词汇测试分别应用于不同年龄组儿童，其他测试有个别部分幼儿因缺席未能有效完成，最终获得的有效参与人数如下表所示。

表 19 三种测试的有效参与人数

年龄	类别	性别（男/女）	词汇测试/人次	句法测试/人次	语音测试/人次	语用测试/人次
3—4岁/ A 组	流动1 流动2 流动3 城市	15/15 15/15 14/14 15/15	30 30 28 30	30 30 28 30	30 30 28 30	30 30 28 30
4—5岁/ B 组	流动1 流动2 流动3 城市	15/15 15/14 15/15 14/15	30 29 30 29	30 29 30 29	30 29 30 29	30 29 30 29
5—6岁/ C 组	流动1 流动2 流动3 城市	15/14 15/15 14/14 15/15	29 30 28 30	29 30 28 30	29 30 28 30	29 30 28 30
合计		177/176				

三、测试与访谈法

本研究主要采用测试分析法辅以访谈，对儿童的词汇、句法、语音、语用分别考察，以观察各自的特征。以下对研究中涉及的主要测试方法做详细介绍。

（一）儿童词汇发展评估

本项研究原计划根据儿童的实际年龄，分别使用 CCDI、MRVT 和斯坦福-比奈智力等级测试中的词汇部分评估儿童的词汇发展情况，但是预测验中由于儿童的年龄不符合工具的使用条件等原因，最后选择了 PPVI-III。该工具适合 2.5—18 岁儿童，且在中国儿童语言研究中的适用性已经得以证实。本研究的参与者年龄均为 3—6 岁的儿童，完全适合该工具要求的年龄范围。以下将对预测验使用的四个研究工具做逐一介绍。

（二）儿童句法发展评估

句法习得研究主要考察儿童的句子复杂度、接受性句法和产出性句法三个方面。不同研究阶段儿童句子的复杂度测量主要看平均句长（MLU）、最长的句子（UB）和动词的数量。使用埃德蒙顿标准化叙事测试工具（ENNI，Schneider, et al., 2006）收集儿童讲故事的语料。埃德蒙顿标准化测试工具已被证明适用于中国儿童（周兢等，2014）。ENNI 包括 A、B 两个系列的测试。每个系列包含三组不同难度的图片，用以激发孩子们讲故事的能力。本研究使用了来自 A 系列的三组图片，引导孩子们讲述三个故事。在测试过程中，按照测试说明，指导孩子从第一页开始，将每组图片先从头到尾先快速看一遍，然后从头开始逐页讲述（李莹莹，2020）。语料收集完成后，选取经过严格培训的语言学研究生 1 名及其研究助理使用科大讯飞转录软件转录成文本，由另外两名研究生核查转录结果，并根据 CHILDES 规定的命令格式转换为 CHAT 文件。然后，再安排 3 名经过严格培训的硕士研究生根据 ENNI 测试工具的评分标准在 CHILDS 上进行编码，然后在 CLAN 程序中运行 FREQ 命令，统计参与测试的儿童在叙事过程中使用的平均句子长度，最长的句子，以及动词的数量。在开始编码之前，选取 10% 的语料做了一致性检验，获得了三个故事整体和单个故事的一致性系数：0.92、0.93、0.89、0.85。

（三）儿童语音发展评估

除追踪录音之外，主要采用了天津师范大学语言研究所研制的《学龄前儿童语言能力测试》（2016）中的"36—84 个月儿童语言能力测试题"对流动儿童进行语音测试。每位儿童测试时间为 30 分钟。语音测试选取测试的三组问题，分别为第二组、第三组和第七组。第二组是指图提问，儿童作答；第三组为快速命名和读单词和句子，让儿童快速重复。三组试题涵盖了汉语普通话的声母、韵母、声调、上声变调、"一""不"变调、轻声，以及儿话（李慧敏和邵一鸣，2018）。测试过程用录音笔全程录音，然后根据测试的意图和语言点，从声音、音韵、声调、音变等方面对录音进行整理和分析，总结各类儿童在不同年龄段的语音能力发展情况。为了保证研究的客观性，通过到幼儿园或者流动儿童家中走访和访谈的方式，进一步了解儿童语音发展的情况，以分析对其产生影响的主要因素。

（四）儿童语用发展评估

使用录音笔，录制儿童在自然情景中与同伴或者幼儿园老师的会话语料，为了保证数据的有效性，对录制时段进行了控制（8：30—11：30），录制期间幼儿活动不受限制，录制场所为儿童熟悉的幼儿园或者喜欢玩耍的地方。每个幼儿录制时长为30分钟左右，录制期间尽量不让幼儿察觉，录制者保持自然活动状态，自发与他人对话交流。之后，根据CHILDES规定的命令格式转换为CHAT文件，分别对每个语句进行标记和编码，最后运用check命令检查.cha文件的标准性，从而最终运行CLAN完成分析。研究过程中，安排3名经过严格培训的研究生对CHAT进行编码，继而由两名项目参与者进行核查，不清楚的地方，小组会议讨论，商定后继续转写和编码，继而在CLAN程序中运行FREQ命令，统计参与测试的儿童在"会话发起、会话维持、会话修补、话轮转换"四项指标的得分情况。为了保证研究结果的客观性，分析和讨论的过程结合访谈和观察所得资料进行了质性分析。

四、研究的七个步骤

本项研究包括四项语言能力测评和问卷调查、访谈与观察。对访谈内容采取录音笔录制和撰写日志的方式加以记录，访谈对象涉及各类幼儿园园长、班主任、任课教师和家长；语言能力测评包括词汇、句法、语音和语用。每个受试儿童的词汇、句法和语音测试在第一次测评中全部完成，语用测试另外进行。在进行每项测试前先让儿童熟悉环境，之后每测完一项，发放一份小奖品作为鼓励，并让其休息3—4分钟。测试的顺序是：词汇、句法、语音、语用。

第一步，选取符合研究条件的三类学前流动儿童（就读于正规幼儿园的流动儿童、就读于非正规幼儿园的流动儿童和未就读任何幼儿园的流动儿童）和城市学前儿童，征得家长同意，并让其填写《知情同意书》。

第二步，选择合适的日期在幼儿园或居住地选择一间安静的活动室，对儿童实施各类词汇、语音和语用测试。引导人员将孩子带入活动室，先完成PPVI接受性词汇的试测，然后测评正式开始，连续8个出现错误，测试停止。研究人员发放小奖品，并让其休息。继而，引导员带领其进入活动室另一处安静角落，进行ENNI测试。先将测试包含的所有图画看一遍，然后开始讲述，研究人员对其进行录音。结束后，研究人员发放奖品，并让其休息。然后，引导员带领其进入活动室另一处安静角落，进行语音测试。试测完成后，正式测试开始，研究人员对其进行录音。结束后，研究人员对其发放奖品，告知其测试结束，并将其送回教室，带至任课老师面前。

第三步，开展语用测试，研究人员设置日程表，进驻幼儿园园内，与儿童打成一片后，开始对其进行自然状态下的半小时录音。

第四步，分组开展PPVT打分并赋分，ENNI转写，语音测评打分，语用测试转写，整理问卷数据和访谈观察资料。

第五步，分组对赋分、打分和转写情况分别核查。

第六步，对句法和语用测试的转写文案编码录入CHILDS，并核查。

第七步，数据分析。

第四节　分组分类开展横向和纵向对比分析

本部分按照原定研究计划，使用不同的分析方法将获得的语料分别加以处理，分组分类开展横向和纵向对比分析，并在此基础上对分析结果加以讨论，讨论的过程中辅以访谈和走访了解到的一些情况，以保证结果分析与讨论的科学性。

一、三组四类儿童词汇发展情况对比分析

（一）表达性词汇分析

本部分研究使用皮博迪词汇测试（PPVT），从学前流动儿童理解性词汇发展入手，考察三类学前流动儿童的接受性词汇表达特点，比较分析同一年龄段学前流动儿童之间，以及与城市儿童的词汇发展差异，并探讨其成因。将儿童在测验中的各类得分输入 Spss 25.0。通过描述性分析，单因素方差分析和 T 检验，对相同年龄内三类学前流动儿童的接受性词汇发展差异性，以及不同年龄段学前流动儿童和城市儿童词汇发展水平进行比较分析。

（二）三类学前流动儿童的接受性词汇发展情况

A 组：参与本研究的三类北京市 3—4 岁学前流动儿童 PPVT 接受性词汇测验得分情况如下表所示：

表 20　A 组三类学前流动儿童的接受性词汇（PPVT 得分）比较

类别	均值	最小值	最大值	标准差	F 值	P 值	事后检验
流 1	66	25	112	13.21	9.861	0.009	流 3<流 2（$p<0.000$）
流 2	57	21	78	9.57			流 2<流 1（$p<0.000$）
流 3	33	12	55	8.79			

注：*表示 $P<0.05$，差异显著。**表示 $P<0.01$，差异显著。***表示 $P<0.001$，差异极显著。

三类流动儿童的平均分为 66、57、33，流动 1 得分最高，流动 2 第二，流动 3 最低。流动 1 儿童的最小值为 25，最大值为 112；流动 2 儿童的最小值为 21，最大值为 78；流 3 儿童的最小值为 12，最大值为 55。方差分析表明，A 组三类儿童的接受性词汇差异显著（$F=9.861$，$P=0.009<0.01$），事后检验显示流 3<流 2，流 2<流 1。可见 A 组的三类儿童从流动 1（就读于正规幼儿园的流动儿童），到流 2（就读于非正规幼儿园的流动儿童），到流动 3（未就读任何幼儿园的流动儿童）的接受性词汇掌握程度呈下降趋势。

从三组流动儿童的得分来看，流动 1 最高，流动 2 次之，流动 3 最低。此三类儿童都是跟随父母入城生活的学前儿童，他们有大致相似的家庭背景，

都属于家庭社会经济地位较低的儿童,居住于城乡接合部的窝棚或者脏、乱、差的城中村内,居住区文化设施缺乏,居住条件拥挤。他们的父母大都从事繁重的工作,并且收入较低,无暇顾及他们的语言发展,或者根本不懂什么是语言教育,甚至认为儿童语言发展是自然而然的事儿,根本不用教(尹静,2019)。他们的区别在于受教育场所的软硬件环境不一样,就读于正规幼儿园的儿童能够同时受到良好的基本语言教育和日常语言教育,因为正规幼儿园无论在课程设置,还是师资配备等多方面都具备先天优势,能够为孩子提供与年龄和认知水平相适应的语言教育条件。不仅如此,国家审批公办幼儿园办园资格的时候,对幼儿园的室内和室外场所空间面积都有严格的要求,对公办幼儿园的教材选择、教学质量、教学设施等都有一定的监控,所以硬件条件较好,能够为儿童提供健康、安全的受教育环境。所以,流动1的接受性词汇水平最高。

处于同一年龄段的流动3儿童均分只有33分,最低分是12分,最高分是55,与其他各组的差距都比较大,尤其与流动1儿童的相应得分(均值66,最低分25,最高分112)差距比较明显。究其原因,儿童早期的语言习得主要靠模仿,环境里的语言能够为儿童提供最为直接的参照,生活在幼儿园的儿童,无论是正规幼儿园,还是非正规幼儿园,都能够有较多的儿童在一起,都会有老师带领的活动,所以这些儿童接受的语言输入远远多于那些散养式儿童。

B组:参与本研究的三类北京市4—5岁学前流动儿童PPVT接受性词汇测验得分情况如下表所示:

表21　B组三类学前流动儿童的接受性词汇(PPVT得分)比较

类别	均值	最小值	最大值	标准差	F值	P值	事后检验
流1	83	62	137	15.39	12.303	0.000	流3<流2 ($p<0.005^{**}$)
流2	72	49	102	12.23			流3<流1 ($p<0.000^{***}$)
流3	43	25	89	10.51			

注:*表示$P<0.05$,差异显著。**表示$P<0.01$,差异显著。***表示$P<0.001$,差异极显著。

三类儿童的平均分为 83、72、43，流动 1 儿童得分最高，流动 2 次之，流动 3 最低。流动 1 儿童的最小值为 62，最大值为 137；流动 2 儿童的最小值为 49，最大值为 102；流动 3 儿童的最小值为 25，最大值为 89。方差分析表明，B 组三类儿童的接受性词汇差异显著（$F=12.303$，$P=0.000<0.001$），事后检验显示流 3<流 2，流 3<流 1，差异显著。流动 1 和流动 2 虽然均值差异明显，但是 $p=0.06>0.05$，不具备统计学意义。

从三类流动儿童的得分情况分析来看，流动 1 最高，流动 2 次之，流动 3 最低，此三类儿童的主要区别是在达到入园年龄后所接受的教育不一样。处于散养状态的幼儿，接受性词汇低于其他两类儿童，主要原因是在语言发展的关键期没有得到接受优质语言教育的条件。根据访谈得知，参与调查的流动 3 儿童中也有个别曾经就读于非正规/山寨幼儿园，一般地方政策要求紧的时候，这些幼儿园就先行关闭，躲避检查，事后视情况再开业。但是，大部分最后都因不符合政策规定而遭到清理，导致这些儿童再也没有了就读幼儿园的机会。另有部分流动 3 儿童在刚刚跟随父母入城的时候，常跟随父母到务工地玩耍，为了不影响父母工作，游荡于父母务工地的周边。等熟悉了环境之后，他们就在父母的帮助下，与在同一居住地生活的小伙伴结伴玩耍，形成家庭间的互助"帮扶模式"。他们的语言发展也完全处于自然发展状态，因父母白天夜晚都无暇顾及他们，他们完全没有像城里孩子一样接受早期教育的机会。词汇是语言能力高低的一个重要标志，他们的接受性词汇水平已经从一个方面说明他们的语言能力发展低于其他儿童。

B 组流动 1 儿童和流动 2 儿童的接受性词汇得分没有显著性差异（$p=0.06>0.05$）。此两类儿童虽然都就读于幼儿园，但两种幼儿园的差距很大，非正规/山寨幼儿园属于个人经营，有的办园者原本是一些小商贩或者小老板，一般都不懂教育，营利是他们办园的主要目的，他们的主要收入来源就是孩子的费用。为了保证利润最大化，她们只能为孩子配备基本的桌椅、板凳、桌子等必需物品，以及一些相对不贵的玩具，不可能慷慨拿出更多资金为幼儿园购买有利于儿童语言发展的硬件（如书籍或电子教学设备等），也不可能花钱请幼师专业毕业的既懂幼儿心理学，又懂教育学，教学经验又比较丰富的教师来任教。他们租用的教学场所，一般是城中村里的房子，多为当地老百姓搭建的简易房，主要作为出租用，条件和流动家庭的居住条件相差无几，甚至更糟糕，有的一个 10 平方米的小房间可容纳 10 几个孩子，户外活动场所更是无从谈起；有的会象征性沿着房子一侧有一个空间狭长的小院，供孩子们课间玩耍；有的建设在整个建筑物的北侧，终日不见阳光，即便有个小院，也难以满足孩子们在户外健康成长的需要。在此类幼儿园，儿童的人均使用空间面积远远达不到国家要求。但是，狭小的空间聚集了足够数量的孩子，为孩子们的相互影响提供了条件。本项调查有关语音部分的研究发现，有些山东籍的孩子讲话时带有湖南口音，这便是同伴影响下社会性学习的一种体现。

C 组：参与本研究的三类北京市 5—6 岁学前流动儿童 PPVT 接受性词汇测验得分情况如下表所示：

表 22　C 组三类学前流动儿童的接受性词汇（PPVT 得分）比较

类别	均值	最小值	最大值	标准差	F 值	P 值	事后检验
流 1	107	69	148	18.21	11.231	0.000	流 2<流 1（$p<0.000$）
流 2	91	56	124	14.36			流 3<流 2（$p<0.000$）
流 3	70	37	101	11.77			流 3<流 1（$p<0.000$）

注：*表示 $P<0.05$，差异显著。**表示 $P<0.01$，差异显著。***表示 $P<0.001$，差异极显著。

三类儿童的平均分为 107、91、70，流动 1 儿童得分最高，流动 2 次之，流动 3 最低。流动 1 儿童的最小值为 69，最大值为 148；流动 2 儿童的最小值为 56，最大值为 124；流 3 儿童的最小值为 37，最大值为 101。进一步方差分析表明，C 组三类流动儿童的接受性词汇差异显著（$F=11.231$，$P=0.000<0.001$），事后检验显示，流动 2<流动 1，流动 3<流动 2，流动 3<流动 1，三组儿童的 PPVT 得分组间差异显著。

从三类学前流动儿童的平均分分析来看，流动 1 最高，流动 2 次之，流动 3 最低。从均值来看，流动 1 儿童为 107，流动 2 儿童为 91，相差 16，事后检验（$p<0.000$）；流动 2 儿童为 91，流动 3 儿童为 70，相差 21，事后检验（$p<0.000$）；流动 1 儿童为 107，流动 3 儿童为 70，相差 37，事后检验（$p<0.000$）。此三类儿童由于年龄幼小便跟随父母"举家迁徙"至城市，被定义

为流动儿童。他们来自不同的地方,有着相对近似的家庭背景和居住环境,由于多种原因,他们在到达入园年龄以后所接受的教育条件不一样。流动1就读于具备国家资质的正规幼儿园;流动2就读于费用低、门槛低的非正规/山寨幼儿园;流动3处于散养状态,未能就读于任何幼教机构。C组全部儿童均已达到我们国家规定的大班入园年龄,这说明,流动1和流动2已经在语言习得的关键期内,在集体生活中成长了两年以上。这也是拉开他们与流动3之间距离,造成与流动3儿童词汇差异的主要外在原因。从他们的接受性词汇习得均值和事后检验结果分析来看,三类儿童组间差异显著。这说明,虽然流动1和流动2同属于入园儿童,但他们的差异依旧存在,这种差异来源于接受教育的条件是否优质。通过对比走访结果得知,两类幼儿园在办园条件上差异巨大,正规幼儿园都是经过国家严格审批,并且办园情况经常得到国家相关部门动态评估的单位,他们的整体语言生态环境建设是流动2就读的非正规/山寨幼儿园无法企及的。拿幼儿园教室的环境布置来说,有的幼儿园受国际上盛行的语言教育活动观影响,在活动室设有专门的区角,如娃娃家、手工区、阅读区、建筑区等,允许孩子根据自己的兴趣爱好独立做出选择,老师还指导孩子自己组织团队,这对培养孩子独立性,激发孩子的好奇心与求知欲,促进孩子语言沟通和语言表达能力的发展具有重要作用。这充分说明这些幼儿园的办园者或者园长深谙各种教育理念,能够创造条件为孩子创造沟通交流的机会。国外大量相关研究已经证明,家庭经济地位对儿童后天的语言发展起着重要的介导作用,学前流动儿童因家庭社会经济地位低下,不能自由选择所生活和学习的幼儿园以及社区,也就不能选择接受语言教育的条件(尹静,2019)。

(三) 流动1与城市儿童的接受性词汇发展与比较

从数据分析来看,三类流动儿童中流动1儿童得分最高,流动1在到达入园年龄后,与城市儿童享受同样的受教育机会,具有相同的受教育背景,因此两类儿童可以开展对比研究。

A组:参与本研究的流动1与城市儿童PPVT接受性词汇测验得分情况如下表所示:

表23　A组流动1与城市儿童PPVT均值情况对比

PPVT	均值
流动1	66
城市儿童	72

通过对两类儿童的PPVT得分进行独立样本t检验,发现不具备统计学意义,所以通过简单计算平均值的方法进行分析。如上表所示,流动1为66,城市儿童为72,相差6分,两类儿童的接受性词汇平均得分存在差异。

流动1之所以能够进入正规幼儿园学习,说明父母对孩子的教育期望很高,有一定的经济条件,并且做了很多努力。访谈得知,此类家庭的儿童除了居住条件不及城市儿童（在北京、上海、广州这种大城市,外来人口的工资收入难以与高昂的房价和房屋租住金抗衡,城市儿童一般拥有固定的住所,即便是租住,也一般选择各种设施齐全,条件比较优越的楼房）,其他方面的生活条件并不差,他们舍得为孩子的语言发展投资,会有意识使用故事机、手机等工具为孩子播放儿歌或故事,能够根据情况购买孩子喜爱或者他们自己感觉有用的书籍。他们通常比较关注孩子的语言发展,会与其他家长谈论孩子的语言发展情况,会多方面咨询幼儿园入园事宜,在面临有多个幼儿园可供选择的时候,他们会从多个角度进行对比,除了价格外,他们还会考虑安全保障问题、卫生问题,最重要的是会从教学条件和教育质量等方面进行比较。流动1儿童在入园前接受的日常语言教育活动不比城市儿童差,这很可能是导致两类儿童差异不明显的主要原因。

B组:参与本研究的流动1与城市儿童PPVT接受性词汇测验得分情况如下表所示:

表24　B组流动1与城市儿童PPVT均值情况对比

PPVT	平均分
流动1	83
城市儿童	89

通过对两类儿童的 PPVT 得分进行独立样本 T 检验，发现不具备统计学意义，所以通过简单计算平均值的方法进行分析。如上表所示，B 组流动 1 儿童和城市儿童的 PPVT 平均分分别是 83 和 89，相差 6 分，差异不大。

两类儿童就读的幼儿园都是正规幼儿园，拥有共同的语言教育条件，幼儿园的经营活动受到国家法律保障，不会因遇到闭园整顿或者清理等情况而影响儿童正常入园。在教学上，能够根据各年龄段儿童的认知发展特点选择合适的教育内容、形式和方法；在幼儿园活动安排上，能够以儿童为中心，从孩子的需求出发，科学合理安排幼儿的日常生活和学习。在教学条件上，室内室外活动空间充分、清洁、安全，可以为儿童提供各种玩具、书籍和游戏材料，教学设备符合国家要求。在幼儿园园长和教师队伍建设上，正规幼儿园的园长通常为具备多年一线工作经验的老师，年龄梯队搭配合理，了解幼儿教育政策，了解幼儿习性，懂管理，会教学；幼儿园的教师也是精心选聘，她们具有很高的业务素质，责任心强，热爱幼教事业，对自己有清晰的职业规划。其他各项涉及幼儿园正常运营的工作也都符合国家规定。

C 组：参与本研究的流动 1 与城市儿童 PPVT 接受性词汇测验得分情况如下表所示：

表 25　C 组流动 1 与城市儿童 PPVT 均值情况对比

PPVT	平均分
流动 1	107
城市儿童	112

通过对两类儿童的 PPVT 得分进行独立样本 T 检验，发现不具备统计学意义，所以通过简单计算平均值的方法进行分析。如上表所示，B 组流动 1 儿童和城市儿童的 PPVT 得分差异很小，平均分分别是 107 和 112，相差 5 分，差异不大。

随年龄的增长，入读幼儿园时长的增加，儿童日间在幼儿园接受教育的时间越来越长，越来越适应幼儿园内的生活，学习到的知识也越来越多。表现在词汇方面，两类儿童的接受性词汇发展水平都比前两个年龄段有很大提高。虽然在得分均值方面仍然存在差异，但是从接受性词汇习得情况的统计学意义来分析，两类儿童的语言发展水平并没有大的差距。

（四）分析与讨论

本部分研究主要通过 PPVT 测试考察三组四类儿童的词汇发展状况，上文已经对其平均得分做了描述和汇报，流动儿童1、2、3的词汇发展状况如何，组间是否存在差异，与城市儿童相比有无差异，如果有，存在哪些差异？导致这些差异的原因又是为何？这些问题正是研究者最为关心的重要问题。在此辅以访谈的结果展开详细分析与讨论。

1. 三类流动儿童 PPTV 得分分析与讨论

经过统计分析三类流动儿童（流动1、流动2、流动3）的接受性词汇得分情况，发现三类流动儿童在不同的年龄段 PPVT 接受性词汇发展均存在显著性差异。在 A 组 3 岁左右的流动儿童中，流动 1 组（就读于正规幼儿园）儿童的 PPTV 平均得分最高，流动 3（未入园）儿童的平均得分最低。三组儿童的接受性词汇发展水平差异显著。在 B 组 4 岁左右的流动儿童中，流动 1 组（就读于正规幼儿园）儿童的 PPVT 平均得分最高，流动 3（未入园）儿童的平均得分最低，但是流动 1 和流动 2 儿童的接受性词汇得分均值差异较小，不具备统计学意义。在 C 组 5 岁以上的流动儿童中，流动 1 和流动 3 儿童、流动 1 和流动 2 儿童、流动 2 和流动 3 儿童的词汇发展差距显著。

通过访谈、走访和观察研究得知，三类流动儿童都是跟随父母入城生活的流动儿童，他们都生活在北京市近郊城乡交界处的窝棚内，父母均为从事体力劳动的工作者，做着城市生活不可缺少的重要工作，有的卖烧烤，有的从事家政服务，有的做环卫工人等被视为"脏乱差"的工作。他们受教育水平普遍较低，多数连初中都没有毕业，他们为了生计而奔忙，早起晚归，干的是繁重但收入又较低的工作，几乎没有任何时间照顾自己的孩子。根据访谈数据得知，流动 1 儿童的家长普遍认为孩子上幼儿园很重要，所以想办法让孩子进离家较近的正规幼儿园。这些幼儿园有营业执照，属于私立幼儿园，虽然价格很高，但是管理秩序较好、教师队伍整齐，教学质量相对不错，孩子能够学到东西，而且孩子入读以后家长也不用担心一日三餐等饮食问题。多数流动 2 儿童的家长也是为了让孩子多学点东西，才把孩子送去没有营业执照的"山寨"幼儿园。如前文介绍，此类幼儿园存在安全、防疫等多方面的质量隐患，经常为了躲避国家检查而采取暂时性闭园措施，或者因办学条件不符合要求而有遭到取缔和清理的危险。诸多家长送孩子去此类幼儿园，主要是想找个地方看管孩子，保证孩子的人身安全和饮食问题，他们好安心工作。此类幼儿园一般收费较低，书本和食物都是根据实际消费情况交付，冬天的取暖费也是均摊，价格相对比较透明，家长能够知道钱花在哪些名目上，所以比较放心。流动3组的儿童处于未入园状态，他们有的在居住地附近与其他孩子结伴游玩，有的跟随父母到务工地，在离父母不远的地方独自游玩。根据访谈了解到，此类儿童的家长普遍认为孩子年龄还小，上幼儿园太难、太贵、不划算，上不上没有多大用，没有多大的区别，孩子就是应该多玩，只要吃饱饭、不生病、安全，就可以。

家长对孩子的早期教育分别持有不同观点，但是从词汇习得的结果分析来看，进入正规幼儿园的孩子因为受到了比较好的教育，平均词汇量较高；而处于未入园状态的流动儿童，因没有机会接触早期语言教育，在词汇习得方面得分较少。语言是一个涉及语音、形态、句法、语义、语用等方面的多维系统，这些子系统以独立且动态的模式相互影响，共同构建语言的整体系统。目前，学界普遍认为词汇是语言学习的核心，词汇学习贯穿语言学习的整个过程，并且影响听力、阅读等语言技能的发展。

2. 流动1与城市儿童的PPVT得分比较

由于三类流动儿童中流动1的接受性词汇发展最好，并且与城市儿童具有相同的受教育背景，所以对两者进行了对比。城市儿童的PPVT得分高于流动1儿童，说明也高于流动2和流动3儿童，非常值得注意的是，三个类别中流动1儿童的得分都分别与城市儿童存在一定差异，均分稍低于同一年龄段的城市儿童，但是差异并不显著。

一个可能的原因是，城市儿童的早期家庭语言环境有别于流动儿童。城市儿童生活在一个更能营养"大脑"的环境。他们的家长整体受教育水平较高，知道早期语言开发的意义，有能力为他们创造语言发展需要的"条件"。他们的语言有一定的修养，生活有规律，会拿出专门的时间陪伴孩子阅读，而且，还会利用节假日带孩子旅行参观，帮助孩子开阔视野，增长见识，形成对事物的看法。他们乐于为孩子的语言发展投资，甚至给孩子报了与语言发展相关的线上线下辅导班，如"斑马AI课"，里面包含"语文、外语、思维、绘画"等多种课程，图文并茂，教师语言生动有趣，能很好地激发孩子的求知欲，中间既有专门的师生互动环节，又可以在带领孩子学习新内容的基础上，引导孩子积极养成良好的表达自己思想的习惯。

此外，城市家长非常注重文明用语，对孩子的教育多采用启发式，很少使用禁令性语言。这非常有利于为孩子创造良好的受教育环境，使孩子正在成长中的大脑得到足够开发，并且也为孩子的语言发展打下了良好的基础，使他们在未来的学习中更容易接受和吸收新事物，提高学习效果。流动1儿童的接受性词汇水平与城市儿童差异不显著，这从另一个角度说明，家长之所以能送孩子就读于正规幼儿园，是因为他们在孩子早期教育方面与城市家长的做法近似。两者间的差异在于流动1是没有户籍的外来务工人员子女，除居住情况不如城市儿童外，其他方面的条件与城市儿童差距不大。这进一步证明，家庭语言政策对儿童语言发展具有重要意义，家庭语言意识决定了家庭的语言管理与语言实践，正是因为流动1和城市儿童的家庭语言政策相似，所以他们的词汇发展差异不大。

二、三组四类儿童句法发展情况对比分析

（一）句法发展分析

在对流动儿童句法发展进行分析时，我们参考了国内相关汉语儿童句法发展分析的方法和研究成果。前人关于汉语儿童语言分析的研究证明，使用语料库可以自动计算儿童的平均句长 MLU，以及最长五句话的平均句长 MLU5 和动词的使用情况（张莉和周，2009；尹静，2012）。此外，在分析汉语儿童语法结构输出时，研究者还会进一步分析汉语儿童输出的语法结构，这些语法结构包括量词短语、宾语复杂句、兼语句、连动结构句，以及复合关系句等（张义宾，2019；张义宾和周兢，2020）。

本部分研究依据儿童的 MLU，对不同语法结构的产出特征加以剖析，继而探讨学前流动儿童的语法发展情况，研究问题如下：

（1）三类学前流动儿童的汉语句法发展（MLU）状况如何？

（2）三类流动儿童的句法发展水平如何？三者是否存在差异？城市儿童句法发展水平状况如何，与三类流动儿童相比有哪些差异？可能的原因是

什么？

(二) 三类学前流动儿童的句法发展情况

A组：参与本研究的三类3—4岁学前流动儿童的MLU发展情况。

表26 A组三类学前流动儿童的句法发展（MLU）情况对比分析

类别	总量	均值	最小值	最大值	标准差	F值	P值	事后检验
流1	104.7	3.49	1.200	4.5	0.821	3.321	0.042	流2<流1（$p<0.017^*$）
流2	102.9	3.23	1.150	4.4				流3<流2（$p<0.000^{***}$）
流3	64.96	2.32	1.000	2.9				

注：$^*P<0.05$；$^{**}P<0.01$；$^{***}P<0.001$。

数据分析发现，从流动1，到流动2，到流动3，三类流动儿童的MLU呈递减趋势，其中流动1的平均句长为3.49，最小值是1.2，最大值是4.5；流动2的平均句长为3.23，最小值是1.150，最大值是4.4；流动3的平均句长（MLU）为2.32，最小值是1.000，最大值是2.9。进一步方差分析显示，三类不同类别流动儿童的句法发展之间存显著差异（$F=3.321$，$P=0.042$）；事后检验表明，A组流动2儿童的MLU要低于流动1（流动2<流动1），流动3要低于流动2（流动3<流动2）。

此次MLU测评是通过ENNI实现的，通过让孩子看图讲故事的方法，研究儿童的句法发展情况。从三组儿童的MLU均值分析来看，流动1最高，流动2次之，流动3最低。此三类儿童都属于随父母"举家迁徙"入城的学前流动儿童，家庭社会经济地位较低。国外大量研究已经表明，入学后的阅读和识字能力与学前和幼儿园阶段的语言发展密切相关，语言环境和社会经济背景的差异导致语言技能的发展落后于同龄人。这种延迟有可能是暂时的或者阶段性的，也很可能是永远落后。儿童早在学会阅读书面上的字词之前，就已经发展并锻炼了理解语言工作原理所必需的技能。在儿童早期，大脑的语言中枢发育迅速。8岁之前，儿童会发现语言具有模式，符号具有意义，进而形成语言和识字发展的基础。成功的早期语言发展是入学后阅读成就的重要组成部分。进一步数据分析发现，同为流动儿童，流动1和流动2的句法发展水平高，与流动3句法发展差异显著。如何解释这一现象呢？三类儿童最大的区别是流动1和流动2在幼儿园接受了结构化、适龄的教育。然而，为何流动1和流动2的句法发展存在显著差异呢？因为他们接受的结构化教育不一样，正规幼儿园提供给孩子的是符合其年龄特征的优质教育。

表27 B组三类学前流动儿童的句法发展情况比较

类别	总量	均值	最小值	最大值	标准差	F值	P值	事后检验
流1	125.1	4.17	3.120	5.36	0.983	4.215	0.023	流3<流1（$p<0.05^*$）
流2	119.4	4.12	3.030	4.87				流3<流2（$p<0.05^*$）
流3	105.6	3.52	2.900	4.39				

注：$^*P<0.05$；$^{**}P<0.01$；$^{***}P<0.001$。

从平均句长来看，B组三类流动儿童的句法发展存在一定差异，但是流动1和流动2差异并不大，分别为4.17和4.12，相差0.05；流动3的MUL为3.52，与流动1和流动3的差异比较大。进一步方差分析显示，三类流动儿童的MLU之间存在差异（$F=4.215$；$P=0.042$）；事后检验表明，流动3的MLU要低于流动1（$p<0.05$），也低于流动2（$p<0.05$），但是流动1和流动2之间并没有显著差异（$p>0.05$）。这表明，B组不同类别流动儿童的句法整体发展水平发展不平衡。

从数据分析来看，B组三类流动儿童的MLU从流动3，到流动2，到流动1，仍然处于递增状态。但是，流动2与流动1的差距已经不很明显，这很可能是因为，幼儿园提供的教育弥补了流动2与流动1儿童之间语言发展的差异，流动1儿童接受早期教育的经历为他们提供了成功学习语言的机会。此外，幼儿园内儿童聚集在一起，为更多的同伴交流互动创造了条件，尤其当孩子们一起游戏或者共同完成某个任务的时候，团队力量会进一步调动他们的积极性。他们为了达到目的，完成任务，会使用语言来协调这些活动，这为促进他们语言的发展创造了机会。

表28 C组三类学前流动儿童的句法发展情况比较

类别	总量	均值	最小值	最大值	标准差	F值	P值	事后检验
流1	162.9	5.43	4.040	6.37	0.438	5.313	0.002**	流3<流2（$p<0.05^*$）
流2	155.2	5.35	3.810	5.91				流3<流1（$p<0.05^*$）
流3	138.6	4.62	3.602	5.38				

注：$^*P<0.05$；$^{**}P<0.01$；$^{***}P<0.001$。

从平均句长来看，C组三类流动儿童的MLU值之间存在一定差异，但是流动1和流动2差异并不大，分别为5.43和5.35，相差0.08；流动3的MUL为4.62，与流动1和流动2的差异比较显著。通过进一步方差分析发现，三类流动儿童的MLU之间存在显著差异（$F=5.313$，$P=0.002<0.01$）。事后检验表明，流动3<流动1（$p<0.05$），流动3<流动2（$p<0.05$），但是流动1和流动2却无明显差异（$p=.223$）。由此可见，流动1和流动2的儿童句法发展均好于流动3。

从数据分析来看，C组三类流动儿童的MLU从流动3，到流动2，到流动1，仍然处于递增状态。但是，流动2与流动1的差距不明显。与B组的分析一样，流动2儿童的句法发展水平之所以与流动1不明显，很可能是幼儿园提供的结构性教育起了作用。无论是就读于正规幼儿园，还是非正规/山寨幼儿园，儿童的语言发展离不开与环境语言的互动。当孩子与同龄人一起玩游戏或者进行小组活动时，他们说的欲望会被激发；当孩子与成人交谈时，会接触到更多种类的句式和更加复杂的句子。儿童早期语言技能的培养离不开有趣的互动体验，除了有大量的说和听的机会外，还需要接触印刷材料，以丰富对语言的理解。处于散养状态的流动3儿童，从环境中接触语言的数量不够，无论是高质量的成人语言，还是与玩伴共同参与的有目标的游戏活动的机会，抑或是与成人交流使用语言的机会，都不充分。因此，句法习得相对落后。还有一个可能的原因是，本次测评使用了ENNI，这是一款测评儿童叙事能力的工具，流动3儿童平时几乎没有听故事的机会，锻炼讲故事的机会更加欠缺，讲故事的能力非常弱，因而得分较低。

（三）流动1儿童和城市儿童的句法发展与比较

表29 三组流动1与城市儿童句法发展（MLU）比较分析

组别	流动1 均值	标准差	波动范围	城市 均值	波动范围	标准差	t	sig.（双侧）
A	3.49	0.913	1.20—4.50	3.87	1.53—4.80	1.09	-1.036	0.003**
B	4.17	1.12	3.12—5.36	4.21	3.41—5.51	1.23	-2.112	0.321
C	5.43	1.23	4.04—6.37	5.57	4.11—6.51	1.51	-0.804	0.043*

注：*表示 $P<0.05$，差异显著。**表示 $P<0.01$，差异显著。***表示 $P<0.001$，差异极显著。

从句法发展（MLU）均值情况分析来看，处于A组的流动1儿童与城市儿童存在差异，分别是3.49和3.87；流动1的最低分为1.20，最高分为4.50；城市儿童的最低分为1.53，最高分为4.80，城市儿童的MLU要高于流动儿童。进一步独立样本t检验显示，$p=0.003<0.01$，两组数据差异显著，城市儿童的句法发展优于流动1儿童。

B组流动1儿童的MLU均值为4.17，最低值为3.12，最高值为5.36；城市儿童的MLU均值是4.21，最低值是3.41，最高值是5.51。B组流动1儿童的MLU要低于城市儿童。进一步独立样本t检验显示，$p=0.321>0.05$，两组数据无显著性差异。

处于C组的流动1儿童的MLU均值为5.43，最低值为4.04，最高值为6.37；城市儿童的MLU均值为5.57，最低值是4.11，最高值是6.51。C组城市儿童的MLU得分高于流动1儿童。进一步独立样本t检验显示，$p=0.043<0.05$，两组数据差异显著，城市儿童的句法发展比流动1儿童好。

两组儿童都在应当接受系统教育的年龄进入了正规幼儿园学习，唯一区别是家庭背景的差异。在A组3—4岁的两组儿童的句法发展差异显著，这很可能是因为城市儿童入园前的语言启蒙工作做得好，城市家庭的父母一般受教育水平高，自身语言素质好，给孩子提供的日常语言教育优于流动儿童。在B组4—5岁的两组儿童之间未发现显著性差异，但是C组5—6岁的两组儿童之间又发现了显著性差异，一个可能的原因是样本小，结果不是十分客观,但是通过对班主任和任课老师进行访谈,我们了解到,B组流动2在这个年龄段的变化的确较大,包括性格、行为养成和语言等多个方面。儿童早期如果能够接受系统的结构性教育,可以改变由于语言环境或者家庭社会经济地位带来的语言发展方面的不良影响。

(四) 分析与讨论

本项研究主要通过ENNI测试考察A、B、C三组四类儿童的句法发展状况,使用CHILDS进行数据处理,对三组四类儿童的平均句子长度(MLU)进行对比分析,研究处于不同年龄段,不同语言教育状态下儿童的句法发展情况。研究分为两部分,第一部分是来自相似家庭社会经济地位的三组流动儿童(就读于正规幼儿园的儿童、就读于非正规/山寨幼儿园的儿童和处于未入园状态的儿童)之间的对比分析发现,同时就读于正规幼儿未入园的流动1的句法习得要优于流动2,流动2要优于流动3,流动1的句法发展最好,流动3的发展相对较差;第二部分是来自相同教育背景的流动1(就读于正规幼儿园)和城市儿童(就读于正规幼儿园)在不同年龄段的句法发展差异,经过独立样本t检验,发现A组和C组两类儿童的句法发展存在显著差异。

1. 三类流动儿童的MUL分析与讨论

经过对三类流动儿童(流动1、流动2、流动3)的平均句子长度的分析,发现在不同的年龄段三者都存在差异。首先,通过平均句子长度的数值纵向对比,发现三组儿童的句法水平随年龄呈现不同程度的增长,以流动1的MLU为例,A组3—4岁儿童的平均MLU为3.49;4—5岁为4.17;5—6岁为5.43。第二,在A组3—4岁的流动儿童中,流动1儿童(就读于正规幼儿园)的MLU均值最高(3.49),流动3儿童(未入园状态)的MLU分值最低(2.32)。三组儿童得分的组间差异较为明显($p=0.042<0.05$)。在B组4—5岁的流动儿童中,流动1儿童的MLU均值最高(4.17),流动2儿童的MLU均值(4.12)排名第二,两者均与流动3组的MLU均值(3.52)有明显差距,经过事后检验发现,流动1儿童与流动2儿童的MLU并没有显著差异($p>0.05$)。

通过以上分析,三类儿童有着相同的家庭背景,父母的家庭社会经济地位近似,唯一的区别是有的就读于幼儿园,有的没有就读幼儿园;有的就读于正规幼儿园，有的就读于非正规/山寨幼儿园。就读于正规幼儿园的，能够接受结构化较强的，比较系统的，比较符合儿童年龄特征和身心发展的高质量教育，他们所处的幼儿园教师队伍齐备，课程设计合理，因为有国家教育部门的监管和制度保障，因此教学质量也有保障；处于非正规/山寨幼儿园的，虽然不及正规幼儿园"正规"，缺少各种营业证件，但是至少可以为这些孩子提供一个遮风避雨的港湾，至少可以提供一个有老师的引领，有书本为伴，有同伴的影响的场所；然而，处于未入园状态的幼儿却在这方面严重缺失。据了解，未入园状态的流动幼儿，白天得不到成人的呵护，有时虽然能够和小伙伴玩闹，但是不能接触任何与文化有关系的场所；夜间也多半是不等父母回家就自己休息，他们的存在仿佛悄无声息，不会被人重视，也不会影响别人，不会对周围人带来什么。处于未入园状态的幼儿，MLU值在三个年龄段都明显低于同年龄段的其他两类儿童，这充分说明后天环境对儿童语言发展的重要性。

儿童的语言发展靠的是模仿，如果周围环境中没有足够的语言提供参考，他们就不能习得高质量的语言；更为可怕的是如果周围没有语言参照，他们就习得不了语言，美国的"狼孩"还有我国的"猪孩"就是很好的例子。处于未入园状态的流动幼儿，正是由于不具备很好的接触更多、更优质语言输入的条件，没有足够的语言参照，因而句法发展相对较慢，语言习得受到影响。机会面前应当人人平等，作为流动儿童他们不仅应当受到教育，而且应当受到和城市儿童同等的教育，只有这样，才能缩小与城市儿童的差距，更好地融入城市。然而，我们国家现有的制度和条件仍旧不能保证全体学前儿童教育机会的公平，要想实现全部全体儿童享受同等公平的受教育机会，需要全社会的共同努力。

2. 三组两类儿童（流动1和城市儿童）的MLU值比较

这两类儿童（流动1儿童与城市儿童）的共同特征是都就读于经国家机关资质审核，有办学许可证，符合办园要求的正规幼儿园，因此具有可比性。本研究所指的城市儿童，因为有机会享受城市自身具备的天然优越条件，才得以在学习语言的关键期内得到更好的教育，所以城市儿童的整体MLU均值要高于流动1儿童。从家庭语言政策的三要素来分析，城市儿童的父母普遍重视孩子的语言发展，并且有些家庭对孩子语言发展有一定规划，知道什么年龄让孩子以看图片为主，什么时间最适合教孩子识字，什么时间最合适教孩子写字，有些家庭还给孩子报了英语以外的其他外语学习班，不仅希望孩子学会多种语言以增加未来的竞争力，还希望以此刺激大脑的发育。

分析还发现，即便是同时就读于本地正规幼儿园的流动儿童，他们的MLU 也低于城市儿童，虽然有的年龄段差异并不十分显著。这说明，除了幼儿园以外，存在其他外部因素导致了他们语言发展的差异。这就是由他们的家庭社会经济地位决定的家庭语言环境。家庭社会经济地位包括家庭经济收入、父母职业、父母受教育水平等方面，城市儿童和流动 1 儿童的家庭社会经济地位存在巨大差异，导致了家庭语言政策差异，这是导致他们语言发展差异的主要原因之一。通过进一步分析各组儿童的 MLU 均值还可以发现，这种差异随着儿童年龄的增长，受教育时间的增加而不断减小。国外很多研究已经证明，这种早期差异对儿童未来的学业和人生成就的影响巨大（尹静，2019）。在我们国家，针对汉语儿童的语言研究中，目前为止还没有数据和案例表明早期的语言发展对儿童入学后，乃至成年以后语言发展的影响。这种影响是否持续存在，影响有多大，或者这些差异是否会随教育过程的延长最终完全消失等问题，还需要进一步的追踪调查研究。

三、三组四类儿童语音发展情况对比分析

（一）语音发展分析

本部分研究主要测试三组四类儿童（流动1、流动2、流动3、城市儿童）的语音发展情况，以及三组流动儿童与城市儿童语音发展的差异，辅以走访和访谈结果分析造成差异的原因。语音测试选取了《36—84 个月儿童语言能力测试题》中的三组问题作为测试题，分别为第二组、第三组和第七组。第二组题目是让受试儿童看图作答，例如给受试儿童展示四张卡片，让儿童说出是什么，儿童根据图片内容作答即可。第三组是快速命名题，研究者用手指向图片，让受试儿童快速说出图片上是什么。图片上有各种图案，包括动植物、身体部位等，如猫、狗、白菜、嘴巴、猪、兔子、手、鸡、树等。第七组是快速重复，研究人员用正常的速度阅读单词和句子，让受试儿童快速给予重复。1—18 题为汉语的词和短语：灯泡、西瓜、公开课、柔软、马上联

络、热闹、白菜、自行车、松鼠、原谅、面条、酸牛奶、花儿、杏仁儿、小孩儿、东西、衣服、买卖；19—35 题为英语单词（kissed, split）、短语（小马好、老虎酒）、没有汉字对应的假词（rǎ cěn dǐn těn tǐu ruǎng, sěi fǎu luǎi）、没有对应汉字的拼音和数字组合（kīng9427、593 dǐn 70、4196 fiā、75206sēi、52308 tiāng）、数字（9427、59370、4196、75206、52308）；36—60 题为汉语句子以及没有对应汉字的拼音句子，如小猫在洗脸、小姐姐玩的布娃娃很漂亮等。

在测试正式开始之前，研究人员确保儿童能够听明白指令，并能顺利参加测试。

（二）语音正确率调查

通过数据分析表明，流动 1 的语音准确率高于流动 2，流动 2 高于流动 3，流动 1 的准确率最高。城市儿童的语音识别和理解能力得分要高于流动儿童，在听力和表达能力，以及跟读、记忆和复读能力方面的表现普遍优于流动儿童。在三类流动儿童中，流动 1 的语音正确率明显高。在快速反应能力、复述能力和发音能力三类听说测评中，城市儿童的表现均好于三类流动儿童。

从发音正确率来说，流动儿童的发音正确率明显普遍较低，主要表现为发音错误次数较多，其中流动 3 儿童出现了 92 次城市儿童自始至终没有出现过的语音错误；流动 2 出现了 83 次；流动 1 则出现了 79 次，三组儿童的错误率依次下降。在快速跟读能力测评时，发现流动儿童在声、韵、调方面出现错误的比率均高于城市儿童，差异非常明显。在三类流动儿童中，流动 1 儿童的语音错误率最低，流动 2 的语音错误率次之，流动 3 的语音错误率最大，共出现的语音错误次数多达 141 次，错误率明显高于城市儿童，其中包括 5 次城市儿童从未出现的语音错误。可见，流动儿童语音能力发展普遍较弱，尽管城市儿童在各类词汇的发音的正确率方面得分较高，但仍未达到完全正确。

从语音错误率比较来看，流动 3 的错误率最高，流动 2 次之，流动 1 最低，城市儿童虽然发音好于 3 类流动儿童，但仍然没有达到 100%全对。47 小类语音错误率的比较结果是：流动 3>流动 2>流动 1>城市儿童。

（三）主要语音错误分析

根据发音错误类型分析，发现语音错误类型存在于声母、韵母、声调及音变类型的各个方面。

声母发音错误主要包括声母脱落、发音部位前置、发音部位后置、塞音化、半元音化、[n] 和 [l] 交叉、边音化、增添声母（参见附录Ⅲ）；韵母发音错误主要包括：单元音韵母错误、复合元音韵母错误（见附录Ⅳ）；声调及音变包括：四声、轻声、儿化（见附录Ⅴ）。按照错误率排序，出错率较高的项主要有 [n] 和 [l] 交叉（25.07%）、儿化脱落（41.37%）、边音化（23.60%）、滥用轻声或轻声脱落（23.79%）、双唇音读作舌尖中音（16.52%）、舌面后音读作舌尖中音（14.45%）、舌尖前音读作舌面前音（12.44%）等。其中，声母出错率较高的有 [n] 和 [l] 交叉、边音化、舌面后音读作舌尖中音、双唇音读作舌尖中音、舌尖前音读作舌面前音、舌尖前音读作舌尖后音；韵母出错率较高的有复合元音韵母错误；声调及音变出错率较高的有儿化、四声。具体出错率总结详见下表（表30）。

表30　语音错误类型统计表

语音错误类型		出错率（%）
声母	声母脱落	4.68
	舌尖后音读作舌尖前音	8.78
	舌面后音读作舌尖中音	14.45
	舌尖后音读作唇齿音	3.68
	舌面前音读作舌尖前音	4.25
	舌尖中音读作双唇音	6.80
	双唇音读作舌尖中音	16.52
	舌尖前音读作舌尖后音	13.03
	舌尖前音读作舌面前音	12.44
	舌尖中音读作舌面后音	3.68
	塞音化	7.82
	半元音化	5.48
	[n] 和 [l] 交叉	25.07
	边音化	23.60
	增添声母	5.67
韵母	单元音韵母错误	5.38
	复合元音韵母错误	8.46

续表

语音错误类型		出错率（%）
声调与音变	四声 轻声 儿化	23.79 22.00 41.36

（四）分析与讨论

通过对三组四类儿童的语音调查，以及与家长和幼儿园教师的访谈，发现儿童语音能力的发展受多重因素的影响，而不是单一因素的作用。儿童的生理、心理、认知能力和家庭语言环境等综合因素都会带来其语音发展的差异。主要表现在以下几个方面：

（1）年龄因素。由于儿童年龄较小，大脑和发音器官发育不成熟，会导致某些音发不出来，有的发音不清晰，或者不准确；

（2）心理因素。流动儿童容易缺乏自信心，见到生人怕羞，不善于与他人进行语言交流，因此发音声音低下，不清晰，容易出错；

（3）方言影响。流动儿童因受家乡话的影响，导致普通话里的某些音发不出来，或者发音错误；

（4）认知水平。由于各组儿童认知能力差，导致有些儿童存在对测试内容看不懂，不明白意思，因此不会回答的情况。

儿童语音能力的发展依赖于模仿环境中语音。问卷调查和访谈得知，流动父母会在生活中或者和同乡在一起时讲家乡话，讲普通话时会不同程度的带有"乡土气息"，这会影响孩子，导致孩子普通话发音不清晰或者错误。这主要是因为：第一，由于流动父母受教育程度低，接受新事物的能力差，虽然他们能够意识到讲普通话的重要性，但是实际使用过程中还是存在一些问题，语音问题是十分明显的一个方面。父母的母言迁移，导致流动儿童家庭生活中的语言多半是带有"乡土气息"的普通话，而非纯方言或者纯普通话。第二，流动儿童所就读的幼儿园师资条件差。"山寨"幼儿园的教师均为无教师资格证书的教师。他们的教育水平低，很多年龄较大，表达能力和普通话使用能力都比较差，教育观念落后，在日常管理和教学中对语音的重视程度不高，而且老师讲话本身带有浓重的方音，有的甚至影响听者理解。第三，孩子们的发音会相互影响。流动家庭来自不同地区，孩子们习得的第一母言都是家乡话，当他们就读于同一所幼儿园或者经常在一起玩耍的时候，会相互影响。研究人员发现，流出地为山东省鲁西南地区的一些流动儿童无法区分前后鼻音，而这种发音问题通常不是流出地的方音特征，这充分说明此类发音不是来自家庭的影响，很可能是家庭外的影响，比如幼儿园老师或者周围一起玩耍的其他小朋友。发音问题十分重要，清晰的发音能够给人好的印象，增进情感和交流，但不准确的发音会给沟通带来不便，并进而影响工作和生活。二语习得研究结果表明，熟练的二语学习者在词汇句法等方面都能达到本民族语使用者的水平，唯有语音水平难以企及。方言的习得是否也遵循同样的规律？儿童关键期之前如果不能接触好的语音，形成好的发音习惯，是否会带来不好的影响？这需要我们进一步的观察研究。

四、三组四类儿童语用发展情况对比与分析

（一）语用发展调查

本项研究关注儿童语用发展的一个重要方面：会话能力。主要讨论儿童对语言交际规则的习得、儿童会话能力和儿童语篇扩展能力的发展。前者研究儿童个体语言行为如何发展，后者主要研究儿童的话语能力。使用国际儿童语言资料转写系统（CHILDS）和INCA-A编码系统，对所获语料进行统一编码，然后运行相应的命令进行量化分析，继而从四个方面描述儿童的会话能力，即话轮转换能力、会话发起能力、会话维持能力、会话修补能力（杨金焕，2016）。力图发现三组四类儿童（流动1、流动2、流动3、城市儿童）在会话能力上的差异，解释其会话能力发展特点，并分析产生的原因。

话轮转换，即说者和听者在言语交际过程中身份不断转换，共同推进话语活动展开的过程；会话过程中主动选择自己或他人感兴趣的事物进行交流，与他人开启会话互动的行为被称作"会话发起"，或者"话题选择"。本项研究中的会话发起以交流过程中内容的改变或者不同来确定；会话维持，是指在会话进行的过程中能够及时接答和回应对方话语；会话修补，是指当会话过程发生不畅时，通过一定的方法修正自己的语言或者消除对方误解的方法，通常包括解释、说明或替换等。

（二）研究问题

（1）四类儿童的话轮数量、长度有无差异？分别有何特征，存在哪些问题？

（2）四类儿童在会话发起和会话维持方面，包括会话方式、交流倾向类型的使用和言语行动类型的使用方面有无差异？分别有何特征，存在哪些问题？

（3）四类儿童在会话修补方面，主要是修补请求和修补回应是否存在差异？表现出什么特征，存在哪些问题？

（4）由于量化数据无法全面解释相关现象，因此将采取质性研究方法，对会话发起、会话维持和会话修补做进一步的解释和补充。

（三）语料编码

第一步，根据 CHILDS 的要求和参考格式将幼儿会话发起的语句编码为%sp1，会话维持的语句编码为%sp2，会话修补的语句编码为%sp3，话题转换编码为@_____，并添加录制的日期和情境介绍。编码的文本格式如下：

@ Begin————————————————开始

@ Languages：zho————————————语言为中文

@ Participants：BMH baomeihu Target_Child，LQH liqianhan Target_Child，——所有参与者

@ ID：zho | SandyBank | BMH | 4；7. | female ||| Target_Child |||————会话参与者的 ID

@ ID：zho | SandyBank | LQH | 4；8. | female ||| Target_Child |||————会话参与者的 ID

@ ID：zho | SandyBank | QJM | 36. | female | | Asian | Adult ||| ————会话参与者的 ID

@ Media：02BMH，video————————多媒体文件名称

@ Date：23-NOV-2017————————————会话录制日期

＊BMH：王清婉你看这里是什么？——儿童的话语

%co1：————————————————会话发起编码

%act：指向自己身边的桌子————动作编码

  *BMH：王清婉你看看啊？

%co3：————————————会话修补编码

%act：指向自己身边的桌子

  *BMH：你看这儿？

%co1：

  *WQW：你什么？

%co2：————————————会话维持编码

……

@EndTurn_ _
_ _ _ _——话题转换编码

  *BMH：王清婉你有没有这个？

%co1：

  *BMH：有吗？

%co3：

  *WQW：没有．

%co2：

  *WQW：没．

%co3：

  *BMH：你可以用那个啊．

%act：指向娃娃家．

%co1：

  *WQW：嗯行．

%co2：

@EndTurn_____

  *LXY：你们在弄什么？

%co1：

  *LXY：我看看．

%co1：

……

@End————————————————结束编码

以上编码包括的内容主要有,开始和结束的标志(@Begin、@End),会话日期、参与者、文件名等信息,并将每一句话从三个方面进行编码,分别是会话发起(%co1)、会话维持(%co2)和会话修补(%co3),@EndTurn表示话题转换,通过运行CLAN得到的结果是:两个参与者BMH和WQW分别都有3个话轮,共有两个话题产生。

(四)数据分析

在运行了CLAN命令运算以后,将全体儿童的会话发起、会话维持和会话修补的数量,话语数量、话轮转换数量、交流倾向类型数量以及言语行动类型数量等汇总输入Spss25.0进行差异性分析检验。

A组三类流动儿童(流动1、流动2、流动3)的会话能力比较分析

表31 流动1、流动2两类儿童的总体会话能力比较

	均值	标准差	均值	标准差	t	Sig.(双侧)
会话发起	13.92	10.62	12.01	9.95	−2.342	0.001**
会话维持	8.57	6.31	7.60	5.43	−5.007	0.000***
会话修补	2.94	2.97	2.10	2.21	−1.145	0.023*
话轮数量	18.00	12.68	16.63	15.32	−4.231	0.000***
话语总数	19.73	13.22	18.52	12.37	−3.957	0.000***

注:*表示$P<0.05$,差异显著。**表示$P<0.01$,差异显著。***表示$P<0.001$,差异极显著。

从上表分析得知,两类流动儿童在会话发起、会话维持与会话修补三个方面的语用能力存在差异。会话发起的P值为$0.001<0.05$,会话修补的P值为$0.023<0.05$,差异比较显著。会话维持、话轮数量和话语总数三者的P值均小于0.001,所以三者存在显著性差异。

1. 在会话发起方面,流动1(就读于正规幼儿园的流动儿童)的平均发起会话量为(13.92)要大于流动2(就读于山寨园的流动儿童)(12.01),这说明同等语境下,流动1发起会话的频次要多于流动2。国内有研究表明,幼儿会话发起的数量并不是随会话能力的提高而增长,而是减少(周兢,2009)。这很可能是因为,随着儿童语言交流能力的提高,他们很容易就能得

到同伴的迅速回应,并且在发起一个话题后能引发较为深入的交流,不需要不断发起会话话题。流动1的会话发起数量多于流动2,这并不能说明流动1的会话发起成功率高,也有可能是流动2的语言生活环境差,语言发展水平低,话语较少造成的,这需要研究者对语料做进一步分析。根据进一步数据对比发现,流动1和流动2两类儿童的会话发起数量均高于会话维持和会话修补的数量,这很可能是因为两类流动儿童的语言发展不够好,需要多次发起会话方能得到对方回应,并获得交际的最后成功。

2. 在会话维持方面,流动1幼儿的平均会话维持数量(8.57)比流动2的平均会话维持数量(7.60)稍高一些,说明流动2在与他人会话的过程中不如流动1更能够主动维持会话行为。

3. 由于会话修补在会话过程中所占比例很小,因此两类幼儿的平均数量都比较低,流动1是2.94,流动2是2.10,尽管如此,流动1幼儿的平均会话修补数量仍然多于流动2幼儿的平均会话修补数量。会话修补是一种高级会话能力,能够维持中断了的对话。会话修补数量的高低能够较好地体现幼儿会话能力发展的差异性。流动2幼儿的会话修补数量少于流动1幼儿,这表明在会话过程中流动2幼儿没有很好地掌握修补这一策略。

4. 流动1与流动2在话轮数量方面差异显著($P<0.001$)。从话轮数量平均值来看,流动1(18.0)要小于流动2(16.63)。这说明,在会话过程中,流动2儿童参与会话互动的次数比流动1要少。

5. 从话语总数来看,流动1平均话语数量为19.73,流动2平均话语数量为18.52。这说明,流动1儿童整体要比流动2的儿童爱说话,语言发展得好。

表32 流动1、流动3两类流动儿童的总体会话能力比较

	流动1		流动3		t	$Sig.$(双侧)
	均值	标准差	均值	标准差		
会话发起	13.92	10.62	10.03	7.21	−2.312	0.004*
会话维持	8.57	6.31	6.50	4.32	−2.105	0.001***
会话修补	2.94	2.97	1.89	1.91	−1.236	0.006**

续表

	流动 1		流动 3		t	$Sig.$（双侧）
	均值	标准差	均值	标准差		
话轮数量	18.00	12.68	12.13	13.40	-2.422	0.027*
话语总数	19.73	13.22	14.62		-1.217	0.013*

注：*表示 $P<0.05$，差异显著。**表示 $P<0.01$，差异显著。***表示 $P<0.001$，差异极显著。

从上表分析得知，两类流动儿童在会话发起、会话维持以及会话修补三个方面的语用能力存在显著差异。会话发起 $P = 0.005<0.05$，会话维持 $P = 0.001<0.05$，会话修补 $P = 0.006<0.05$。会话维持、话轮数量和话语总数三者的 P 值分别为 $0.001<0.01$，$0.027<0.05$，$0.013<0.001$，所以此三者差异也较为显著。

1. 在会话发起方面，流动 3（处于未入园状态的流动儿童）的平均发起会话量为 10.03，要小于流动 1（就读于正规幼儿园的流动儿童）的 13.92。这说明，同等语境下，流动 1 发起会话的频次要多于流动 3。但是如上文所述，这并不能说明流动 1 发起会话的成功率要高，虽然也有可能成功率较高，还有一种可能是流动 3 儿童话语较少，流动 3 对流动 1 儿童的会话做出的反应越不及时，就越会导致流动 1 发起话轮，具体原因需要研究者对语料做进一步分析。根据数据对比可以进一步发现，流动 1 和流动 3 两类儿童的会话发起数量远远高于会话维持和会话修补的数量，一个可能的原因是儿童语言发展得好，喜欢开启话题，也有可能是因为幼儿的语言发展不够好，需要多次发起会话才能取得交际成功。

2. 在会话维持方面，流动 1 平均会话维持数量（8.57）比流动 3 的平均会话维持数量（6.50）高一些。这说明，流动 3 在主动维持会话行为方面不如流动 1。

3. 从会话修补的均值来看，这一项在整个会话过程中所占比例很小，两类儿童的平均数量都比较低，流动 1 是 2.94，流动 3 是 1.89。这一方面说明，参与调研的儿童对这一会话策略掌握的比较晚；另一方面说明，流动 3 儿童的会话修补策略不如流动1儿童掌握得好。

4. 流动1与流动3在话轮数量方面存在显著性差异（$P=0.027<0.05$）。从话轮数量平均值来看，流动1（18.0）要小于流动3（12.13）。这说明，在会话过程中，流动3参与会话互动的次数少于流动1。

5. 从话语总数来看，流动1的平均话语数量为19.73，流动3的平均话语数量为14.62。这说明，流动3说话数量少，较为沉默寡言。

表33　流动2、流动3两类儿童的总体会话能力比较

	流动2 均值	流动2 标准差	流动3 均值	流动3 标准差	t	$Sig.$（双侧）
会话发起	12.01	9.95	10.03	7.21	−2.342	0.005**
会话维持	7.60	5.43	6.50	4.32	−5.007	0.021*
会话修补	2.10	2.21	1.89	1.91	−1.145	0.054
话轮数量	16.63	15.32	12.13	13.40	−3.426	0.026*
话语总数	18.52	12.37	14.62	9.87	−2.763	0.000***

注：*表示$P<0.05$，差异显著。**表示$P<0.01$，差异显著。***表示$P<0.001$，差异极显著。

从上表分析得知，流动2和流动3两类儿童在会话发起、会话维持两个方面的语用能力存在显著性差异。会话发起（$P=0.004<0.05$），会话维持（$P=0.021<0.05$），所以差异比较显著。话轮数量和话语总数两者的P值分别为$0.026<0.01$，$0.000<0.001$，所以此二者差异也较为显著。会话修补一项，两类儿童的平均值分别为2.10和1.89，相差0.11，但是P值为$0.054>0.05$，所以差异不显著。

1. 在会话发起方面，流动3（处于未入园状态的流动儿童）的平均发起会话量为（10.03）要小于流动2（就读于山寨园的流动儿童）（12.01），这说明同等语境下，流动2发起会话的频次要多于流动3。但是如上文所述，这并不能说明流动1幼儿会话发起的成功率要高，另一种可能的原因是流动3话语较少，对流动2儿童的会话不能及时做出反应，所以引发流动2发起新的话轮，其他具体原因有待进一步分析。

2. 在会话维持方面，流动 2 平均会话维持数量（7.60）比流动 3 的平均会话维持数量（6.50）高一些，说明流动 3 主动维持会话的能力不如流动 2。

3. 在会话修补方面，P 值为 $0.054>0.05$，不具统计学意义，但从两者均值对比分析来看，两类儿童的平均数量虽然都比较低，流动 2 是 2.10，流动 3 是 1.89。流动 3 的会话修补数量小于流动 2，所以表明流动 3 的会话修补这一策略掌握的不如流动 2 好。

4. 流动 2 与流动 3 在话轮发起数量方面的差异非常显著（$P=0.026<0.05$）。从话轮数量平均值来看，流动 2（16.63）要小于流动 3（12.13）。这说明，在会话过程中流动 3 参与会话互动的次数少于流动 2。

5. 从话语总数来看，流动 2 的平均话语数量为 18.52，流动 3 的平均话语数量为 14.62，这说明比较起来，流动 3 儿童的话语产出较少。

B 组三类流动儿童（流动 1、流动 2、流动 3）的会话能力比较分析

表 34　流动 2 与流动 1 两类儿童的总体会话能力比较

	流动 2 均值	流动 2 标准差	流动 1 均值	流动 1 标准差	t	Sig.（双侧）
会话发起	25.59	16.75	33.00	22.86	−2.545	0.001**
会话维持	19.57	17.23	26.10	10.71	−5.216	0.003**
会话修补	7.55	5.32	9.03	12.12	−1.822	0.031*
话轮数量	45.00	23.16	50.21	27.23	−4.251	0.004**
话语总数	59.86	37.44	73.25	46.79	−4.174	0.020*

注：*表示 $P<0.05$，差异显著。**表示 $P<0.01$，差异显著。***表示 $P<0.001$，差异极显著。

从上表分析得知，流动 2 和流动 1 两类儿童在会话发起、会话维持以及会话修补三个方面的语用能力存在显著性差异。t 值均为负值，说明存在差异，话轮数量和话语总数两者的 P 值分别为 $0.004<0.01$，$0.020<0.05$，所以此二者也存在显著性差异。

1. 在会话发起方面，流动 2 儿童的平均会话发起量（25.59）要小于流动 2（33.00）。这说明同等语境下，流动 1 儿童会话发起的频次要多于流动 2。

但如上文所述,流动1儿童会话发起的成功率高,也很可能是流动2儿童话语产出少所致,流动2儿童对流动1儿童的语言不能做出及时有效的反应,迫使流动1重新发起话轮。

2. 在会话维持方面,流动2平均会话维持数量(19.57)比流动1的平均会话维持数量(26.10)低一些,说明流动2儿童的维持会话能力养成不如流动1儿童。

3. 从会话修补的均值来看,两类儿童的平均数量都低于其他项,流动1是7.55,流动2是9.03。流动2儿童的会话修补数量少于流动1儿童,这表明流动2儿童会话修补这一策略掌握的不如流动1儿童。

4. 流动2儿童与流动1儿童在话轮数量方面的差异非常显著($P=0.004<0.05$)。从话轮数量平均值来看,流动2(45)要小于流动1(50.21)。这说明,在会话过程中流动2儿童参与会话互动的次数少于流动3儿童。

5. 从话语总数来看,流动2儿童的平均话语数量为59.86,流动1儿童的平均话语数量为73.25。比较而言,流动2儿童说话数量少于流动1儿童,两者差异显著。

表35 流动3与流动2两类儿童的总体会话能力比较

	流动2 均值	流动2 标准差	流动3 均值	流动3 标准差	t	Sig.(双侧)
会话发起	25.59	16.75	18.00	14.68	−1.685	0.012*
会话维持	19.57	17.23	11.23	9.23	−3.572	0.001***
会话修补	7.55	5.32	5.01	4.23	−1.323	0.030*
话轮数量	45.00	23.16	40.34	21.55	−2.512	0.001***
话语总数	59.86	37.44	48.32	39.68	−2.747	0.002**

注:*表示$P<0.05$,差异显著。**表示$P<0.01$,差异显著。***表示$P<0.001$,差异极显著。

从上表分析得知,流动3和流动2两类儿童在会话发起、会话维持,以及会话修补三个方面的语用能力存在差异。话轮数量和话语总数两者的P值分别为0.001<0.01,0.002<0.01,所以此二者差异也较为显著。

1. 在会话发起方面，流动2儿童的平均发起会话量（25.59）要小于流动3儿童（18.00），这说明流动2儿童发起会话的频次要多于流动3儿童。如上文所述，一种可能是流动2儿童会话发起的成功率要高，另一种可能是流动3儿童的话语较少，比如流动3对流动2儿童的会话不能做出及时有效的反应，迫使流动2儿童重新发起话轮，以与对方展开交流。

2. 在会话维持方面，流动2儿童平均会话维持数量（19.57）比流动3的平均会话维持数量（11.23）高一些，说明流动3儿童的维持会话能力养成不如流动3儿童。

3. 在会话修补方面，两类儿童的平均数量都低于其他项，流动2儿童是7.55，流动3儿童是5.01，P<0.030，两者差异显著。流动3儿童的会话修补数量少于流动2儿童，这表明流动3儿童对会话修补这一策略的掌握弱于流动2儿童。

4. 流动2儿童与流动3儿童在话轮数量方面的差异非常显著（P=0.001<0.01）。从话轮数量的平均值来看，流动2（45.00）要小于流动3（40.34）。这表明，在会话过程中流动3儿童参与会话互动的次数少于流动2儿童。

5. 从话语总数来看，流动2儿童平均话语数量为59.86，流动3儿童的平均话语数量为48.32，比较而言，流动3儿童说话数量少，体现在这一项的语用能力较弱。

表36 流动1与流动3两类儿童的总体会话能力比较

	流动3 均值	流动3 标准差	流动1 均值	流动1 标准差	t	Sig.（双侧）
会话发起	18.00	14.68	33.00	22.86	-2.545	0.001**
会话维持	11.23	9.23	26.10	10.71	-5.216	0.003***
会话修补	5.01	4.23	9.03	12.12	-1.822	0.031*
话轮数量	40.34	21.55	50.21	27.23	-4.251	0.004***
话语总数	48.32	39.68	73.25	46.79	-4.174	0.020***

注：*表示$P<0.05$，差异显著。**表示$P<0.01$，差异显著。***表示$P<0.001$，差异极显著。

从上表分析得知，流动 3 和流动 1 两类儿童在会话发起、会话维持以及会话修补三个方面的语用能力存在差异，T 值均为负值，P 值均小于 0.05。此外，话轮数量和话语总数两者差异也存在显著性差异。

1. 在会话发起方面，流动 1 儿童的平均发起会话量（33）要大于流动 3（18.00），这说明流动 1 发起会话的频次要多于流动 3。出现这种语言使用现象可能的原因有两个。第一，流动 1 儿童会话发起的成功率要高；第二，流动 3 儿童话语较少，当流动 1 儿童发起会话时，流动 3 儿童不能及时做出有效回复，迫使流动 1 儿童重新发起话轮。

2. 在会话维持方面，流动 3 儿童的平均会话维持数量（11.23）比流动 1 的平均会话维持数量（26.10）低很多，$P=0.003<0.05$，存在显著性差异。这说明流动 1 儿童维持会话能力的养成比流动 3 儿童好很多。

3. 从会话修补的均值来看，两类儿童的平均值都低于其他各项，流动 1 儿童是 9.03，流动 3 儿童是 5.01，$P=0.031<0.05$，存在显著性差异。流动 3 儿童的会话修补数量少于流动 1 儿童，这表明流动 3 儿童会话修补这一策略的掌握逊色于流动 1 儿童。

4. 从话轮数量来看，流动 1 儿童与流动 3 儿童在话轮数量方面的差异非常显著（$P=0.004<0.01$）。从话轮数量的平均值来看，流动 1（50.21）小于流动 3（40.34）。这说明，在会话过程中，流动 3 儿童参与说话的次数少于流动 1 儿童。

5. 从话语总数来看，流动 1 儿童平均话语数量为 73.25，流动 3 儿童的平均话语数量为 48.32，这说明较之流动儿童，流动 3 儿童的平均说话数量少。

C 组三类流动儿童（流动 1、流动 2、流动 3）的会话能力比较分析

表 37 流动 1 与流动 2 两类儿童的总体会话能力比较

	流动 2		流动 1		t	$Sig.$（双侧）
	均值	标准差	均值	标准差		
会话发起	27.34	17.57	35.02	22.27	-3.332	0.001**
会话维持	26.50	19.33	36.35	14.47	-6.785	0.012*
会话修补	9.96	10.24	13.12	15.65	-2.523	0.002**

续表

	流动 2 均值	流动 2 标准差	流动 1 均值	流动 1 标准差	t	Sig.（双侧）
话轮数量	65.00	36.32	71.69	37.32	−5.851	0.015*
话语总数	78.83	39.51	89.87	46.79	−5.772	0.000***

注：*表示 $P<0.05$，差异显著。**表示 $P<0.01$，差异显著。***表示 $P<0.001$，差异极显著。

从上表分析得知，两类流动儿童在会话发起、会话维持与会话修补三个方面的语用能力存在差异。话轮数量和话语总数两者存在显著性差异。

1. 在会话发起方面，流动 1（就读于正规幼儿园的流动儿童）的平均发起会话量（35.02）要大于流动 2（就读于山寨园的流动儿童）（27.34），这说明相同时间内，流动 1 发起会话的次数要比流动 2 多。

2. 在会话维持方面，流动 2 平均会话维持数量（26.50）比流动 1 的平均会话维持数量（36.35）稍高一些，说明流动 2 儿童在会话过程中围绕一个话题进行交流的能力逊色于流动 1 儿童。

3. 会话修补在会话过程中所占比例很小，两类儿童的平均数量都比较低，流动 1 是 13.12，流动 2 是 9.96。流动 1 儿童的平均会话修补次数多于流动 2 儿童。这表明在会话过程中流动 2 在会话修补策略这一语用能力方面的表现不如流动儿童。

4. 在发起话轮数量方面，流动 1 儿童与流动 2 儿童存在显著性差异（$P=0.015<0.05$）。从话轮数量的平均值来看，流动 1（71.69）小于流动 2（65.00）。这说明，在会话过程中流动 2 儿童参与会话互动的次数少于流动 1。

5. 从话语总数来看，流动 1 儿童平均话语数量为 89.87，流动 2 儿童的平均话语数量为 78.83，这说明流动 1 儿童比流动 2 儿童在参与会话的过程中主动表达的次数多。

表 38 流动 2 与流动 3 两类儿童的总体会话能力比较

	流动 2		流动 3		t	Sig.（双侧）
	均值	标准差	均值	标准差		
会话发起	27.34	17.57	22.00	15.87	-4.102	0.001**
会话维持	26.50	19.33	17.21	13.89	-6.243	0.023*
会话修补	9.96	10.24	7.38	5.31	-3.134	0.000**
话轮数量	65.00	36.32	56.47	28.56	-5.519	0.042*
话语总数	78.83	39.51	48.32	39.68	-4.831	0.000*

注：* 表示 $P<0.05$，差异显著。** 表示 $P<0.01$，差异显著。*** 表示 $P<0.001$，差异极显著。

从上表分析得知，两类流动儿童（流动 2 和流动 3）在会话发起、会话维持与会话修补三个方面的语用能力存在差异。话轮数量和话语总数两者也存在显著性差异。

1. 在会话发起方面，流动 3（处于未入园状态的儿童）的平均发起会话量为（22）要少于流动 2（就读于山寨园的流动儿童）（27.34），这说明相同时间内，流动 2 主动发起会话的次数要多于流动 3。

2. 在会话维持方面，流动 2 儿童的平均会话维持数量（26.50）比流动 3 的平均会话维持数量（17.21）稍高一些。这说明流动 3 儿童在会话的过程中围绕某一话题与他人交流的能力逊色于流动 2 儿童。

3. 在会话修补方面，会话修补在会话过程中所占比例很小，两组幼儿的平均数量都比较低，流动 3 是 7.38，流动 2 是 9.96。流动 2 儿童的平均会话修补数量多于流动 3 儿童。这表明在会话过程中流动 3 儿童运用会话修补这一策略的能力差。

4. 流动 3 儿童与流动 2 儿童在话轮数量方面的差异非常显著（$P=0.001<0.05$）。从话轮数量的平均值来看，流动 3（56.47）要小于流动 2（65.00）。这说明，在会话过程中流动 3 儿童参与会话互动与对方进行交流的次数少于流动 2 儿童。

5. 从话语总数来看，流动 3 儿童的平均话语数量为 48.32，流动 2 儿童的平均话语数量为 78.83，这说明流动 2 儿童比流动 3 儿童的语言输出量大，说话多。

表39 流动1与流动3两类儿童的总体会话能力比较

	流动1 均值	流动1 标准差	流动3 均值	流动3 标准差	t	Sig.（双侧）
会话发起	35.02	22.27	22.00	15.87	−3.526	0.031*
会话维持	36.35	14.47	17.21	13.89	−4.375	0.001*
会话修补	13.12	15.65	7.38	5.31	−3.652	0.013*
话轮数量	71.69	37.32	56.47	28.56	−6.012	0.002**
话语总数	89.87	46.79	48.32	39.68	−3.914	0.023*

注：*表示 $P<0.05$，差异显著。**表示 $P<0.01$，差异显著。***表示 $P<0.001$，差异极显著。

从上表分析得知，两类流动儿童在会话发起、会话维持与会话修补三个方面语用能力的 t 值均为负值，说明三者存在显著性差异。在话轮数量和话语总数方面也存在显著性差异。

1. 在会话发起方面，流动1的平均会话发起量（35.02）要大于流动3（22.00），这说明相同时间内，流动1发起会话的次数要比流动3多。

2. 在会话维持方面，流动3儿童平均会话维持数量（17.21）比流动1的平均会话维持数量（36.35）稍高一些，说明流动2儿童在与他人会话的过程中主动维持会话的能力要逊色于流动儿童。

3. 由于会话修补在会话过程中所占比例很小，两类儿童的平均数量都比较低，流动1是13.12，流动3是7.38。流动1儿童的平均会话修补数量多于流动3儿童的平均会话修补数量。这表明在会话过程中流动3儿童会话修补这一策略的运用逊色于流动儿童。

4. 流动1儿童与流动3儿童在话轮数量方面存在显著性差异（$P=0.002<0.01$）。从话轮数量平均值来看，流动1儿童（71.69）要小于流动3儿童（56.47）。这说明，在会话过程中流动3儿童参与会话互动的次数少于流动1儿童。

5. 从话语总数来看，流动1儿童的平均话语数量为89.87，流动3儿童的平均话语数量为 48.32，P 值为 0.023<0.05，这说明流动 1 儿童比流动 3 儿童说话多。

A 组流动 1 和城市儿童总体会话能力比较

表 40　流动 1 与城市两类儿童的总体会话能力比较

	流动 1		城市儿童		t	$Sig.$（双侧）
	均值	标准差	均值	标准差		
会话发起	13.92	10.62	13.01	9.72	-2.342	0.012*
会话维持	8.57	6.31	9.63	6.25	-5.007	0.004**
会话修补	2.94	2.97	3.18	2.79	-1.145	0.001**
话轮数量	18.00	12.68	19.78	17.21	-4.231	0.025*
话语总数	19.73	13.22	21.55	14.38	-3.957	0.000***

注：*表示 P<0.05，差异显著。**表示 P<0.01，差异显著。***表示 P<0.001，差异极显著。

从上表分析得知，流动 1 和城市儿童在会话发起、会话维持与会话修补三个方面的语用能力存在差异。话轮数量和话语总数方面也存在显著性差异。

1. 在会话发起方面，流动 1 儿童（就读于正规幼儿园的流动儿童）的平均发起会话量（13.92）要大于城市儿童（13.01），这说明相同时间内，流动 1 儿童发起会话的次数要比城市儿童多。

2. 在会话维持方面，流动 1 儿童的平均会话维持数量（8.57）比城市儿童的平均会话维持数量（9.63）稍低一些，说明流动 1 儿童在会话过程中围绕同一话题进行交流的能力不如城市儿童。

3. 由于会话修补在会话过程中所占比例很小，两组幼儿的平均数量都比较低，流动 1 儿童是 2.94，城市儿童是 3.18。流动 1 儿童的平均会话修补数量少于城市儿童的平均会话修补数量。这表明，在会话过程中城市儿童会话修补这一策略的运用能力优于流动儿童。

4. 流动 1 儿童与城市儿童在话轮数量方面的差异非常显著（P=0.001<0.01）。从话轮数量平均值来看，流动 1 儿童（18.00）要小于城市儿童（19.78）。这说明，在会话过程中流动 1 儿童参与会话互动的次数少于城市

儿童。

5. 从话语总数来看，流动 1 儿童的平均话语数量为 19.73，城市儿童的平均话语数量为 21.55，$P=0.000<0.001$，这说明两者存在显著性差异。

B 组城市儿童与流动 1 的总体会话能力比较分析

表 41　流动 1 与城市两类儿童的总体会话能力比较

	城市儿童		流动 1		t	Sig.（双侧）
	均值	标准差	均值	标准差		
会话发起	33.00	19.72	32.67	22.86	−2.545	0.051
会话维持	29.75	22.45	26.10	10.71	−4.626	0.013*
会话修补	10.12	8.47	9.03	12.12	−1.327	0.031*
话轮数量	55.18	28.35	50.21	27.23	−3.549	0.004**
话语总数	80.34	47.91	73.25	46.79	−4.743	0.012*

注：* 表示 $P<0.05$，差异显著。** 表示 $P<0.01$，差异显著。*** 表示 $P<0.001$，差异极显著。

从上表分析得知，流动 1 儿童和城市儿童的会话维持与会话修补两个方面的语用能力存在显著性差异，会话维持的 P 值为 $0.013<0.05$，会话修补的 P 值为 $0.031<0.05$，两者差异显著。话轮数量 P 值为 $0.004<0.05$ 和话语总数 P 值为 $0.012<0.05$，差异显著。两类儿童在会话发起方面，从均值来看城市儿童的略高于流动 1 儿童，但是 $P=0.051>0.05$，不存在显著性差异。

1. 在会话发起方面，流动 1 儿童的（就读于正规幼儿园的流动儿童）的平均发起会话量（32.67）小于城市儿童（33.00），这说明相同时间内，流动 1 儿童发起会话的次数要少于城市儿童。

2. 在会话维持方面，流动 1 儿童的平均会话维持数量（26.10）比城市儿童的平均会话维持数量（29.75）稍低一些，说明流动 1 儿童在会话过程中不如城市儿童在主动维持会话方面做得好，围绕同一话题开展交流的能力差。

3. 两类儿童的会话修补 P 值小于 0.05，存在显著性差异，两类儿童的平均值分别为：9.03（流动 1）和 10.12（城市儿童）。流动 1 儿童的平均会话修补数量少于城市儿童的平均会话修补数量。这表明，在这一年龄段，参与调查的城市儿童在会话过程中使用会话修补这一策略的能力较强。

4. 流动1儿童与城市儿童在话轮数量方面存在显著性差异（$P=0.004<0.01$）。从话轮数量平均值来看，流动1儿童（50.21）要小于城市儿童（55.18）。这说明，在会话过程中，流动1儿童参与会话互动的次数少于城市儿童。

5. 从话语总数来看，流动1儿童的平均话语数量为73.25，城市儿童的平均话语数量为80.34，$P=0.012<0.05$，这说明两者存在显著性差异。

C组城市儿童与流动1的会话能力比较分析

表42 流动1与城市两类儿童的总体会话能力比较

	城市儿童		流动1		t	Sig.（双侧）
	均值	标准差	均值	标准差		
会话发起	35.02	22.27	36.00	22.88	-3.342	0.031*
会话维持	36.35	14.47	49.25	19.24	-3.759	0.001*
会话修补	13.12	15.65	16.67	13.24	-2.733	0.013*
话轮数量	71.69	37.32	86.47	28.56	-6.012	0.002**
话语总数	89.87	46.79	98.32	39.68	-3.914	0.023*

注：*表示$P<0.05$，差异显著。**表示$P<0.01$，差异显著。***表示$P<0.001$，差异极显著。

从上表分析得知，流动1和城市儿童在会话发起、会话维持与会话修补三个方面的语用能力存在显著性差异。话轮数量和话语总数两者的P值分别为$P=0.002<0.05$，和$P=0.023<0.05$，存在显著性差异。

1. 在会话发起方面，流动1（就读于正规幼儿园的流动儿童）的平均发起会话量（35.02）要稍低于城市儿童（36.00）。这说明，相同时间内，流动1发起会话的次数要比城市儿童少，会话发起的P值为$0.031<0.05$，两者存在显著性差异。

2. 在会话维持方面，流动1儿童的平均会话维持数量（36.35）比城市儿童的平均会话维持数量（49.25）稍低一些。这说明，在会话过程中流动1儿童在主动维持会话方面做得不如城市儿童好。

3. 在会话修补方面，会话修补在会话过程中所占比例很小，两类儿童的 M 值都比较低，流动1儿童为13.12，城市儿童为16.67。流动1儿童的平均会话修补数量少于城市幼儿的平均会话修补数量。这表明，在会话过程中城市儿童会话修补这一策略的使用能力要优于流动儿童。

4. 流动1儿童与城市儿童在话轮数量方面都存在显著性差异（$P=0.002<0.01$）。从话轮数量的 M 值来看，流动1儿童（71.96）小于城市儿童（86.47）。这说明，在会话过程中流动1儿童参与会话互动的次数少于城市儿童。

5. 从话语总数来看，流动1儿童的平均话轮数量为89.87，城市儿童的平均话语数量为98.32，$P=0.023<0.05$，这说明两者存在显著性差异。

（五）分析与讨论

语用能力是人们在现实生活中使用语言来处理问题的能力，是人类社会交往能力中非常重要的一个方面。学前阶段是人生发展的基础，这一时期的儿童在语言、认知、情感和社会性等方面都开始萌芽。作为语言能力的重要组成部分，语用能力发展得好坏直接关系到儿童能否更好地完成交际任务，融入社会，从而更好地生存等问题。从数据整体分析来看，无论是流动儿童还是城市儿童，无论是就读于正规幼儿园还是山寨幼儿园，但凡在幼儿园接受了教育的孩子普遍在会话能力方面要优于未入园状态的儿童。从入园学习的儿童的语用能力来看，流动1（进入正规幼儿园学习的流动儿童）会话能力各个方面的表现都逊色于城市儿童，流动2则逊色于流动1，城市儿童的会话能力各个方面都表现最好。下面对三组四类儿童语言运用能力的发展情况，分别依据平均分，做以横向和纵向对比分析。

1. 会话发起：

表43 三组四类儿童的会话发起均值

类别	A组	B组	C组
城市儿童	13.01	32.67	36.0
流动1	13.92	33.00	35.02
流动2	12.01	25.59	27.34
流动3	10.03	18.00	22.00

<<< 第五章 三组四类儿童语言发展四因子调查研究

会话发起的英文说法是 topic selection，译为"话题选择"，主要考察儿童主动与他人开展交流的能力，也就是儿童自主选择喜欢的话题与他人进行交流的能力。会话发起是会话活动开始的第一步，从会话发起这一项的数据分析来看，流动3到流动1儿童的均分在各个组别间依次呈递增状态，A组和B组城市儿童的平均分低于流动1的A组和B组。

比较来看，城市儿童在这一项的得分不如流动1，但是这不能说明城市儿童的话题选择能力要弱于流动1，因为本部分研究调查的是话题选择的次数，这并不能全面反应儿童选择话题的能力。城市儿童的话题选择次数低于流动1，一个可能的原因是城市儿童的语言认知水平高，会话能力强，围绕一个话题开展的会话时间长，从而导致在有限的30分钟内话题选择的次数少；另一个可能的原因是流动1和城市儿童的语料收集在同一所幼儿园完成，在收集自然对话语料的时候并没有对流动1儿童和城市儿童进行区分，有的是城市儿童和城市儿童之间的交流，有的是城市儿童和流动儿童之间的交流，也有的是流动儿童和流动儿童之间的交流，这样会导致很多语料来自流动儿童和城市儿童的对话，也有很多是流动儿童和流动儿童的对话。而我们在数据分析的过程中，并不能对会话双方是哪类儿童做进一步详细区分，只是将各类儿童的语料单独提取出来进行分析。如果会话双方是城市儿童与城市儿童，则很可能是因为城市儿童的语言能力强，认知水平相当，有着近似的生活体验，会话双方能够对一个话题产生比较持久的兴趣，或展开较为广泛的交流。例如，研究者在调研过程中，看见两个孩子在谈论"无人机"谈得热火朝天，话题一直持续了近十分钟。此类情况会致使有限时间内话题发起的次数减少。

进一步分析三组儿童的得分情况，发现组间整体呈递增趋势，但A组与B组的均分差要大于B组与C组的均分差。这说明，儿童的会话发起策略随年龄的增长而提高，儿童早期的语言能力和社会性发展很快，从36个月到48个月到60个月，认知和语言能力呈跳跃式发展。作为语用能力的一个方面，会话发起也是儿童社会性行为和语言能力发育的重要体现，但哪个年龄段的会话能力发展最快，36个月到60个月是不是儿童会话发起能力发展最快的年龄，为什么发展如此快，需要做进一步大规模、多个年龄段的调研，也需要从脑科学寻找更有说服力的证据。

2. 会话维持：

表 44　三组四类儿童会话维持均值

类别	A 组	B 组	C 组
城市儿童	9.63	29.75	49.25
流动 1	8.57	26.10	36.25
流动 2	7.60	17.23	26.50
流动 3	6.50	11.23	17.21

会话维持是衡量儿童会话能力的重要标准，儿童会话失败的主要原因是没有掌握会话维持的策略，不知道如何来维持话题或者如何将对话延续下去（杨晓岚，2009）。从本研究的会话维持一项来看，从流动3到流动2到流动1到城市儿童，三个年龄段儿童的会话维持平均分呈递增趋势。这说明，城市儿童的会话维持能力要优于流动儿童，流动1（就读于正规幼儿园的儿童）在流动儿童中的表现最好，而流动3（处于未入园状态）儿童的会话维持能力最差。

主要原因有以下几点：

第一，就读于正规幼儿园的流动儿童本身家庭条件较为优越，否则家长没有条件将孩子送入此类幼儿园就读。这些孩子整体而言在入园前的语言发展优越于其他流动儿童。访谈得知，这些家长大多从事简单技术行业或者零售业，收入相对高一些，也比较稳定，他们经常会给孩子购买图书等学习用品，并在孩子入园前能够经常陪伴孩子阅读，使用手机、故事机等工具为孩子播放音乐、歌曲、故事等；而且有些家长自己乐于阅读，家中会有一些书籍，这无疑非常有利于孩子的语言发展。

第二，无论是哪种类型的幼儿园，都会吸引众多儿童前来就读。儿童数量越多，面临的问题也会越大，一个比较好的管理方法就是组织集体活动。这同时也能够为儿童创造更多的参与机会，有利于他们的社会性发展。儿童在与同伴玩游戏的过程中，需要使用语言进行沟通才能完成共同的活动任务，同伴之间的频繁交流加上老师的正确引导，能够帮助儿童锻炼会话能力，促进他们语言能力的发展，使儿童在无形之中自然而然地学到，并锻炼维持话语的基本策略。

第三，流动3儿童的会话维持能力平均值最低，这是因为此类儿童长期处于未入园状态，有的曾经就读于山寨幼儿园，因为山寨园被清理等多种原因，当前无处可去；也有很多跟随父母去了务工地，在离父母工作地不远的地方自行游荡；有的在居住地附近与其他流动儿童三五人结成群，一起游荡或者游戏。他们的父母因工作需要，无暇顾及他们，对他们疏于管理和关爱。此外，他们也不了解早期语言教育的重要性，不能为儿童提供好的早期语言发展环境。

从三组儿童的会话维持平均值整体分析，三组儿童的得分呈上升趋势，城市儿童的分值增长率最高，分值跨度最大。这说明，无论是哪一类儿童，无论该项得分多少，其会话维持策略和能力的形成总体上都是随年龄递增的。

3. 会话修补：

表45 三组四类儿童的会话修补均值

类别	A组	B组	C组
城市儿童	3.18	10.12	16.67
流动1	2.94	9.03	13.12
流动2	7.60	7.55	9.96
流动3	1.89	4.23	7.38

人们在会话过程中会由于各种原因出现中断现象，为了进一步推动交流走向成功，人们总在不断进行会话修补。会话修补是一种比较高级的会话能力，能够帮助人们维持中断的对话。对话修补能力的强弱可以表现出儿童语言能力发展的差异性。根据国内学者周兢和杨晓岚的研究，会话修补方面的技巧包括请求重复、请求实证、请求详述、请求解释、完全重复、证实内容、详述内容、解释内容、不适宜回应、无回应9大类（梁金梅，2015），因为数量较少所以本次研究中没有做具体细分，而是将这9大类型会话修补放到一起，分析其总量的差异。

学前儿童因年龄幼小，认知能力差，听说器官发育不够成熟，或者环境嘈杂等原因导致会话中断，这就要求他们通过会话修补策略来实现成功交际。

从上表各组会话修补数量的平均值横向分析发现，从 A 组，到 B 组，到 C 组，儿童的会话修补能力是在不断提高的；纵向来看，从流动 3 儿童到城市儿童依次呈上升趋势。城市儿童得分高于 3 类流动儿童。这表明，流动儿童在交流互动的过程中较少使用会话修补策略，在交流过程中遇到听不懂、听不清楚的地方，或者不理解说话者所要表达的意思时，不能主动发问。流动儿童对诸如"你说什么？""什么？""然后呢？"这样的语言使用较少。根据 Anselmi（1986），健康儿童一般在 3 岁左右就已经基本掌握了正确回应他人修补请求的能力，因此，如果 36 个月以上的流动儿童不能清楚表达自己的意愿，或者在对方没有明白自己的话语的时候不能积极做出有效回应，或者补充解释的次数少，存在多种可能的原因。第一，儿童不能正确判断自己是否被理解。第二，不知道在别人不理解自己的话语时需要自己重新做出调整。第三，性格或者其他生理、心理因素。然而访谈发现，在幼儿园表现胆怯的流动儿童在自己家人面前的表现却完全不一样，他们在家中有着与其他同龄人一样的天性，同样爱说爱笑，会话过程中表现出各种请求和各种表达。但为什么在幼儿园的表现差距如此之大？据了解，很多入城流动人口因发现自己与城市当地人存在各种差距，如语言、外貌，所从事的职业等，感到心理有压力所以不爱说话，尤其在人多的地方他们喜欢安静地听。在他们身上，语言的功能已经失去了本色。有位流动家长在访谈中说："我也想说普通话，但是舌头发硬，说出来的自己都不中听，让人听了笑话，所以不说了。"在问及他的家乡话使用情况时，他说："我的家乡话外人听不懂，有时需要一边说一边使劲咬清一些字眼，有时候前面说的什么都忘了，感觉很不舒服，所以干脆不说了。"不会说普通话导致他们很多时候有口难言，于是他们不愿与领导、同事交流，经常会感到自卑，更不愿意主动见陌生人。很显然，语言问题已经成了他们融入城市的一大障碍。

此外，流动人口经常会遭到城里人的歧视。他们为了更好地生存，委曲求全，有的时候吃了亏也不愿意说出来，更不用说在听不懂别人的话，或者别人听不懂自己的话时能够主动去修补。表现在儿童身上，他们也会表现出同样的反应。从农村入城的学前流动儿童在幼儿园内经常表现出比较胆怯、不自信的情况，他们有时不愿意表达自己的想法，甚至说话时低着头，声音很小，与孩子们一起游戏时，也经常站在一边看，参与度比较低（尹静，

2019）。流动儿童的语言认知能力差，如果他们不熟悉会话涉及的内容，或者对内容不感兴趣，也不可能进行会话修补，这只能迫使城市儿童重新开始或者选择新的话题。研究表明，会话行为受环境的影响显著，成人的会话行为会对儿童的会话修补能力产生影响，如果周围经常有人对幼儿发起修补请求，儿童就会表现出较强的会话修补能力。所以，学前流动儿童话语修补能力的培养离不开家庭和社会的共同努力。

五、三组四类儿童语言能力发展研究总结与建议

本部分研究通过语言测试和走访、访谈相结合的原则，对三组（A 组：3—4 岁，B 组：4—5 岁，C 组：5—6 岁）四类（1. 就读于正规幼儿园的流动儿童；2. 就读与流动幼儿园的流动儿童；3. 未就读任何幼儿园的流动儿童；4. 城市儿童）儿童四因子（词汇、句法、语音、语用）做了全面研究，探讨了儿童的语言能力发展情况，分析了造成儿童语言发展差异的原因。现将研究中发现的问题做逐一总结，并尝试提出相关政策建议。

（一）总结

1. 语言学习条件决定语言习得效果。从四个因子的发展情况分析，城市儿童具有显著优势，处于散养状态的儿童处于劣势；儿童无论入读何种性质的幼儿园，其语言发展都比处于散养状态的好，并且就读于正规幼儿园要优于非正规幼儿园。这说明，外部语言教育条件的好坏对儿童的语言发展有决定性影响。

2. 儿童语言习得过程遵循固有的顺序和规律，具有可预测性。无论处于何种受教育情况，儿童的语言能力总会随年龄的增长而不断提高。这说明，尽管不同孩子之间语言发展的速度存在差异，但各个发展阶段的顺序是固定不变的，其发展状况可以高度预测。

3. 流动家长在学前子女教育方面力不从心。流动家庭的社会经济地位和家庭语言政策存在先天不足，政府和社会缺乏对学前流动儿童的特别关照，致使这部分儿童在入学前的语言准备工作不得力。

4. 非正规幼儿园的存在解决了部分学前流动儿童的受教育问题，是广大流动家长解决子女接受早期教育的权宜之计，但是此类幼儿园常常因政策限制而被遣散或者被迫停业，导致这些儿童仅有的受教育机会被剥夺。

（二）政策建议

1. 从政策层面落实学前流动儿童的登记注册工作，鼓励社会力量协同管理，以其聚居地为核心建立看护点，在力所能及的范围内为其提供早期教育。

2. 出台学前儿童词汇、句法、语音、语用能力培养细则，加大宣传力度，提高家庭、幼儿园和社会的整体认识，为培养儿童语言能力提供参考。

3. 从政策层面落实流动家长的教育培训工作，协同社会力量开办多种形式的培训学校，开发各种课程，提高家长的受教育水平，帮助其增收减负。

4. 出台"山寨"幼儿园管理条例，对其加强管理的同时给予一定的政策与资金支持，鼓励更多社会力量施以援助，有条件的情况下可以收编为民办公助型正规幼儿园，纳入社会监督和国家政策的管理范围之内。

第六章

学前流动儿童的语言发展与影响因素研究

作为人类终身学习的开端，学前教育不仅是国民教育体系的重要组成部分，更是利国惠民的大事。改革开放，尤其是 21 世纪以来，我国学前教育的普及度和教育质量逐年提高，但总体观之仍是我国各级各类教育中的薄弱环节，教育资源短缺、经费与师资力量投入不足、教师队伍不健全、教育机制不完善、城乡教育水平不均衡、"入园难""入园贵"等突出问题仍旧普遍存在。

穿梭于农村和城市两个环境的学前流动儿童，其"流动性"身份决定了他们已经成为政策以外的第三者。他们不是城市儿童，无法享有城市儿童的教育资源；户口虽然在农村，但是也难以享受农村儿童的教育优惠。学前儿童的类别问题应当引起政策制定者的注意，仅仅将其笼统划分为"城市学前儿童"和"农村学前儿童"两类，显然已经不能满足当前形势的需要。在全面倡导教育起点公平的今天，游离于这两者之外的第三类学前儿童——"学前流动儿童"的相关待遇和权力问题理应引起广泛关注。

本研究从宏观、中观和微观三个方面入手，以文献分析法和实证法相结合的方式，分别调研了国家、各市区（北京、上海、广州）教育部门的教育政策以及语言教育政策和相关法律法规的制定及实施情况；各幼儿园、社区和家庭层面的语言政策，以及对上级政策的实施情况；幼儿家庭内部语言政策实证调研；三组四类儿童四因子（词汇、句法、语音、语用）发展情况实证调研。全面了解了我国学前流动儿童和城市本地学前儿童的语言发展情况，并在此基础上分析了影响学前流动儿童的语言发展状况的影响因素。

第一节 三层面语言教育政策与三组四类儿童四因子调研情况

一、宏观层面语言教育政策制定与实施情况

学前流动儿童的入园率仍旧远低于学前儿童整体平均入园率。目前国家层面仍未出台任何有关学前流动儿童（随迁子女学前教育）的管理规定，这一问题也未被纳入基本公共服务范围。学前流动儿童因学前阶段未能接受高质量的教育，甚至学前教育空缺，会对未来的生活或学习带来很多不利影响。

本研究正是本着以上问题，对国家宏观层面的语言政策、教育政策、幼儿园教育以及流动儿童语言政策方面的相应法律法规及政府文件做出解读，层层分析了国家对学前流动儿童语言教育的关注力度，涉及的政策文件主要有《中华人民共和国教育法》《中华人民共和国国家通用语言文字法》《国家中长期教育改革和发展规划纲要（2010—2020年）》《3—6岁儿童学习与发展指南》《幼儿园教育指导纲要（试行）》等45份，发现国家宏观层面对处于基础教育阶段的学前儿童教育，以及语言教育都提出了宏观的政策指导，各个文件互为补充，相辅相成，并且以法律法规的形式将学前儿童的受教育权利和享受语言教育的权利加以规定，并明确指出各地地方相关部门以此为指导，因地制宜，根据本地区的经济和社会发展情况制定并实施适合本地情况的学前儿童教育和语言教育政策。虽然各个市、区都能够根据自身的实际情况制定相应的政策，并采取不同的措施加以落实，使相关工作见到成效，但仍然存在以下几个问题。

（一）现阶段的语言文字政策在语言教育方面并没有明确的细则，并且教育政策方面关于语言的条款也并不具体。这凸显出有关儿童早期语言教育政策的落实存在空缺和不足。

（二）国家层面对幼儿园语言文字教育的目标较为浅显，只有笼统的整体能力要求，对语音、词汇、语法（词法和句法）以及语用能力发展并没有提出具体要求；缺乏对儿童语言发展关键能力，如讲故事能力的解读。由于上级政策并没有对一些具体语言能力加以界定，导致下级幼儿园在解读政策和实施政策的过程中存在偏差。以北京交通大学附属幼儿园为例，其语言教育工作在全区屈指可数，但是在全园三个学龄段的儿童语言教育方案里并没有提及早期语言能力的核心——讲故事能力的培养。其他幼儿园都是面临同一个问题，这与上级相关政策缺乏有着直接关系。

（三）国家政策层面缺乏专门针对儿童早期日常语言教育的论述。根据上文分析，关于儿童基本语言教育内容的叙述已经足够详细，也非常有针对性，但是日常语言教育的细节和做法未有提及。从《指南》分析来看，语言教育并未区分基本语言教育和日常语言教育，不能对家庭语言教育做出更好的指导。此外，对儿童早期语言发展的某些关键能力，如讲故事能力的培养并未做出明确指示，更没有出台相应的培养方案。

（四）没有明确关于幼儿园语言教育的评价机制。各地区（市、区、地方幼儿园，或其他教育机构）根据教育部门颁布的相关幼儿园的教育文件来实施具体教育教学工作时，会存在因对国家宏观政策解读力度不够或理解出现偏差，而感到无力，甚至导致对上级精神领会不透，不能正确指导基层教育的实施，不能因地制宜执行语言教育工作的展开等问题。

（五）学前流动儿童没有作为一类儿童纳入国家教育政策的管理范围。以北京市为例，相关政策明确指出工作重点是面向"农村儿童"，而且根据上下文分析来看，与"农村儿童"相对应的是"城市儿童"，而作为处于义务教育之外的，既非"农村儿童"，又非"城市儿童"的"流动儿童"的教育和语言教育政策却没有任何表述，应当拓展"基础教育类型"，将学龄前儿童根据具体性质做进一步划分，并根据情况实施分类教育。国家层面应当明确为"学前流动儿童"的教育和语言教育问题制定政策，以法律的形式加以规定，并强化各级政策制定者和执行者的重视。

（六）针对流动儿童语言能力发展的政策几乎空白。在国家层面制定的教育政策与法律法规中，与流动儿童语言能力培养和发展等相关的内容过少，除了相关文件提到加强流动儿童使用国家通用语言外，并未说明应该通过何种具体渠道或具体方法提高流动儿童的语言运用能力，也未提到家长在发展流动儿童的语言能力时应尽的责任和义务。国家对学前流动儿童语言教育方面的关注力度不够，这也是今后关于流动儿童语言能力发展研究所要探讨的问题，是国家以及各省市日后在制定教育政策时需要重视的问题。

以北上广为代表的三个大城市在落实中央政策时，各自结合地区特点做出了一些创新性尝试，制定出台了一系列具体措施和办法，体现出各地政府的主要工作目标和决心。三大城市在创办、扶持惠普性幼儿园、扩增学位、加大学前教育财政投入、社会公益性组织介入、促进教育公平等方面都取得了一定的成绩，但各地政府在学前儿童教育政策与语言政策的制定以及执行方面各有得失，现分别总结如下：

（一）北京市各区政府对学前儿童教育政策以及语言政策的具体执行力度不一，在做好儿童语言教育工作方面虽然取得了一些成效，但还存在一些问题。首先，各区政府对保障适龄学前儿童入园问题的重视度还不够。各个区政府结合当地具体情况制定了大量中小学少年儿童的教育政策以及相关法律法规以保障少年儿童的受教育权，但没有制定明确的政府公文确保适龄学前儿童进入当地幼儿园接受教育，也没有为流动儿童提供足够的政策保障，没有将监督流动儿童入园接受教育的职责进一步落实到各个部门，没有明确各部门的分工。

其次，城乡幼儿园的数量、教育质量、相关教学设施仍存在差异。各区政府加大教育经费投入，为幼儿园提供财政支持，用于购置教学设备和教育设施，提升幼儿园的办学条件，但农村地区仍存在教育资源相对匮乏、师资力量不足、幼儿园数量较少、无法惠及广大学前流动儿童的教育需求等问题。另外，各区政府非常重视中小学少年儿童的语言文字教育，在中小学开展各项语言文化知识活动和竞赛，但普遍忽视学前儿童的语言文字工作，对学前儿童的语言教育没有制定明确的措施，没有进行明确规划，政府对学前儿童语言教育的重视度不够。

（二）上海市为推进各级各类教育健康和谐发展出台了一系列举措，从宏观纲领到各阶段的教育要点都进行了部署，有效保障了"基础教育""职业教育""高等教育""终身教育"的顺利进行。首先，上海市重视学前教育事业，积极扩大办园规模，为提高办园质量，通过各种形式的培训加大对幼儿教师队伍的培养，积极推进教育教学改革，不断推广新的教育教学理念。为了保证幼儿园教育质量，制定和完善了幼儿园质量评价标准和督导评估指标体系，建立健全学前教育质量检测机制，使教育行政部门、办园者，以及幼儿教师进一步明确了办园方向。

上海作为现代化大都市，其教育教学改革也走在我国其他地区先列。首先，上海市为解决义务教育阶段流动儿童和义务教育之外的学前流动儿童教育方面做了大量工作，比如通过完善民办三级幼儿园和在流动人口聚聚地区建设学前儿童看护点等办法有效保护了这些特殊儿童在沪的受教育权利。这些举措体现出上海市政府对特殊儿童群体的关照，同时也体现了上海市在我国社会和文化发展过程中的领先地位。

此外，上海市重视语言文字工作，以及学前儿童的语言教育问题，并为此做了大量改革和创新性尝试，并取得了显著成效，值得全国其他地区效仿和学习。上海市为提高市民的语言文字意识，依法管理语言文字工作，一方面推动上海地区语言文字使用的规范化，另一方面为语言教育和方言传承提供保障。在学前儿童语言教育方面，上海市出台了《3—6岁儿童发展行为观察指引》，从6个维度描述了对儿童发展的要求，对儿童"语言与交流"维度做了科学、详细的说明，并为幼儿园和教师了解学前儿童语言发展的方式提出了建议。但该文件并没有阐明观察和评价标准的细则，这很可能会导致评价结果缺乏客观性。在其他市一级文件中也没有专门针对学前流动儿童的语言或者教育问题的规定，只是笼统地归为学前儿童，上海市虽然已经针对学前流动儿童的相关教育问题做了大量的努力和尝试，并取得了积极成效，但是市级政策的缺失必然会影响地方对政策的解读和执行力度。

（三）广州市教育政策对学前儿童的重视度不够，儿童语言发展的相关语言教育政策，不仅数量不足，而且相关条例空洞，缺乏针对性。目前，广州市已制定的教育政策侧重于中小学、高中等义务教育阶段的学生，对学前儿童的关注与政策倾斜度不足。政治上对学前教育的无力，以及政策上的缺失，使得已出台的教育政策因执行缺少监管而实施力度不足。

在语言政策推广方面，广州市所采取的推普行动在一定程度上促进了该市语言文字的标准化与规范化，但其对国家政策的响应程度与所颁布的具体语言文字政策数量与质量并不成正比。相关语言政策条例的无针对性和宽泛性给下级相关部门的政策执行带来一定困难。特别是在学前流动儿童接受平等的教育和语言教育问题上，广州市政府目前并未出台专门政策，与流动儿童相关的非政策性内容多附带于其他文件中发行。政策上的空白使得地方各区县的执行力度大大缩减，学前流动儿童的受教育问题得不到根本改善，并且"语言排外"和得不到"身份认同"等现象日益加剧，这给他们的融城带来了阻碍。流动儿童的入园问题和语言发展问题未得到应有关注，教育资源严重倾斜，由此造成的"教育不公""机会不公"让流动儿童的教育形成"代际贫困"，并成为阻碍我国教育事业的进一步发展的绊脚石。

以上问题的根源在于政府制定和执行相关政策的力度与决心不足，政府应该担负起学前教育的普及与供给责任。只有政策高质量化、条例详细化，以及执行与监管的有效化才可以在很大程度上发挥政府上下级的优势，保障学前教育的公益性，防止过度市场化倾向，进而改变学前教育治理的"碎片化"状态和学前流动儿童的"教育代际贫困"现状。

反观国外，早在1960年，美国政府就已经出台了针对流动儿童教育问题的方案——"流动人口教育计划"（Migrant Education Program），主要目的是为流动儿童提供补偿教育，以支持其发展。1965年，美国发起了"启智计划项目"（Head Start Program），旨在改善处境不利儿童的受教育状况，引导和鼓励流动父母积极参与孩子的教育活动，为低收入家庭和儿童提供早期教育服务。2001年，美国政府又通过了《不让一个孩子掉队法》（No Child Left Behind），专门为流动儿童提供拨款资助，以国家立法的形式保证补偿教育计划的实施，积极推动实现教育公平。另外，这些项目还涉及对流动儿童家庭教育提供指导性服务的内容，包括帮助家长认识掌握语言和基本读写技能对个体发展的重要性，以及家庭在这些技能培养过程中的作用，其中一项重要的内容是通过家长课堂、家长支持小组和家庭指导等活动，帮助流动儿童父母掌握有关语言发展、应急阅读策略以及营造良好家庭文化氛围的知识。由此可看出，提高流动儿童的语言运用能力并不只是孩子的任务，其父母也应该被列为教育的对象，提高流动儿童父母的沟通技巧、亲子阅读水平、英语和学历水平。

二、中观层面（幼儿园、社区）语言教育政策的制定与实施情况

（一）幼儿园层面的相关情况

从结果分析来看，各个正规幼儿园都有一位精明能干、敬业爱岗的幼儿

园园长。她们了解我国现有的教育政策和语言教育政策，能够在实际工作中，根据文件精神带领教师参与各种教育教学工作；她们都对早期语言教育的重要性持认可态度，能够指导和带领全园教师充分开发和利用环境资源，为儿童创造语言学习的各种机会，语言教育内容较为科学和全面。此外正规幼儿园还有一批业务能力好、责任心强的幼儿教师。她们能够在园长的带领和指导下参与园内各种语言资源建设工作，积极参与各种教研活动，认真完成各项基本的教育教学任务。流动幼儿园园长和教师的情况大相径庭。现将两类幼儿园存在的问题总结如下：

1. 正规幼儿园园长能够领会上级的各种政策精神，紧跟国家教育政策，理念新颖，行动力强，但许多工作只是表面文章，多家正规幼儿园的区角设置流于形式，有些教师也没有按计划有条理地指导幼儿进行区角活动，相反这些区角有的成为幼儿自娱自乐的场所，有的成为儿童的"禁区"，成为应付上级检查的工具，其功能并没有很好的得以体现。

2. 教材选择方面，因为国家没有统一教材，幼儿园的教学素材均来自园内多年的积累，选材自由度大，有时不能很好地满足幼儿需要。

3. 广大幼儿教师虽然能够在园长的指导下完成教育工作，但由于对上级教育政策缺乏显性认识，对其精神内涵的把握也差强人意，这即不利于教师自身的成长，也不利于教育工作的高质量进行。

4. 正规幼儿园教师整体待遇较低、流动性较大、职业规划差、高学历者（硕士以上）较少、数量供给缺口巨大、师资流失严重。虽然正规幼儿园的教师大都教育专业毕业，但具备学前教育经历的并不多；虽然能够根据园长指示开展各种教育教学活动，但是对上级的各种教育政策并不了解，仅仅停留在教学层面，研究意识薄弱。

5. 各级各类幼儿园缺乏因人而设的语言教育目标。没有根据本园幼儿的实际情况制定合适的日常语言教育和基本语言教育目标，并没有为实现教育目标而采取相应的规划和语言管理工作。

6. 受户籍制度的限制，学前流动儿童接受正规教育的权利难以得到保障。正规幼儿园不仅数量少，而且门槛高，使广大学前流动儿童望"园"却步，有的只好被家长送去非正规幼儿园就读。非正规幼儿园语言生态环境建设薄弱，因师资力量薄弱、语言教学资源匮乏、语言教学活动单一、教师语言使用不规范等因素，导致流动儿童接受语言教育的权利和效果难以得到保障。

（二）社区层面的相关情况

流动儿童与城市儿童所在社区的语言生态建设呈现出显著差异。国家相关部门对文件明确指出社区教育的重要意义，作为协同幼儿园与家庭教育的第三方，社区是文化建设的有机组成部分，但是目前相关工作不尽如人意。某些城市儿童所在社区内的语言活动由于存在诸多干扰因素而难以顺利开展并执行，但其整体状况仍然远远优越于流动儿童所在社区。现将相关问题总结如下：

1. 国家对学前儿童的教育政策和语言教育政策宣传力度不够，社区和居民对学前儿童的教育政策和语言教育政策则知之甚少，对早期语言教育重要性的认识不足，社区没有很好地与幼儿园以及家庭做好沟通联系工作，有针对性地开展服务学前儿童语言教育的工作。

2. 我国社区工作起步晚，尚未走入人心。社区工作的影响力不够强大，家长对社区组织的语言文化活动不够信任，或者不感兴趣，或者置若罔闻，导致社区人员煞费一番苦心，参与者人数寥寥。

3. 流动人口一般居住于城中村或城乡接合部。这些社区内的文化设施和文化条件较差，没有什么社区服务活动，有些社区活动中心只是流于形式，没有实质性的功能，对流动人口帮助不大。

4. 部分流动人口居住于城市居民楼的地下室内，他们与城市居民共同分享社区内的各种文化服务。由于其社区融入性不足，有时会被社区工作人员忽视，导致相关活动通知发放不到位。再者，流动家长的早期语言教育意识不足，对社区组织的多种语言文化活动支持不够，以致错失流动儿童参与更多语言体验的机会。

三、微观层面家庭语言政策的具体情况

首先，本部分研究证实了家庭语言政策理论在单语母语环境下的适用性，拓展了家庭语言政策研究，为未来相关问题的研究提供了理论依据。此外，本部分研究还第一次有力证实了社会经济地位对家庭语言政策的影响，有三个重要发现：

(一) 我国幼儿园家庭的家庭语言意识和家庭语言实践情况较好，但在家庭语言管理方面较为薄弱。

(二) 斯波斯基的家庭语言政策三个维度相互作用，即家庭语言意识显著影响家庭语言管理和实践，同时家庭语言管理显著影响家庭语言实践。

(三) 在家庭社会经济地位的5个维度中，母亲的受教育程度显著影响家庭语言政策。

这为我国乃至世界同等情况下的教育扶贫，或者语言扶贫工作政策的制定提供了重要依据。

第二，本部分研究围绕家庭语言政策理论框架，调研了城市儿童和流动儿童的家庭语言生态环境建设情况，主要包括城市家长和流动家长的语言使用态度、两类家庭内部的语言选择及语言实践状况、两类儿童的语言教育观念，以及两类家长对儿童进行语言教育的主要内容，现将发现问题总结如下：

(一) 在语言态度方面，主要调查了两类家长对"普通话""英语""家乡话""北京土话"四种语言的态度，包括"亲切""体现社会身份""好听""有用"等维度。城市家长和大多数流动家长都注重孩子普通话能力的培养；众多流动家长出于语言身份与文化情感，会在家庭内部使用方言；在城市家庭中，家长对方言的学习更多采取不支持也不反对的态度，方言在家庭中的使用呈出现代际差异。两类家长对北京土话的认同度都较低。

(二) 在语言选择与语言实践方面，主要调查了"亲子阅读""亲子沟通聊天""看电视/视频""亲子游戏"四个方面。两类家庭在促进普通话和英语学习方面喜好的活动形式不同。在儿童普通话学习方面，城市家长更加注重亲子阅读和亲子沟通聊天，而流动家长更加注重看电视；在儿童英语学习方面，城市家长重视看电视/视频和亲子阅读，而流动家庭一般只选择看电视。

(三) 在语言管理和语言教育内容方面，主要考察了语音、词汇、会话、阅读、听故事、儿歌、古诗词、识字、英语教育等几个方面。两类家长对孩子进行语音教育的意识都不够，不了解语音教育与阅读能力培养之间的关系。城市家长对语音教育的理解是纠正发音错误，而流动家长没有这方面意识。在词汇教育方面，城市家长和流动家长都重视词汇教育。城市家长掌握比较灵活的词汇教育方法，能够在阅读中对孩子进行词汇教育，并且会对生活中遇到的生词随时进行讲解，对词汇教育持有循序渐进和顺其自然的态度；而流动家长方法比较单一，主要在说话或者遇到新事物的时候教。在会话教育方面，两类家长都能认识到和孩子多说话能够促进他们的语言发展，城市家长对此问题认识较为深刻，但两类家长对会话教育的理解都存在偏差，并未涉及对儿童进行相关会话知识的教育，如会话遵循的原则，会话的技巧等。

在阅读教育方面，城市家庭普遍能够认识到阅读的重要性，指导孩子阅读的频次高，而流动家长情况则恰恰相反。在听故事教育方面，城市家庭以睡前和醒后语音故事居多，使用的播放器种类比较多样，孩子听故事的习惯也比较好；流动家长经常会忘记为孩子播放故事，流动儿童难以形成听故事的习惯。但是两类家长都不知道让孩子听语音故事和亲子故事的差别，都没有注意采取措施克服听语音故事的缺点。

在儿歌教育方面，两类家长的做法基本一致，重视度都不够。在古诗词教育方面，城市家庭对儿童进行古诗词教育，主要根据家长喜好和孩子入小学的准备而定，普遍存在为了背古诗而背古诗的情况，缺乏对作者和背景等知识的传授。流动家长因为自身能力和工作性质、时间等问题很少对孩子进行古诗词教育。

在识字教育方面，城市家长对孩子的识字教育有明确的规划，并能够采取相应的措施不失时机对孩子进行识字教育，收效良好。流动家长教孩子识字的意识并不高，没有明确的做法。

在英语教育方面，两类家长都非常重视孩子英语的学习。城市家长通过线上线下、中教外教多种方式对孩子进行英语教育，但是流动家长在为孩子选择英语学习方式方面受到"资金"的限制。

社会经济地位差异影响了家庭语言政策的选择与实施。城市家庭和流动家庭的社会经济地位明显制约了各自的家庭语言政策，并进而加大了流动儿童与城市儿童语言发展的差距。

四、三组四类儿童四因子调研发现

（一）词汇发展方面：通过 PPVT 接受性词汇测评，发现城市儿童的词汇得分最高，流动 1（就读于正规幼儿园的流动儿童）次之，散养状态的流动幼儿最差。各组之间差异显著。

（二）句法发展方面：通过 MLU 平均句子长度测量，发现城市儿童的平均句子长度最长，流动 1（就读于正规幼儿园的流动儿童）次之，散养状态的流动幼儿最差。但是流动 1 和流动 2 的差异不明显（$P>0.05$），

（三）语音发展方面：通过语音正确率测试，发现流动 1 的语音准确率高于流动 2，流动 2 高于流动 3，流动 1 组的准确率最高。城市儿童的语音识别和理解能力各方面得分要高于流动儿童，在听力和表达能力，以及阅读、记忆和复读能力方面的表现均优于流动儿童。在三类流动儿童中，流动 1 的语音正确率明显高。在快速反应能力，复述能力和发音能力三类听说测评中，城市儿童的表现均好于三类流动儿童。

（四）语用发展方面：通过分析儿童的会话发起、会话维持和会话修补三个语用能力，发现在会话发起方面，流动 3 到流动 1 儿童的均分依次呈递增状态，城市儿童在此项的得分低于流动 1，但是这并不说明城市儿童的会话能力低，反而有可能是因为城市儿童的话题维持时间会长，固定时间内围绕同一个话题持续谈论的时间长。在会话维持方面，流动 3 到流动 2 到流动 1 到城市儿童，三个年龄段的会话维持能力均值呈递增趋势，城市儿童的会话维持能力最好。在会话修补方面，三组儿童的会话修补能力随年龄而提高，四类儿童的会话修补能力，从流动 3 儿童到城市儿童在依次递增。总之，在所调查的会话能力三个方面，城市儿童优于流动儿童，就读于正规幼儿园的儿童好于其他流动儿童。

第二节 学前流动儿童语言发展的影响因素分析

儿童的语言习得离不开先天条件和大脑的发育，其过程具有可预测性。毫无争议，人类健康的孩子大多数在出生后第二年开始说话，到两周岁时掌握的词汇至少达到 50 个，并且能将这些词汇组成简单的短语。一旦词汇量达到 200 个，词汇学习的速度就会急剧增加，此时一些功能词，如数量词和介词等开始出现，并表现出一致性。到学前阶段，儿童的句式已经变得非常复杂，词汇类型也非常多样化，表达大小、位置、数量和时间概念的关系词得以出现。再到大约四到六岁，大多数孩子已经掌握了基本的语法，能够比较

流畅的用语言表达自己的需求。整体而言，儿童最终都能学会说话，其语言发展各个不同发展阶段的内部形式出现的顺序高度一致。

根据三组四类儿童的四因子语言调查结果，三组儿童在词汇、句法、语音和语用能力方面表现出的共同规律都是随年龄的增长而提高，这说明随年龄的增长，人类的语言发展水平是不断前进的，虽然因为各种原因有快有慢，但是总的上升趋势是不可逆转的。此外，四类儿童在四个因子上虽然存在差异，但是这些差异也具有非常明显的规律，流动 1 儿童（入读正规幼儿园的流动儿童）在三类学前流动儿童中表现最好，流动 2 儿童（入读非正规幼儿园的流动儿童）居中，流动 3 儿童（未就读任何幼儿园的流动儿童）表现最差。差异背后折射出了人类语言发展的共性，也进一步引发了人们的疑问，即为什么成长于不同家庭的儿童语言发展存在如此大的差异？语言习得的发生离不开先天机制，但是习得结果同时要受多重外部因素的制约，本研究从社会语言学的角度出发，探讨影响流动儿童语言能力发展的外部因素。

国际上已经有大量研究表明，语言学习受到人类的经验和能力等许多方面因素的影响，这主要 5 个方面包括社会的、知觉的、认知加工的、概念的和语言学的。虽然目前理论界对某一特定因素确立的侧重点和程度各有不同，但大都一致认为各因素实际上是相互关联的。本研究采用社会语言学的研究方法，主要从宏观、中观和微观三个层面，全面分析影响学前流动儿童和城市学前儿童语言能力发展的主要社会因素。

一、宏观语言教育政策

国家层面的政策保障是儿童早期语言教育顺利进行的重要制度因素。通过对国家宏观语言教育政策的分析，我们发现专门针对儿童早期语言教育问题的论述不够详细，给地方各级教育主管部门以及语言文字部门在语言教育政策制定过程中可以想象和发挥的空间太大，导致有些需要强调和落实的问题未被重视。

二、中观语言教育政策

儿童赖以生存的幼儿园和社区语言生态环境建设是儿童早期语言发展的

重要补偿性因素。本次调研表明,中观层面的幼儿园和社区对国家宏观语言教育政策的解读力度不够。需要上级给予比较明示的做法,然后去粗存精,因地制宜制定适合自己情况的相关语言教育政策。俗话说"上有政策,下有对策",上面没有政策,只有一个空洞的概念,下面领会不到相关精神,无法去面对,也不知道如何执行。因为社会经济地位差异,学前流动儿童家庭语言教育存在先天不足,幼儿园和社区教育可以为其提供补偿性教育机会。

三、微观语言教育政策

微观家庭语言政策是影响儿童早期语言发展的最直接和关键的因素。儿童语言发展离不开与环境语言的互动,儿童早期的家庭语言环境主要由父母来决定。语言环境差异导致儿童语言在词汇、句法、语音、语用、语言发展速度等各个方面表现出差异(尹静,2019)。语言环境不仅包括语言"软件",还包括能够影响儿童语言学习语言"硬件",如书籍、报纸、有声读物等。

四、家庭社会经济地位

家庭社会经济地位是儿童语言发展的制约因素。家庭社会经济地位差异给儿童语言发展带来多方面的影响,家庭社会经济地位到底是如何影响儿童语言各个子系统的发展的?具体形式是什么?李宇明先生(1995)曾经在文章中说,影响儿童早期语言学习的主要因素是环境,而环境中人的因素是最为重要的因素。处于学龄前阶段的儿童,家庭以外的社会化程度非常低,他们赖以生存和生长语言环境主要是家庭、幼儿园和社区,而这三个地方的语言生态环境创设主要靠的人是"父母"。

谈及儿童就读的幼儿园所提供的教育,离不开父母创造的条件,尤其是经济条件。出身于不同家庭社会经济地位的儿童,在入园的年龄又有了不同的经历。父母生存能力强的,家庭社会经济地位稍高的,有意愿,也能够创造条件将孩子送入正规幼儿园学习;家庭社会经济基础稍差的只有选择送进非正规/山寨幼儿园学习;父母既缺乏经济能力,又缺乏培养意识的,就将孩子置于未入园的"散养状态",并未将他们送入任何类型的幼儿园。因此,儿童早期的经历，尤其是语言教育经历，很明显是他们后期语言发展差异的主要因素。儿童的语言发展受制于各自家庭的社会经济地位，进而给他们入学后的学业成绩，乃至一生的成就都会带来不利影响。

社区也是儿童赖以成长的场所之一，社区教育可以与家庭和幼儿园三方协同，形成互补。然而，与发达国家相比我国的社区教育开展较晚，发展缓慢，并且相关服务制度并不完善，社区工作并未深入人心。对学前儿童来说，社区内的语言文化活动原本可以成为国家和家庭以外的有力补充，但是历史和现实的原因导致社区工作的成效并不理想。学前流动儿童原本可以从生活的社区获得家庭和幼儿园教育缺失的补偿，但是目前的社区教育各个方面都还不成熟，未能发挥应有的功能。

国际上的研究也已经表明，中产阶级和上层中产阶级的父母（相对于工人阶级的父母）更倾向于说更多的话，使用更多的单词类型和单词标记，并经常以连续话题的方式对孩子的话做出回应，在孩子行为方面的指导相对较少（Hoff-Ginsberg，1986；Hoff，2003）。Oller 和 Eilers（2002）进行的一项针对幼儿园儿童和五年级儿童的口语词汇标准化考试成绩研究也发现了社会经济地位差异。平均而言，来自低社会经济地位的孩子要比来自高社会经济地位的孩子词汇增长慢（Arriaga et al.，1998），这些差异主要来自父母的语言输入差异。此外还有研究表明了母亲的语言实践与其受教育程度、说话的数量、词汇的丰富度，与句子复杂度的关系（Hoff-Ginsberg，1991）。这个领域最为经典的是 Hart and Riseley1995 年的研究，他们揭示了不同家庭社会经济地位儿童所接受的语言输入的巨大差异。他们发现孩子们听到的平均说话量跨度从 200 单词每小时到 3000 单词每小时。根据他们的估计，到 4 岁为止，来自职业家庭的孩子平均听 4500 万单词，然而来自工薪阶层和贫困家庭的孩子只有 1300 万，这会导致一个 3000 万字的鸿沟。社会经济地位差异不仅仅表现于自然使用的语言，还表现在阅读等方面（Adams，1990）。

处于低社会经济地位的学前流动儿童，其父母受教育水平低，尤其是母亲的受教育水平低，她们在给孩子创设家庭语言环境方面表现出"即无能，又无力"，这无疑使得这部分学前流动儿童丧失了家庭日常语言教育这个环节的最佳语言启蒙教育。

五、社会文化因素

社会文化因素会影响儿童语言发展。第一，中国传统文化观念。从上文分析得知，中国文化中"男主外，女主内"的传统导致了女人是男人的贤内助，负责照顾家庭和孩子，这一天然分工决定了母亲的社会经济地位对孩子影响最大。家庭中母亲的语言意识或者语言信仰深深影响着家庭的语言管理，以及家庭的语言实践活动，给孩子的早期家庭语言教育带来了无形的影响。第二，传统生活方式。中国家庭"祖父母—父母—儿童"三代共居的传统文化习惯，为中国儿童的早期语言习得带来了独具特色的体验。祖父母的语言使用对儿童的早期语言发展影响巨大。第三，"文化情结"。中华文化里的强大文化情结，体现在语言上就是对家乡话的热爱。诗句"乡音未改鬓毛衰"就是最生动的写照。流动家庭内部独特的语言使用现象主要是因为家长对老家话有一定的情怀。第四，根深蒂固的传统认识。很多家长对早期语言教育的态度，比如"语言不用教""填鸭式识字教育"等源于落后的认识，而非科学的教育观。

六、信息技术和网络媒体因素

随着科学技术的进步和互联网技术的发展，市场上出现了各种益智早教工具，赢得了家长和儿童的广泛喜爱，高科技因而走入儿童的生活。有的家长有眼光、会挑选，舍得经济和时间的投入陪伴孩子使用高科技产品，取得很好的收效。然而有的却不能正确使用，使得这些工具成为节省时间哄孩子的工具，甚至给孩子带来了不好的习惯，失去了教育的价值和意义。

无论是国家宏观语言教育政策、中观语言教育政策，还是微观语言教育政策都需要人们用智慧，用心去领会、去实践。儿童成长的家庭社会经济地位不同，意味着他们周围的人对这些问题认识存在根本性差异。此外，从儿童大脑机制发育本身来说，研究已经表明，家庭社会经济地位会影响大脑的语言系统、执行系统和记忆系统发育，而这三个系统与儿童的语言发展息息相关。此外，3—6岁是儿童大脑执行功能发育的黄金时期，而大脑执行功能又是阅读能力培养关键，并且有大量资料证明大脑执行功能的培养受制于家庭的社会经济地位。家庭社会经济地位高，家庭语言政策合理，孩子的早期语言输入丰富便会刺激大脑相关脑区的发育，并进而促进语言能力的发展。家庭社会经济地位低，儿童会面临先天不足（家庭语言教育差）后天缺失（接受基本语言教育的机会缺失）的情况，从而导致大脑的后天发育受到影响，并进一步影响语言的发展。

总之，儿童早期语言教育和语言发展的顺利进行需要以国家"自上而下"的政策为"保护伞"。幼儿园和社区的语言生态环境建设是儿童语言发展的"催化剂"，而家庭的语言政策则是影响儿童语言发展的"强生针"。作为家庭语言政策制约因素的家庭社会经济地位，决定了儿童早期语言学习环境的差异，家庭社会经济地位低下会导致早期环境中的语言认知刺激不足，不利于相关脑区的开发，影响语言认知的发展，并最终导致学业乃至人生的失败。

第七章

政策建议与未来展望

第一节 政策建议

教育政策制定者和语言政策制定者常常会忽视学龄前儿童，游离于城市和农村之间的"流动儿童"更是未进入人们关注的视野。人们也会简单地认为那些语言发展似乎落后于其他领域的儿童，只是在说话方面"晚了一点"，但最终能够赶上其他儿童。殊不知，已经有纵向数据充分表明，儿童成长的早期语言环境可以预测儿童在九岁时的语言成绩（Hart and Risely，1995），语言环境创设受制于家庭社会经济地位，而社会经济地位带来的孩子们之间的语言技能差异，会导致孩子入学以后的学习能力差异（Hoff，2013）。因此早期语言教育的重要性不言而喻。但是如何最大程度地保证儿童成长的早期语言环境，以最大化保证儿童语言健康发展呢？以下是根据本次调研发现提出的相关建议，以期为广大政策制定者提供参考。

一、出台国家层面的早期语言教育政策，并做好宣传和推进工作，提高全民对早期语言教育的重视度。早期语言教育发生在儿童成长的各个环节，国家、社会、家庭、社区、幼儿园都肩负着培养儿童语言能力的重任。但是如何做好早期语言教育，早期语言教育包括哪些具体方面？需要国家层面以政策制度的方式加以明确。同时，必须加大宣传力度，提高全民对这一问题的重视，以确保早期语言教育政策的全面落实。

二、全社会齐心聚力，共同努力教会低社会经济地位家庭（如流动家庭）

中母亲充分利用自己的语言资源，同时为低社会经济地位家庭增收减负。众多研究已经表明，不同社会经济地位的父母除了在语言输出的数量方面存在差异，质量方面的差异也非常大，这导致了孩子们在词汇、语法、语音意识和语言习得速度等多方面的差异。但数据显示，在绝大多数家庭中，母亲扮演主要的育儿角色。因此，要改变家庭语言教育现状，首先需要帮助母亲学会如何利用自己的语言资源进行语言教育。国家层面应当以制度的形式将育儿母亲的受教育问题纳入国民终身教育的内容，并组织专人研究编写培训材料，汇总育儿知识和其他必备知识，同时充分利用现代教育技术的力量制作课程，供广大家庭学习使用。此外，想方设法为低社会经济地位家庭增收减负，以增强低社会经济地位父母的育儿信心。

三、国家和社会应当强化家庭语言政策概念，加强家庭内部语言管理和语言实践，帮助家长树立科学的语言资源观。家庭语言政策的三个维度可以为父母创设家庭语言环境提供框架，为评价家庭语言环境的创设提供参考，因此应当将家庭语言政策相关概念写入国家政策，细化三个维度涉及的内容，帮助家长学习使用。同时，加强家长对语言资源观的认识，帮助家长认识到儿童掌握多种语言或者方言的好处，从根本上改变社会对"方言""土语"的偏见，并为维护语言和文化的多样性做出贡献。

四、以政策的形式保障全民阅读活动的推广，弥补家庭社会经济地位较低带来的语言教育缺失。家庭的社会经济地位的差异给儿童带来不同的早期语言体验，进而导致不同家庭儿童的语言发展差异巨大，这是造成教育不公平性的一个重要外部因素。阅读是改变这一问题的主要手段。阅读不仅可以充实环境中的语言，提供给孩子多样的规范化语言，而且可以开拓孩子视野，启发孩子思维。习近平总书记历来强调阅读的重要性。2022年在致首届全民阅读大会举办的贺信中，总书记指出：阅读是人获取知识、启智增慧、培养道德的重要途径。希望孩子们养成阅读习惯，快乐阅读，健康成长；希望全社会都参与到阅读中来，形成爱读书、读好书、善读书的浓厚氛围。然而，调研过程中我们发现我国儿童的早期读物（文学作品）存在很大问题，给幼儿园和家长进行选择带来了困难。

（一）名家名作欠缺

随着人们对阅读的重视，国内儿童阅读需求的上升，大量来自不知名出版社，甚至作者不详的劣质读物流入市场。此类书籍往往迎合儿童的心理需要，但缺乏正面、积极的导向。其中过分低俗的语言，口语化的表述，甚至混乱的语言逻辑非常不利于孩子的语言学习和认知能力的提高。

（二）国外引进读物名目繁多，良莠不齐

许多外国作品的译本出版前未经严格审核，不仅内容不符合中国家长和儿童的心理预期，所反映的思想内涵不够深入，而且还存在语言及逻辑方面的错误。童书天然具有教诲功能和引导性，语言的构架与表达模式更与逻辑思维能力的培养息息相关，少年儿童具有极大的可塑性，阅读的内容对其日后发展有着至关重要的影响。

（三）重复建设，缺乏统一版本

在国家倡导社会主义核心价值观、提倡阅读中华典籍的背景下，大量商家趁机粗劣翻版典籍。例如，四大名著、唐诗宋词、四书五经等文学经典、成语故事，以及许多耳熟能详的民间故事。市面上版本众多的图书，内容表述不统一，细节差异巨大，随意删减、篡改现象严重。

（四）分级读物欠缺

在中文分级读物方面，我国目前与国外差距较大。根据儿童心理、年龄以及语言发展情况而创作的分级读物较为欠缺，不能最大程度的满足幼儿的识字与阅读需求。目前较为流行的《四五快读》系列分级读物，虽然备受推崇，但过分强调让儿童在重复中习得字词，整套书缺乏趣味性和故事情节的连贯性；《小羊上山》系列分级趣味性有所提升，但每一级别数量太少，缺乏深度和广度。

为了改变以上问题，我们应当从国家层面出台相关措施，保证儿童早期阅读活动的顺利进行，促进全民教育公平的实现。

1. 鼓励原创性作品

国家应加大投入，通过设立专门基金和奖项等方式鼓励更多优秀儿童文学作品的创作。

2. 重视分级阅读建设

与儿童语言研究成果对接，学习西方经验，从儿童的心理和语言发展规律出发，结合语言教育规律，加大体现我国特色的分级读物的创作，为中国儿童和广大热爱汉语学习的国际儿童提供源源不断的分级阅读书系。

3. 注重基础教育阶段阅读材料的建设

加强幼儿园、小学阶段阅读材料建设，邀请语言习得研究专家、儿童文学作家、基础教育专家、基础教育一线教师通力合作，制定适合我国幼儿教育，尤其是不同年龄段儿童语言教育发展的详细指标，将更多的文学作品引入教材，以满足培养雅士之需，并指导研发我国幼儿园、小学阶段的阅读教材体系建设，供广大老师和适龄儿童学习使用。

4. 倡导开展家庭亲子共读，组织专人帮助有困难的家庭制定亲子阅读计划，并充分利用现代教育技术开发系列课程，对家长进行阅读策略指导

阅读能力是儿童早期语言发展的关键技能之一，基于绘本等媒介展开的亲子共读是一种有效的家庭语言活动和教育形式，应当提倡和提升亲子阅读质量。亲子共读是基于亲子互动过程，由家长发起并引导孩子进行对话、互动的阅读，并对孩子在阅读中发出的信号做出及时反馈，引导孩子进行独立思考并进行表达，为其搭建语言和批判性思维的支架，从而达到一个"输入—加工—表达"完整的语言学习链条。已有研究表明，亲子共读过程中，父母的提问与互动会吸引儿童对图画、字词及故事情节等的关注，从而将儿童吸引到对故事内容的讨论过程中（曹轶娟，李甦，2016），促进儿童口语叙述、阅读能力等方面的发展。从调研结果来看，城市家长亲子共读频率和策略相对较好，但是流动家庭实现时存在很大困难，需要政策支持。

5. 研究"家庭阅读教学论"，帮助家长树立教育回归家庭的理念

家庭有责任唤起儿童对知识的渴求和对书本的热爱，帮助儿童把游戏等活动与有目的的脑力劳动结合起来，不断保持儿童与家长的精神交往。家庭内部应当为儿童配齐各个年龄段应当阅读的书籍，不失时机地创造条件，使读书成为儿童精神文明的发源地。

五、将加强对少儿电视节目和各种视频类电子教育资源的管理纳入政策要求，引导家长正确使用，使其成为促进儿童语言发展的有力辅助工具。随着互联网和少儿电视节目的普及，各类电子类绘本、益智类动画片和儿童语言教育 APP 层出不穷，已经逐步成为家庭语言活动的重要形式。生动活泼的动画特效可以吸引儿童注意力，有趣的动画情节不仅符合儿童的心理和认知水平，也能够激发儿童语言自主表达的欲望；动画中精心设计的台词，有趣且标准的配音可以帮助儿童扩充词汇量，学习规范的语言表达，为儿童创造

良好的语言习得情境。家长还可以借助教育类电视节目的关键情节内容对儿童进行教育。

六、通过社区教育活动，提高家长对早期语音、词汇、会话教育的认识，帮助家长学会利用自己的语言资源为孩子提供高质量的语言习得环境。语音是阅读的基础，词汇是语言的基础，会话既是语言学习的目的，也是语言学习的重要渠道，所以必须加强儿童早期语音、词汇和会话教育，创造条件让家长了解儿童语音、词汇和会话教育的内容，以及正确的方式方法。

七、通过多种方式帮助家长巧用语音故事，善用儿歌教育，活用古诗词教育。当前，语音故事已步入人们的日常生活，为家庭教育带来了极大便利。单纯的语音故事不同于亲子阅读，会产生一些弊端，家长应当巧妙利用语音故事，通过择机对儿童进行提问，或者针对某个环节进行讨论的方式，引导幼儿表达，提高儿童听故事的效率。儿歌因其特有的语言特征对早期语言启蒙和语言教育的意义重大。可以建议家长适当添加一些肢体语言配合记诵，增加孩子的参与感。古诗词教育可以提高儿童的阅读能力和表达能力，在对儿童进行古诗词教育的时候，可以讲解诗人的语言风格，给孩子提供丰富的词汇，比如：清新自然、朴实无华、华美绚丽、明白晓畅、委婉含蓄、雄浑豪放、笔调婉约、简练生动等，让孩子体会诗歌语言的无穷魅力。

八、引导家长了解前读写能力的重要性，确保儿童早期识字教育的健康进行，在保证兴趣的基础上，循序渐进地培养孩子的识字能力，不可急于求成。第一，为孩子创造一个读书识字的氛围，让孩子多接触汉字，并对汉字有一定意识。第二，以识字卡片的形式让孩子体会汉字与读音，以及意义之间的联系，开启孩子智慧，比如：在玩具娃娃或玩具汽车上粘贴相应的汉字，玩识字卡迷藏，将识字卡摆在地面让孩子认读，然后拿走其中一张，让孩子回忆是哪张等。第三，在阅读中引导孩子看图的同时，让孩子体会识字的乐趣，家长可以发挥聪明才智，充分利用阅读材料，为孩子提供认读的机会。幼儿识字教育同样是语言发展的重要环节，应当做到寓教于乐，让孩子在轻松快乐的环境里学习汉字。

九、帮助老人认识到培养儿童的语言能力的重要性，为老年人提供培养孙辈语言能力的辅助设备和手段。调研发现，无论是城市儿童还是流动儿童，日间照顾者经常是祖父母或外祖父母，因此祖父母对儿童早期成长的影响重大。国家和社会应当重视老年人对儿童早期语言发展的作用，提升其语言教育理念，并研究老人培养孙辈语言能力可以使用的工具与手段。

十、出台相关政策，加大幼儿师资的培养力度，提升幼儿园师资的学历层次和收入水平。调研显示，正规幼儿园的师资因社会需求量大、工资待遇低，任务量重，责任性大等原因导致流动性很大，这对儿童的教育非常不利。为了改变这一现状，师范院校或者普通院校的师范类专业可以增加幼儿教师的招生规模和数量。参考发达国家的相关做法，注重教研型幼儿师资的培养，提高幼儿园师资的学历水平，加大硕士及以上学历人员的占比，将最好的老师放在最为基础的教育领域。通过资金政策倾斜提高幼儿教师的收入，帮助幼儿教师加强职业规划，提高职业素养。

十一、要求各级各类幼儿园通过"列清单"的方式落实阅读和语言教育工作。第一、明确通过"列清单"落实阅读和语言教育工作的目的，如促进幼儿阅读兴趣、提高语言表达能力等。第二、根据幼儿园的实际情况和教育目标，制定包含阅读和语言教育内容的清单，可以包括阅读书目、语言游戏、口头表达任务等。第三、根据幼儿的年龄、语言水平等差异，将"列清单"分为不同级别、不同类别，以满足不同幼儿的需求。第四、制定每日/每周执行清单内容。在幼儿园的日常教育活动中，按照清单内容的要求，组织和安排相关的阅读和语言教育活动，确保每个幼儿都参与其中。第五、监测和评估效果。定期对阅读和语言教育工作的落实效果进行监测和评估，根据评估结果不断优化"列清单"的内容和执行方式，提升教育效果。

十二、进一步提高社区的教育功能并加强对早期教育的服务。第一、增设社区教育中心。在社区内建立教育中心，提供各种学前教育服务，如幼儿园、托儿所等，为孩子们提供优质的学习环境。第二、开展家庭教育指导。组织家长培训班、亲子活动等，帮助家长了解如何更好地支持孩子的学习和成长，提高家庭教育水平。第三、推广教育科普知识。开展教育科普宣传活动，提高社区居民对早期教育的认识和重视程度，引导他们正确对待孩子的教育。第四、建立社区教育资源共享平台：整合社区内的教育资源，建立共享平台，为孩子们提供更多的学习机会和资源支持。第五、加强与幼儿园的合作。与周边幼儿园建立合作关系，开展幼儿园与社区教育的互动，促进幼儿园和社区教育资源的有机结合。

十三、为了体现教育公平，重中之重是扩大基础教育类型。第一、增加教育资源投入。增加对农村地区、贫困地区、少数民族地区等基础教育薄弱地区的资金投入，确保这些地区的学校建设、教师配备、教学设备等方面不落后于其他地区。第二、建设多样化的基础教育类型。除了传统的小学和初中，可以考虑在城乡结合部建设乡村学校、寄宿制学校、特色学校等，以满足不同地区和不同群体的教育需求。第三、推动教育信息化。加对教育信息化建设的支持力度，提高基础教育的信息化水平，通过互联网等技术手段为学生提供更加多样化、个性化的学习资源。第四、加强师资队伍建设。提高教师的待遇和培训水平，鼓励优秀教师到基础教育薄弱地区任教，确保教育资源的均衡分配。第五、建立评估机制。建立健全的基础教育类型扩大评估机制，定期对各地区基础教育类型扩大情况进行评估，及时发现问题并采取措施加以改进。

第二节 思考与展望

学会说话是人类最伟大的壮举，也是儿童时期最显著，最重要的成就之一，为未来的学业成败打下了重要基础。儿童在短短数年间，不经过明显的教学过程，就能够从开始磕磕巴巴地说几个词变成说流畅的句子。儿童掌握语言工具的过程，意味着他们逐渐获得了认识世界，分享经验、乐趣和需求的新机会。

当人们思考语言学习的本质时，不禁会为儿童语言的发展感到惊讶。也许有人会认为孩子仅仅需要记住他们所听到的东西，然后在以后的某个时间，某种环境下进行简单的重复就可以了。但是正如乔姆斯基多年前指出的一样，如果这是语言的本质，那么我们都不可能成长为成功的交际者。成功的语言交际需要的是创造力，正如乔姆斯基所说，语言能力是"创造无限的我们从未听见过的句子的能力"。这种无尽的语言创造力背后是对某些语言知识的抽象性概括。举例来说，连词成句的规则，不可能是某个词的规则，而是某类词，象名词、动词、介词等。一旦这些抽象的蓝图在大脑中形成，说话者就能够在句子中填上那些在说话的那一刻最富有表达力的语言。乔姆斯基所说的重点在于这种抽象的能力是不能直接被感受到的，它形成于儿童倾听过程中的大脑活动。儿童的语言习得是先后天相互作用的结果，大脑为语言习得提供了物质基础，而环境中的语言则是儿童语言习得的参照，离开了适合语言发展的外部环境，再完美的大脑也不能生成语言。

一、口语是早期语言教育的重点

早期语言教育的重点是口语能力的培养，而口语能力的核心是叙事能力。要充分遵循语言发展规律，提高儿童生活环境中语言输入的质量，帮助儿童培养起基本的听说能力，提高语言运用能力，为儿童未来学业打下良好的基础。培养儿童的叙事能力可以遵循一定的方式方法，比如家长可以给自己提出一个具体的目标，给孩子讲一个故事，让孩子边听边思考你所讲的内容，在听完后，把自己的听到的或者想到的讲出来；还可以设想一个场景，或者讲一个故事的开头，让儿童"续"说完整个故事，以训练他们的口头表达能力。

二、阅读是减小早期语言习得差异的手段

由于家庭社会经济地位的差异，不是所有的儿童都能体验整齐划一的高质量语言环境，这同时也会导致语言习得的差异。做好儿童进入小学的语言准备工作，推动实现教育公平，需要缩小早期语言习得的差异，而改变这一差异的重要手段就是"阅读"。

谈及阅读，如何指导儿童进行阅读？如何培养孩子的阅读能力？每一个孩子的阅读能力是怎样发展的？阅读能力的培养为什么重要？这些问题值得每一位幼儿园和小学教师仔细思考和研究。苏霍姆林斯基曾说，"学生在学业上落伍，主要是因为他们不会学习，不会掌握知识。但是当你关心儿童一般发展所能达到的较高水平时，应当首先教会儿童语言，教会儿童掌握熟练的读写。如果儿童没有学会快速地，有理解、有表情地阅读和感知所读的东西，没有学会流利、正确的书写，那么就谈不上未来顺利地学习。这就意味着，教师只好没完没了地给学生做'提高'工作"。在幼儿园阶段，要教儿童学会倾听，学会使用语言进行有效的交流，带领儿童进行亲子共读，教会他们如

何阅读，告诉他们在阅读的时候应当进行思考。小学阶段培养起儿童有理解的阅读，同时能够思考。在思考的同时进行阅读的能力，又是他们在高年级能否顺利学习的保障。儿童在阅读的时候进行思考的能力越强，其未来顺利完成学习任务就越有保障。

经验告诉我们，进入小学以后，推动儿童智力发展最好的秘诀就是培养起良好的阅读能力。一个能够在阅读的同时进行思考的孩子在应付任何作业时都能表现得更加从容和游刃有余，在进行脑力劳动的过程中也不会存在死记硬背，在阅读课本或者其他书籍时的收获与那些不会在阅读中思考的儿童完全不一样。他们会更好地把握阅读材料的语言与逻辑，清晰地领会其整体以及部分的关系。会阅读会思考的学生就不会在学业上落后于他人，而没有了学业落后的现象，教育公平也就自然得以实现了。

三、做好入学语言准备工作

书写能力是儿童借以掌握知识的工具。儿童在进入小学或者高年级后能否顺利地学习，与他们在学前阶段的语言准备情况息息相关，特别是阅读能力的培养，以及与阅读相配合的书写能力的准备。儿童对书写这个工具掌握到何种程度决定了他们能否合理有效地利用学习时间。学前阶段应当培养起一定的书写意识，儿童能够掌握正确的握笔姿势，写出自己的姓名，以及一些简单的字词。根据专家的建议，到儿童三四年级的时候，一定要掌握迅速、半自动化书写的能力，只有这样他们才能顺利地学习，老师也不必担忧如何克服学业落后的问题了。应当努力帮助儿童的书写达到完全娴熟，甚至自动化的程度，这样儿童写字的时候不会占据注意的中心，能够将注意力分散到学习其他更多知识上。

四、改变对知识的认识

老师和家长应当改变对知识的看法。目前很多幼儿园将识字课，数学课这些小学阶段才能开设的知识提前纳入课程，表现出严重的"小学化"倾向。根据前期调研了解到，很多教师和家长认为，"知识"就是能够记住多少东西，在被人问及的时候能够回答上多少。他们将儿童大脑里储藏了多少知识量作为评价儿童脑力劳动和能力的依据,认为只有在别人提问的时候,能够顺利回答出来才是掌握了知识,才是有知识有能力的人。这带来的后果是儿童对学习知识失去了兴趣,因为这种记忆完全脱离了儿童的记忆兴趣,不能成为其精神生活的一部分,不但不能为他们带来精神的愉悦,反而成了一件令人讨厌、苦恼的事情。这就需要人们改变对"知识"这一概念的认识,认识学习知识的目的。只有认识到学习知识的最终目的是武装自己,使之成为满足自己精神需求、获取更多营养的基石,走向成功的阶梯时,知识才能变得鲜活有生命力。

五、加强词汇教育

儿童早期应当加强词汇教育。因为词汇是知识最重要的构成部分,词汇承载着一个大千世界。根据"萨丕尔沃夫学说",语言决定着思维,黄土高原的老农民不可能生产出原子弹,不可能发现"牛顿万有引力",也不可能铸就人类历史文明的文字长卷,这是因为他们的大脑中没有词,没有最基本的引导他们迈向人类更高文明的基础。儿童在攀登高峰的过程中需要通过词汇来开辟道路,认识世界。词汇是儿童意识中最为活跃的工具,对帮助儿童汲取更多营养,为改变世界,创造世界打下基础具有十分重要的作用。

在早期教育中,应当努力引导孩子思考,主动创造,借助词汇的力量去认识周围的世界,并联系世界去认识词汇本身蕴含的魅力,而不是让孩子单纯去学习认字、做题。家长和老师可以不失时机地为孩子创造机会学习语言,练习表达。比如,风和日丽的春天里,阳光温暖地照耀着大地,微风轻轻地吹着,树上的小鸟不停地歌唱,一切都像刚刚从冬的睡眠里苏醒。你可以教给孩子们美丽的春天,讲述大自然如何从沉睡中醒来,讲草木萌发、种子发芽、燕子归来,各种小昆虫陆陆续续出来开始迎接新一年的生活。用自己优美的词句让孩子沉醉其中,体会大自然的美好时光,并引导他们参与其中,一起讨论春天,描述春天的样子。儿童就会表达出惊人的关于大自然的细腻鲜明的思想。他们会说:"一只小蜜蜂忙忙碌碌地飞翔在花丛中采蜜","辛勤的小蚂蚁忙着搬运食物","小燕子叽叽喳喳地叫着,好像在商议去哪儿捉虫子"。孩子们会带着充满童稚的声音描绘他所听所见和所想到的事物,丰富的思考活动为孩子带来一种无法比拟的乐趣,他们会在这一种带有满足感的心情下，尽情享受语言带来的一切。也许你经常会发现在你讲话的时候，孩子交头接耳或者无动于衷，不理不睬，是什么原因让他们如此表现呢？那是因为，你的话并没有触动她的心。他们对你的语言的漠视，说明了他们语言输入中接受性词汇的贫乏，这是学习上的一大劲敌，如果这个问题不被重视，日积月累，这些孩子的学习将会越来越令人担忧。

然而，如果儿童只是机械地学识字、背诵，而不是创造性地思考和运用词汇去认识更宽广的世界，那么他同样会对词汇产生默然的态度。应当积极为儿童创造参与活动的机会，引导儿童将活动变为自己的思维，并学会用语言将思维表达出来。这在实践上可以引导儿童把活动转化成自己思考或者判断的对象，进而引导他们讲故事，发表观点，汇报自己周末做的事情，讲述他们所听、所看、所想。一开始，或许你会发现儿童语词混乱、逻辑无序、表述不清，这是因为他们尚未将语词与自己所作所想所观察的事物联系起来。因此，老师可以布置一些小作业给家长，比如周末带领孩子收集树叶，并把过程讲述出来，以引导孩子将现有的知识转化成语言，使其成为创作的手段，这样做还可以提高孩子参与活动的积极性，促进智育、思维以及语言的发展。要想使这些活动顺利进展离不开老师的规划。

儿童应当生活在美、游戏、童话、音乐、图画、幻想和创造的世界里。我们教儿童读写的时候，应当考虑到当儿童踏步迈上认识阶梯的第一级时，她的自我感觉如何，心情如何。儿童从踏入幼儿园的第一天起，就为了走出校门时能成为一个有教养受过教育的人，而只有在这样的情况下，他才能成为有好奇心、爱钻研、懂勤奋的人。

幼儿园阶段必须给儿童有明确范围的知识。这是每个学龄段都必须明确的问题，如果没有明确规定每个幼儿应当掌握的知识和技能范围，教育就没有目标性和参照，就办不好幼儿园。当前诸多幼儿园就是忽略了这一点：在小、中、大班各个年龄段，儿童究竟需要理解哪些词的意义，掌握哪些会话技巧，达到何种语用能力，应当明确的落实到政策里。

六、在全民普及语言教育学

儿童是一个家庭、一个国家的未来。一个国家若想兴旺发达，需要所有的孩子能够释放自己最大的潜能，只有这样这个国家最终才能释放自己最大的潜能。培养每个人全面思考问题的能力就需要他的大脑在幼年时期就必须得到充分的发展，儿童的智力发展不是凭空产生的，它很大程度上依赖于父母能否提供一个良好的语言环境，能否提供科学、有效的教育。

应当使语言教育学成为任何人都懂的一门科学。教育的完善，并不意味着家庭作用的削弱，而是家庭作用的加强。学校里的一切问题都会在家庭内部折射出来，而学校复杂教育过程中产生的一切问题根源也都可以追溯到家庭。人的全面发展取决于父母在儿童面前是怎样的人，取决于儿童从父母的榜样中怎样认识人与人，以及人与社会环境的关系。

古人常说，"言传身教"。"言传"就是通过语言媒介将教育内容传递给下一代，而"身教"则是通过行为，将做事的方式方法传递给孩子。然而，人们的一切行为都是由深嵌在人们内心深处的复杂互动决定的，而语言是影响人们内心活动的一个重要手段。苏联教育家苏霍林斯基曾说，"教师口中的语言是一个强有力的工具，就像演奏家手中的乐器，画家手中的颜料，雕塑家手中的刻刀和大理石一样，没有乐器就没有音乐，没有颜料和画笔就没有绘画，没有大理石和刻刀就没有雕塑。同样，没有活生生的语言就没有学校，就没有教育"。语言仿佛就是一座桥梁，教育科学就是通过这座桥梁变成教学艺术或者教学能力。

语言如此之重要，生活的点点滴滴，时时刻刻都离不开语言。人们在享受生活的时候需要它，内心充满忧愁的时候也需要它。如果没有充满活力，生动丰富的语言，就难以引发儿童对生活的热爱，培养儿童热爱生活的情感。不仅如此，一个人如果能够掌握更多更好的语言，就拥有了更多融入社会的机会，就能够更好地把握人生。虽然现代新兴科学技术产生的设备和条件在一定程度上有利于儿童的发展，但是家长的教育理念、行为方式，以及在儿童语言发展过程中的参与程度和模式都会对他们的语言发展产生更为直接且深远的影响。儿童的语言发展不是一朝一夕的事情，而是一个系统的巨大工程，要从国家层面出台政策，将语言和语言教育的研究成果以制度的形式加以落实，提高全社会的语言意识和行动力，为培养孩子的语言能力保驾护航。

参考文献

一、中文文献

专著

［1］金三林．扎根城市之路：农业转移人口就近市民化的路径与政策研究［M］．北京：中国发展出版社，2015．

［2］韩嘉玲，朱琳．中国流动儿童教育发展报告（2019—2020）［M］．社会科学文献出版社，2020．

［3］李宇明．儿童语言的发展［M］．武汉：华中师范大学出版社，1995．

［4］全国人大教科文卫委员会教育室教育部语言文字应用管理司．中华人民共和国国家通用语言文字法学习读本［M］．北京：语文出版社，2001．

［5］天津师范大学语言研究所．学龄前儿童语言能力测试［M］．天津：天津大学出版社，2016．

［6］尹静．扎根城市语言铺路——学前流动儿童的语言化生存［M］．北京：北京交通大学出版社，2019．

［7］张明红．学前儿童语言教育与活动指导［M］．上海：上海华东师范大学出版社，2014．

［8］周兢．0—6岁小儿语言教育（精）［M］．上海：上海科学技术出版社，2005．

［9］周兢．汉语儿童语言发展研究：国际儿童语料库研究方法的应用与发展［M］．北京：教育科学出版社，2009．

期刊

[1] 白丽茹, 王立弟. 语音意识——儿童早期阅读发展的关键因素 [J]. 山东外语教学, 2007 (2).

[2] 白文飞, 徐玲. 流动儿童社会融合的身份认同问题研究——以北京市为例 [J]. 中国社会科学院研究生院学报, 2009 (2).

[3] 白玉格, 吴树甜. 科学途径培养幼儿的语言表达能力 [J]. 商业文化（下半月）, 2012 (1).

[4] 蔡铁权. 后现代课程观和创新思维的自组织理论基础 [J]. 全球教育展望, 2002, 31 (6).

[5] 曹轶娟, 李甦. 亲子共读中的父母行为研究述评 [J]. 中国特殊教育, 2016 (8).

[6] 陈晓型, 苗春凤. 学前流动儿童社区教育的思考与建议——以广州市流动儿童早期发展项目为例 [J]. 浙江教育科学, 2019 (2).

[7] 崔世泉, 王红. 建立农民工子女义务教育经费保障机制的思考——以广州市为例 [J]. 教育发展研究, 2012 (7).

[8] 戴曼纯. 国家语言能力、语言规划与国家安全 [J]. 语言文字应用, 2011 (4).

[9] 段成荣, 吕利丹, 王宗萍, 等. 我国流动儿童生存和发展：问题与对策——基于2010年第六次全国人口普查数据的分析 [J]. 南方人口, 2013 (4).

[10] 樊士德, 颜瑾. 流动人口子女义务教育政策演进脉络与格局前瞻 [J]. 中国发展观察, 2020 (Z3).

[11] 范先佐. "流动儿童"教育面临的问题与对策 [J]. 当代教育论坛, 2005 (4).

[12] 葛平. 流动儿童学前教育探索 [J]. 成功教育, 2011 (8).

[13] 2019年农民工监测调查报告 [J]. 建筑, 2020 (1).

[14] 龚泉, 黄瑾. 基于实证调查的幼儿园教材编制有效性研究——以上海市为例 [J]. 全球教育展望, 2002 (7).

[15] 韩嘉玲. 关于流动人口的子女教育问题——以北京市为例 [J]. 中国党政干部论坛, 2002 (7).

[16] 韩嘉玲. 相同的政策不同的实践——北京，上海和广州流动儿童义务教育政策的比较研究（1996—2013）[J]. 北京工业大学学报（社会科学版），2017（1）.

[17] 韩俊，何宇鹏，金三林. 农民工市民化调查 [J]. 决策，2011（9）.

[18] 黄宪妹，张璟光. 关于三至六岁儿童口语句法结构发展的调查 [J]. 福建师范大学学报（哲学社会科学版），1982（2）.

[19] 姜占好，刘萍，康佳萍. 国外儿童语用习得研究述评（2000—2016）[J]. 外语教学，2017（5）.

[20] 金灿灿，刘艳，陈丽. 社会负性环境对流动和留守儿童问题行为的影响：亲子和同伴关系的调节作用 [J]. 心理科学，2012（5）.

[21] 咎飞，刘春玲. 儿童语音发展的研究方法、对象及规律 [J]. 中国特殊教育，2000（3）.

[22] 金志娟，金星明. 学龄前儿童普通话平均句子长度的多因素研究 [J]. 中国儿童保健杂志，2009（2）.

[23] 雷万鹏，杨帆. 流动儿童教育面临结构转型——武汉市流动儿童家长调查 [J]. 教育与经济，2007（1）.

[24] 雷万鹏. 新生代农民工子女教育调查与思考 [J]. 华中师范大学学报（人文社会科学版），2013（5）6.

[25] 李春根，孙霞. 聚焦"第二代农民工"——第二代农民工问题研究综述 [J]. 社会保障研究，2010（5）.

[26] 李慧敏，邵一鸣. 农村学龄前留守儿童语音能力发展研究——以安徽省肥西县为例 [J]. 安徽大学学报（哲学社会科学版），2018（6）.

[27] 李荣宝，陈素梅，王幼琨，等. 儿童语音经验对其语音意识发展的影响 [J]. 中国外语，2011（1）.

[28] 李晓巍，刘倩倩，郭媛芳. 改革开放40年我国幼儿园、家庭、社区协同共育的发展与展望 [J]. 学前教育研究，2019（2）.

[29] 李宇明. 提升国家语言能力的若干思考 [J]. 南开语言学刊，2011（1）.

[30] 梁卫兰，郝波，王爽，等. 幼儿早期句法和句子表达长度研究

[J]．中国儿童保健杂志，2004（3）．

［31］梁晓丽．1998—2018 年我国听障儿童普通话语音发展研究综述[J]．教育观察，2019（9）．

［32］刘传江．中国农民工市民化问题［J］．理论月刊，2006（1）．

［33］刘传江，徐建玲．第二代农民工及其市民化研究［J］．中国人口资源与环境，2007（1）．

［34］刘慧平．随同进程的民工子女的未来在哪里［J］．考试周刊，2007（29）．

［35］刘茜．以户外建构游戏促进幼儿语言发展的研究［J］．科学咨询（科技·管理），2020（12）．

［36］刘兆吉．在识字教学中关于同音归类与形近字归类的生理机制和心理分析［J］．西南师范学院学报（自然科学版），1998（1）．

［37］吕萍．四环游戏小组的成立背景与存在意义［J］．家庭与家教（现代幼教），2007（3）．

［38］吕萍．四环游戏小组的道路：社区化、非正规化、生活化［J］．家庭与家教（现代幼教），2007（3）．

［39］潘伟斌．基于语料库下的 3—6 岁儿童词汇发展研究［J］．北京印刷学院学报，2017（5）．

［40］彭佳慧．来深流动儿童社区融入小组工作模式的探索——基于流动儿童社区融入的实地研究［J］．社会工作与管理，2016（1）．

［41］彭小红，陈坤田．Case study on early chinese‑speaking children's quantifier development［J］．湘南学院学报，2016（3）．

［42］周坤仁．全国人大法律委员会关于《中华人民共和国未成年人保护法（修订草案）》审议结果的报告——2006 年 12 月 24 日在第十届全国人民代表大会常务委员会第二十五次会议上［J］．中华人民共和国全国人民代表大会常务委员会公报，2007（1）．

［43］沈骑，夏天．论语言战略与国家利益的维护与拓展［J］．新疆师范大学学报（哲学社会科学版），2014（4）．

［44］舒华，武宁宁，郑先隽．小学汉字形声字表音特点及其分布的研究[J]．语言文字应用，1998（2）．

[45] 宋茂蕾,尹静.学前流动儿童的语言学生存[J].中国教育报(理论版),2018(7).

[46] 田鑫.北京话中的文化因素分析[J].广播电视大学学报(哲学社会科学版),2014(2).

[47] 汪卫红,张晓兰.中国儿童语言培养的家庭语言规划研究:以城市中产阶级为例[J].语言战略研究,2017(6).

[48] 王涛,冯文全.解决流动儿童入园难问题的对策探讨[J].基础教育研究,2011(7).

[49] 魏晖.国家语言能力有关问题探讨[J].语言文字应用,2015(4).

[50] 温暖,金瑜.斯坦福-比奈智力量表第四版的特色研究[J].心理科学,2007(4).

[51] 文秋芳.国家话语研究——服务国家战略的新领域[J].中国外语,2016(6).

[52] 文秋芳.国家语言治理能力建设70年:回顾与展望[J].云南师范大学学报(哲学社会科学版),2019(5).

[53] 武进之.幼儿口头言语发展的调查研究[J].心理科学通讯,1981(5).

[54] 徐大明.言语社区理论[J].中国社会语言学,2004(1).

[55] 许峰.农民市民化问题探讨[J].绿色中国(理论版),2004(10).

[56] 许静荣.家庭语言政策与儿童语言发展[J].语言战略研究,2017(6).

[57] 许政援.对儿童语言获得的几点看法——从追踪研究结果分析影响儿童语言获得的因素[J].心理发展与教育,1994(3).

[58] 许政援.三岁前儿童语言发展的研究和有关的理论问题[J].心理发展与教育,1996(3).

[59] 薛二勇,李健.新时代教育规划的形势、挑战与任务[J].中国教育学刊,2021(3).

[60] 杨畅,王涪蓉.中美学前儿童社区教育特点比较[J].考试周刊,

2008（50）．

［61］杨丹琴，苗春凤．小组工作介入学前流动儿童家庭亲子阅读问题的实践与思考——以福州市W幼儿园为例［J］．内蒙古师范大学学报（教育科学版），2018（9）．

［62］杨丹琴，苗春凤．学前流动儿童家庭亲子阅读研究综述［J］．劳动保障世界，2019（32）．

［63］杨菊华，谢永飞．流动儿童的学前教育机会：三群体比较分析［J］．教育与经济，2015（3）．

［64］杨菊华．人口学领域的定量研究过程与方法［J］．人口与发展，2008（1）．

［65］佚名．加强对流动人口自办学校的管理［J］．中小学管理，2005（12）．

［66］佚名．北京市教育委员会北京市财政局关于进一步做好来京务工人员随迁子女在京接受义务教育工作的意见［J］．北京市人民政府公报，2008（24）．

［67］尹静．儿向动作语——儿向语研究的新进展［J］．中国特殊教育，2012（6）．

［68］尹静．家庭社会经济地位对儿童语言发展的影响［J］．学前教育研究，2019（4）．

［69］袁文晗．自闭症儿童会话技能障碍及干预方法［J］．文教资料，2016（36）．

［70］俞玮奇．新型城镇化视野下上海农民工的语言市民化与城市融入［J］．语言文字应用，2009（1）．

［71］昝飞，汤盛钦．听力残疾儿童的语音发展研究［J］．中国特殊教育，1998（1）．

［72］曾莉．国外幼儿社区教育及其启示［J］．学前教育，2008（1）．

［73］张贡生．"农民工市民化"还是"农民市民化"？——基本概念辨析［J］．经济与管理，2016（3）．

［74］张江雪，汤宇．中国农业转移人口市民化测度研究——基于全国8城市大样本数据的调查分析［J］．人口与经济，2017（3）．

[75] 张天伟. 我国关键语言战略研究 [J]. 中国社会科学院研究生院学报, 2015 (3).

[76] 张义宾, 周兢. 汉语特定型语言障碍儿童词汇和语法的整体发展特征——基于儿童语料库语言发展评价系统的初步发现 [J]. 幼儿教育, 2020 (6).

[77] 张治国, 邵蒙蒙. 家庭语言政策调查研究——以山东济宁为例 [J]. 语言文字应用, 2018 (1).

[78] 赵世举. 全球竞争中的国家语言能力 [J]. 中国社会科学, 2015 (3).

[79] 周兢, 张莉, 李传江. 汉语学前儿童的词汇语义发展研究 [J]. 语言生活研究, 2017 (6).

[80] 周兢, 程晓樵. 论幼儿园早期阅读活动 [J]. 学前教育研究, 1995 (2).

[81] 周兢. 中国幼儿园语言教学研究的新进展 [J]. 学前教育研究, 1997 (4).

[82] 周兢. 汉语儿童语言发展阶段新说 [J]. 南京师大学报（社会科学版）, 1997 (1).

[83] 周兢. 从前语言到语言转换阶段的语言运用能力发展——3岁前汉语儿童语用交流行为习得的研究 [J]. 心理科学, 2006 (6).

[84] 周兢. 重视儿童语用能力的发展 [J]. 幼教论坛, 2002 (3).

[85] 祝士媛. 我国早期阅读的现状与对策 [J]. 教育科学论坛, 2007 (6).

论文

[1] 曹璐. 幼小衔接视角下的语言教育研究 [D]. 信阳：信阳师范学院, 2016.

[2] 郭亨贞. 生存在城乡"夹缝"中的孩子 [D]. 兰州：西北师范大学, 2006.

[3] 李欢. 不同语境下中度智力落后儿童语用特点与干预方法的研究——基于符号互动论的视角 [D]. 北京：北京师范大学, 2012.

[4] 李莹莹. 上海学前流动儿童语言发展的现状研究 [D]. 上海：上海师范大学, 2020.

[5] 李展. 美国"流动儿童教育计划（MEP）"研究 [D]. 桂林：广西师范大学, 2014.

[6] 梁金梅. 农村留守幼儿会话能力研究：与非留守幼儿的比较 [D]. 重庆：重庆师范大学, 2015.

[7] 潘超. 3—6岁幼儿的词汇发展研究 [D]. 大连：辽宁师范大学, 2012.

[8] 宋文辉. 城市社区文化建设中居民参与意愿研究 [D]. 苏州：苏州大学, 2013.

[9] 汤玉梅. 美国解决流动儿童教育问题的对策研究 [D]. 保定：河北大学, 2013.

[10] 田鑫. 汉语动量词及动量短语研究 [D]. 北京：北京师范大学, 2009.

[11] 王竹林. 城市化进程中农民工市民化研究 [D]. 杨凌：西北农林科技大学, 2008.

[12] 温暖. 斯坦福——比奈智力量表第四版的试用研究 [D]. 上海：华东师范大学, 2005.

[13] 杨金焕. 4—5岁儿童会话能力研究——基于"儿童—成人"与"儿童—同伴"比较视角 [D]. 南京：南京师范大学, 2016.

[14] 杨晓岚. 3—6岁儿童同伴会话能力发展研究 [D]. 上海：华东师范大学, 2009.

[15] 尹蓓. 大、中、小班幼儿语音意识发展与家庭阅读环境的相关研究 [D]. 天津：天津师范大学, 2019.

[16] 赵精华. 城乡义务教育均衡化的公共政策探析 [D]. 福州：福建师范大学, 2014.

[17] 张义宾. 基于汉语儿童语料库的语言障碍诊断系统研究 [D]. 上海：华东师范大学, 2019.

[18] 尹静, 郭鲁江. 流动学龄前儿童早期语言教育应当得到重视 [N]. 光明日报, 2014-06-24.

[19] 刘铮. 汉语语音意识对香港五岁半至六岁半儿童中英文阅读的影响[A]// 第十一届全国心理学学术会议论文集[C]. 北京：中国心理学会，2007.

[20] 前瞻产业研究院.2020年中国学前教育行业市场分析：公办幼儿园比重持续上升教师质量水平不断提高[EB/OL]. 前瞻网，2020-11-12.

二、英文文献
专著

[1] BORNSTEIN M H, BRADLEY R H. Socioeconomic status, parenting, and child development [M]. Mahwah, NJ: Lawrence Erlbaum Associates, 2003.

[2] CAMAIOI L. Child-adult and child-child conversation. In E. Ochs, & B. Schieffel (Eds.), Development Pragmatics [M]. New York: Academic Press, 1979.

[3] HOUWER A D. Environmental factors in early bilingual development: The role of parental beliefs and attitudes [M]. Berlin: Mouton de Gruyter, 1999.

[4] DUNCAN G J, MAGNUSON K A. Off with Hollingshead: Socioeconomic Resources, Parenting, and Child Development [M]. Mahwah, N J: Lawrence Erlbaum, 2003.

[5] DUNN L, DUNN L, PINES M. Peabody picture vocabulary test (3rd) ed [M]. Mahwah: Erlbaum Associates, 1997.

[6] EVANS R. Family matters: How Schools can Cope with the Crisis in Childrearing [M]. San Francisco: Jossey-Bass, 2006.

[7] HART B, RISLEY T R. Meaningful Differences in the Everyday Experience of Young American Children [M]. Baltimore, MD: Paul H. Brookes Publishing Company, 1995.

[8] HOFF E, LAURSEN B, BRIDGES K. Measurement and Model Building in Studying the Influence of Socioeconomic Status on Child Development [M]// LEWIS M, MAYES L. A Developmental Environmental Measurement Handbook. England: Cambridge University Press, 2012.

[9] HOLLINGSHEAD A B. Two Factor Index of Social Position [M]. New

Haven: Yale University Press, 1957.

[10] OKITA T. Invisible work: Bilingualism, language choice and childrearing in intermarried families [M]. Amsterdam: John Benjamins, 2001.

[11] OLLER D K, EILERS R E. Language and literacy in bilingual children [M]. Clevedon: UK Multilingual Matters, 2002.

[12] OWENS R E. Language Development: An Introduction [M]. Boston, MA: Allyn and Bacon, 2001.

[13] SPOLSKY B. Language Policy [M]. Cambridge: Cambridge University Press, 2004.

[14] SPOLSKY B. The Cambridge Handbook of Language Policy [M]. Cambridge: Cambridge University Press, 2012.

[15] SHOHAMY E. Language Policy: Hidden Agendas and New Approaches [M]. New York: Routledge, 2006.

[16] MASAE T. Raising children bilingually through the "one parent – one language" approach: A case study of Japanese mothers in the Australian context [M]. Bern 9, Switzerland: Peter Lang AG, International Academic Publishers, 2006.

[17] WESTFALL P H, HENNING K S S. Texts in Statistical Science: Understanding Advanced Statistical Methods [M]. Boca Raton, FL: Taylor & Francis, 2013.

期刊

[1] ALEXANDER T L, ADAMS M J. Beginning to Read: Thinking and Learning about Print [J]. Choice Reviews Onlime, 1990, 28 (2).

[2] ALLAN N P, HUME L E, ALLAN D M, et al. Relations between inhibitory control and the development of academic skills in preschool and kindergarten: a meta-analysis [J]. Developmental Psychology, 2015, 50 (10).

[3] ANSELMI D, TOMASELLO M, ACUNZO M. Young children's responses to neutral and pecific contingent queries [J]. Journal of Child Language, 1986, 13 (1).

[4] ARRIAGA R I, FENSON L, CRONAN T, et al. Scores on the MacArthur communicative development inventory of children from low and middle-income families [J]. Applied Psycholinguistics, 1998, 19 (2).

[5] AUGUSTINE J M, CAVANAGH S E, CROSNOE R. Maternal Education, Early Child Care and the Reproduction of Advantage [J]. Social Forces, 2009, 88 (1).

[6] BATES E A, DALE P S, THAL D. Individual differences and their implications for theories of language development [J]. Russian Journal of Marine Biology, 1995, 33 (3).

[7] CHIU M M, KHOO L. Effects of resources, inequality, and privilege bias on achievement [J]. American Educational Research Journal, 2005 (42).

[8] CURDT-CHRISTIANSEN X L. Invisible and visible language planning: ideological factors in the family language policy of Chinese immigrant families in Quebec [J]. Language Policy, 2009 (8).

[9] DICKINSON D, GRIFFITH J, GOLINKOFF R, et al. How reading books fosters language development around the world [J]. Child Development Research, 2012.

[10] ERMISCH J, PRONZATO C. Causal Effects of Parents' Education on Children's Education [J]. CHILD Working Papers, 2010.

[11] EVANS G W, KIM P. Childhood Poverty, Chronic Stress, Self-Regulation, and Coping [J]. Child Development Perspectives, 2013, 7 (1).

[12] EVANS M D, JONATHAN K, JOANNA S. Family scholarly culture and educational success: Books and schooling in 27 nations [J]. Research in Social Stratification and Mobility, 2010, 28 (2).

[13] FERNALD A, MARCHAN V A. Individual differences in lexical processing at 18 months predict vocabulary growth in typically-developing and late-talking toddlers [J]. Child Development, 2012 (83).

[14] FISHMAN J A. Reversing Language Shift: Theoretical and Empirical Foundations of Assistance to Threatened Languages [J]. Multilingual Matters Ltd, 1991.

[15] GAIL F, BESSER S, SAMPSON N. Parental involvement in foreign language learning: The case of Hong Kong [J]. Journal of Early Childhood Literacy, 2015, 16 (3).

[16] HALL N E, SEGARRA V R. Predicting academic performance in children with language impairment: The role of parent report [J]. Journal of Communication Disorders, 2007, 40 (1).

[17] HOFF-GINSBERG E. Function and structure in maternal speech: Their relation to the child's development of syntax [J]. Developmental Psychology, 1986 (22).

[18] HOFF-GINSBERG E. Mother-Child conversation in different social classes and communicative settings [J]. Child Development, 1991, 62 (4).

[19] HOFF E. The specific city of environmental influence: Socioeconomic status affects early vocabulary development via maternal speech [J]. Child Development, 2003.

[20] HOFF E, RIBOT K M. Language development: Influence of socio-economic status [J]. International encyclopedia of the social and behavioral science, 2015.

[21] HOFF E. Interpreting the early language trajectories of children from low-SES and language minority homes: Implications for closing achievement gaps [J]. Developmental Psychology, 2013, (49).

[22] HU L, BENTLER P M. Cutoff criteria for fit indexes in covariance structure analysis: Conventional criteria versus new alternatives [J]. Structural Equation Modeling, 1957.

[23] KAYAM O, HIRSCH T. Family language policy of the English-speaking immigrant community in Israel: Families with young children and their FLP planning, management and outcomes [J]. International Journal of Linguistics, 2012 (4).

[24] KING K A, FOGLE L, LOGAN-TERRY A. Family Language Policy [J]. Language and Linguistics Compass, 2008, 2 (5).

[25] LI Y M. Children's Language Development [J]. Central China Normal

University Press, 1995.

[26] MAGNUSON K. Maternal education and children's academic achievement during middle childhood [J]. Developmental Psychology, 2007 (43).

[27] MARKS D F. The quest for meaningful theory in health psychology [J]. Journal of health Psychology, 2008.

[28] MCLOYD V C. Socioeconomic disadvantage and child development [J]. American Psychologist, 1998, 53 (2).

[29] NINIO A, SNOW C E. Pragmatic development: essays in developmental science [J]. Psyccritiques, 1996.

[30] SHEN Q, WANG L, GAO X S. An ecological approach to family language policy research: The case of Miao Families in China [J]. Current Issues in Language Planning, 2020.

[31] SCHWARTZ M. Family language policy: Core issues of an emerging field [J]. Applied Linguistics Review, 2010.

[32] SIRIN S R. Socioeconomic status and academic achievement: A meta-analytic review of research [J]. Review of Educational Research, 2005.

[33] SHI L. Seven decades of educational assortative mating in Mainland China [J]. Population Research, 2020.

[34] SNOW C E. Literacy and language: Relationships during the preschool years [J]. Harvard Education Review, 1983.

[35] SNOW D A. Extending and broadening Blumer's conceptualization of symbolic interactionism [J]. Symbolic Interaction, 2001.

[36] SPOLSKY B. Language policy [J]. International Journal of Applied Linguistics, 2007.

[37] SUN G R. Breaking misunderstanding and practical barrier of low-educated migrant workers with high incomes [J]. East China Economic Management, 2014.

[38] TARDIF T, WELLMAN H M, FUNG K Y F, et al. Preschoolers' understanding of knowing–that and knowing–how in the United States and Hong Kong [J]. Developmental Psychology, 2005.

[39] TONG C X. Copying skills in relation to word reading and writing in Chinese children with and without dyslexia [J]. Journal of Experimental Child Psychology, 2011.

[40] WEN Z L, HAU K T, HERBERT W M. Structural equation model testing: Cut-off Criteria for goodness of fit indices and chi-square test [J]. Acta Psychologica Sinica, 2004.

[41] WHITE K R. The relation between socioeconomic status and academic achievement [J]. Psychological Bulletin, 1982.

[42] XIAN K X. Ability matters more than education, but education is an important threshold [J]. Wenyuan, 2018 (3).

[43] ZHANG Y. The continuation of Chinese class assortative marriage system [J]. Chinese Journal of Population Sciences, 2000.

[44] China's National Bureau of Statistics. China's Statistical Communique of National Economy and Social Development 2019. http://www.stats.gov.cn/tjsj/zxfb/202002/t20200228_1728913.html

[45] Duff, D., & Tomblin, B. J. (2018). Literacy as an outcome of language development and its impact on children's psychosocial and emotional development. In R. E. Tremblay, M. Boivin, & R. Peters (Eds), Encyclopedia on Early Childhood Development, from http://www.child-encyclopedia.com/language-development-and-literacy/according-experts/literacy-outcome-language-development-and-its.

附录 I

家庭语言政策问卷

家庭语言政策问卷

在这次调查中，我们只关注您对大班孩子语言发展和语言教育的感受、态度和做法。本次调查是为了帮助您理解父母或学校关系的不同方面。您的回答将会得到单独的评价，因此，请您如实填答。答案无所谓对错，请您仔细阅读以下选项，并根据实际情况做出选择。

第一部分　家庭基本情况

1. 您是孩子的：　　a. 父亲　　　　b. 母亲
2. 您出生在北京吗：　　a. 是　　　　b. 否
3. 您在北京的居住时间：

a. ≤一年　　　b. 一到两年　　　c. 两年—三年

d. 三年—四年　　e. 四年—五年　　f. 五年以上

4. 您的年龄：

a. 30 岁以下　　b. 31—35 岁　　c. 36—40 岁

d. 41—45 岁　　e. 46—50 岁

5. 您是否北京户籍：　　a. 是　　　　b. 否
6. 您孩子的性别：　　a. 男　　　　b. 女
7. 您孩子的年龄：＿＿＿＿＿岁＿＿＿＿＿个月

8. 您这个孩子在家排行：

   a. 老大　　b. 老二　　c. 老三　　d. 老四　　e. 其他_____

9. 您会哪些语言或方言（可多选）：

   a. 普通话　　　　b. 家乡话　　　　　c. 北京土话

   d. 英语　　　　　e. 其他_____

10. 您的孩子每年阅读的书籍大概多少本？

    a. 10本以内　　b. 11—30本　　c. 31—50本　　d. 51本以上

11. 在家中与孩子相处时间多的是：

    a. 父亲　　　　　b. 母亲　　　　　　c. 祖父母

    d. 其他亲戚　　　e. 保姆　　　　　　f. 其他_____

12. 您与孩子日间相处的平均时长大约为：

    a. ≤2小时/每天　b. 2—5小时/每天　c. ≥5小时/每天　d. 基本全天

13. 您每周平均有几天能和孩子一起阅读：

    a. 几乎没有　　b. 1天　　c. 2—3天　　d. 4—5天　　e. 每天

14. 您每次和孩子阅读多长时间（如果12题您选择a，请跳过此题）：

    a. 10—20分钟　　b. 20—30分钟　　c. 30—40分钟

    d. 一小时左右　　e. 不规律

15. 孩子母亲的最高学历：（请在合适的选项前划√）

    1. 硕士及以上　　2. 本科　　3. 专科或高中中专

    4. 高中或者中专、技校　　5. 高中未读完

    6. 初中毕业　　7. 初中未读完　　8. 小学及以下

16. 孩子父亲的职业：（请在合适的选项前划√）

    1. 国家和社会管理者　　2. 经理人员、专业技术人员等

    3. 私营企业主　　4. 个体工商户　　5. 商业服务业员工、产业工人

    6. 进城外来务工人员　　7. 务农　　8. 失业人员

17. 您的家庭去年一年种的收入是多少？

    1. 2万元以下　　2. 2—4万　　　　3. 4—6万

    4. 6—10万　　　5. 10万以上

第二部分　问卷调查

请仔细阅读以下 35 个句子，并根据您的情况划√。

	选项	1 完全 不符合	2 不太 符合	3 不确定	4 基本 符合	5 完全 符合
1	我对语言教育成功与否没有要求。					
2	我很少带孩子去书店、图书馆等文化场所。					
3	我认为家里有许多资料供孩子阅读很重要。					
4	孩子看到大人读书是很重要的。					
5	我认为在家中教拼音和识字是很重要的。					
6	我不经常给孩子唱歌、读诗或者教儿歌。					
7	孩子语言教育对未来的成功是很重要的。					
8	我把带孩子阅读故事当作一种责任。					
9	我在孩子面前不经常说普通话。					
10	我经常和孩子交流幼儿园学过的东西。					
11	我在孩子面前经常说方言。					
12	我经常给孩子买书籍、杂志等语言学习资料。					
13	我每周阅读的频率超过 3 次。					

253

续表

选项	1 完全不符合	2 不太符合	3 不确定	4 基本符合	5 完全符合
14	我在孩子面前很少说英文。					
15	我对孩子使用哪种语言进行交流没有要求。					
16	我会禁止孩子使用某些语言。					
17	我要求家人在孩子面前必须使用普通话，禁止方言。					
18	我家中语言的使用情况与我的想法不一致。					
19	我会纠正孩子语言表达的错误。（如发音等）					
20	我会禁止孩子说脏话。					
21	我让孩子学说普通话因为它体现社会身份。					
22	我有意识引导孩子看电视或其他视频节目。					
23	我平常不很关注孩子的语言发展。					
24	我让孩子学说普通话因为它好听					
25	我认为家人使用的语言对孩子影响很大					
26	我经常有意识引导孩子说话。					
27	我认为家乡话教育很重要。					
28	我让孩子说方言因为亲切。					
29	我认为北京土话教育很重要。					
30	我认为孩子的口语表达能力最重要。					

续表

	选项	1 完全 不符合	2 不太 符合	3 不确定	4 基本 符合	5 完全 符合
31	我认为普通话教育很重要。					
32	我给孩子的语言发展做了规划。					
33	我认为英语教育很重要。					
34	我对孩子阅读的形式和方式没有要求。					
35	我喜欢和孩子争辩，因为能训练孩子的语言能力。					
36	孩子学习普通话使用最多的语言活动形式	1 亲子阅读	2 看电视/视频	3 亲子沟通聊天	4 亲子游戏	
37	孩子学习英语使用最多的语言活动形式					
38	孩子学习北京土话使用最多的语言活动形式					
39	孩子学习家乡话使用最多的语言活动形式					
40	我家庭内部的语言教育内容	偶尔	0 次/周	2-3 次/周	4-5 次/周	每天 1 次
41	语音					
42	词汇					
43	会话					
44	阅读					
45	听故事					
46	唱儿歌					
47	背诵故事					
48	识字					
49	学英文					

问卷到此结束，感谢您的参与！

附录 II

语音测试儿童信息表

语音测试儿童信息表

使用说明：所有要进行测试的儿童都要填写本表。

填表人：		与儿童关系：		填表时间：20 年 月 日	
◎ 儿童信息					
儿童姓名：		性别：	男 □ 女 □	出生日期：20 年 月 日	
◎ 主要看护人信息					
姓名：		和儿童的关系：	父母 □　（外）祖父母 □	保姆 □	其他 □
受教育程度：	大学及以上 □	高中 □	初中及以下 □	没上过学 □	
联系方式：	电话：		电子邮箱地址：		
现居住地址：	省	市/县	区/镇	乡/村	道/街/路
邮编：					
◎ 儿童语言发展环境信息					
儿童成长的主要居住地：		市区 □	郊区 □	农村 □	偏远山区 □
对孩子影响较大的是（可多选）：		普通话 □	居住地方言 □	两种以上方言 □	
是否上过托儿所或幼儿园？		是 □	否 □		
是否有人经常给孩子讲故事？		是 □	否 □	说不清 □	
孩子是否经常看电视？		是 □	否 □	说不清 □	
孩子是否经常听广播或录音？		是 □	否 □	说不清 □	
每天大人与孩子说话大概多长时间？		不到半小时 □	多于半小时 □	说不清 □	
大人是否经常鼓励和诱导孩子多说话？		是 □	否 □	说不清 □	
孩子的体质如何？		强 □	较强 □	一般 □	较弱 □
你觉得孩子语言发展情况如何？		正常 □	有些问题 □	说不清 □	
其他补充说明：					

后 记

经过四年的努力,我终于完成了"流动学前儿童的语言发展与影响因素"这一科研项目。在即将出版之际,我荣幸地邀请到李宇明先生为本研究写序。经过与先生的深入交流和建议,最终确定了《学前流动儿童的语言发展》为本项目的正式名称。这一研究过程不仅是对我所做努力的肯定,更是对学前儿童语言教育领域的一次探索和贡献。在未来,我将继续致力于这一领域的研究,为推动学前儿童语言教育事业的发展贡献自己的力量。

语言发展对学前儿童来说是一个复杂而关键的阶段。学前流动儿童这一特殊而又庞大的群体语言发展状况如何?是哪些因素使之然?通过对现有文献的综合研究和对实地调研的具体分析,本书深刻探讨了学前流动儿童在语言发展方面所面临的挑战和困境,明确了影响他们语言发展的内部和外部因素。同时,本书还强调了早期语言教育的重要性,向所有家长和照顾者传达了如何有效进行语言教育的方法。

感谢参与本项研究的所有幼儿园,感谢参与本项目的家长和孩子们,感谢所有相关人员在调研过程中的配合与支持。同时,也要感谢我的语言研究小分队:黄怡园、刘雪滢、王悦、潘君倩、李琳、孙亚琪、肖雁、单朝阳、耿玲等9位研究生。他们即使面临繁重的学业压力,依然分工合作,勤勉不辍,在获取一手资料的过程中付出了辛苦的劳动。感谢光明日报出版社提供的这次出版机会。

特别感谢恩师李宇明先生。为了确保书稿质量,他耐心地逐字逐句地阅读把关,并一一指出了论文摘要、目录、各写作环节的要点,以及写作中存在的逻辑和语言等各方面问题,让我接受了一次洗礼式的系统的语言学研究和学术论文写作训练。虽然我们是通过网络联系,但是先生的关心无刻不在。

他一边为我的文字表达是否通顺捏一把汗，一边牵挂着出版社对交稿时间的要求。修改过程中我不止一次为自己的疏漏而感到惭愧，身为一个导师，一知半解，粗心大意，怎样才能更好地指导学生呢？然而，透过电脑屏幕，先生仿佛能洞悉我的内心。他的每一句话都充满了安慰、鼓励和鞭策……。"内容很好，很有意义。表达上，要放稳每一个字。""非常好了"，"小节标题能否具体化？"先生对我像对待一个不够成熟的孩子，循循善诱。先生授我一文，教我踏实做人做事，再一次感谢恩师的谆谆教诲。

2023年暑假开学后，我到院长耿纪永教授的办公室汇报工作，他关切地询问我的论文和项目进展情况。我如实汇报了假期期间所做的工作。院长深深感叹道："李教授可是很忙的，他还关心着你的事儿，不容易啊！"先生是养家养群之人，他爱生如子，心系社会。在序言中，他不止一次说"能感到尹静对学前流动儿童语言发展和教育的焦虑"，而他在退休后除了养家之外，几乎将全部精力都投入到了学术研究以及社会服务之中。他心系的是整个社会，每一个人。

儿童问题历来是国家和社会所关注的重点问题，促进儿童的语言发展和全面发展是全社会的共同使命。让我们携起手来，共同为儿童打造一个花园一样的语言家园，让他们茁壮成长，尽情释放自己的潜能，未来为社会发展贡献一份力量。

尹静

2023年10月7日

于交大嘉园